『若き日の読書』を読む

池田思想の源流

佐藤 優
Sato Masaru

潮出版社

池田思想の源流　『若き日の読書』を読む　目次

装丁・金田一亜弥
写真・富本真之

〔凡　例〕

一、池田大作『若き日の読書』『続　若き日の読書』は『完本　若き日の読書』（第三文明社、二〇二三年）を使用した。原文にある注番号等は省略し、引用されている文献については＊を付し、同書の出典を参考に章末に記載した。引用文中の（　）内の＝の後に記されているものは同書編集部による注である。

一、本文内での引用は《　》で括り、同一の章において同じ文章を引用する場合にはルビを省略した。

一、引用に際して必要と思われる箇所には〔　〕で注を付けた。また、ウェブサイトからの引用では、読みやすさを考慮し、段落字下げを適宜補った。

一、引用文のルビは注記しない限り、引用元による。

一、引用文における日蓮大聖人の御書の出典は、「御書新版」「新版」「新」は『日蓮大聖人御書全集新版』（創価学会版）を、「御書全集」「全集」「全」は『日蓮大聖人御書全集』（同）を指す。

一、筆者による聖書の引用は、『聖書　聖書協会共同訳　旧約聖書続編付き　引照・注付き』（日本聖書協会、二〇一八年）を使用し、出典に（聖書協会共同訳）として示した。

一、出典の著者名・書名等の漢字表記は一部を除き新字体で統一した。

序章　読書は人生の財宝
──『若き日の読書』を読む

警戒すべき「左翼からの国家主義」

コロナ禍《か》によって世界は大きく変容した。そのうち最も大きな構造的変化が、グローバリゼーションに歯止めがかかったことだ。その結果、各国の国家機能が強まった。国境が消えてグローバル化していくのではなく、国家という基本単位を尊重しながら世界の人々が協力、共生していくというインターナショナリゼーション（国際化）が重視されるようになる。ＳＧＩ（創価学会《そうかがっかい》インタナショナル）における各国創価学会間の関係が、今後の世界の理想的なあり方を先取りしている。

現代において、国家はわれわれにとって不可欠であるが、国家自体を崇拝《すうはい》の対象とする国家主義は誤った宗教だ。この国家主義という宗教を多くの人々が信仰《しんこう》することになると、国家間の軋轢《あつれき》が強まり、最悪の場合、戦争になる。核軍拡競争《かくぐんかくきょう》が強まっている現下の情勢において、戦争を阻止《そし》する思想が重要になる。その思想は、創価学会の「精神の正史」である小説『人間革命』第一巻の冒《ぼう》頭《とう》で池田大作《いけだだいさく》創価学会第三代会長が示した以下の言葉に凝縮《ぎょうしゅく》されている。

戦争《せんそう》ほど、残酷《ざんこく》なものはない。
戦争ほど、悲惨《ひさん》なものはない。
だが、その戦争はまだ、つづいていた。
愚《おろ》かな指導者《しどうしゃ》たちに、率《ひき》いられた国民《こくみん》もまた、まことに哀《あわ》れである。
（池田大作『人間革命』第一巻、聖教ワイド文庫、二〇一三年、一五頁）

創価学会を支持母体とする公明党にとって、戦争を絶対に起こしてはいけないというのが基本的価値観だ。国家主義が帝国《ていこく》主義やファシズムという魔性《ましょう》になって民衆に襲《おそ》いかかることを防ぐために、公明党は命懸《いのちが》けで闘《たたか》っているのだ。

国家主義の脅威《きょうい》は右翼《うよく》からだけ来るのではない。左翼《さよく》からの国家主義も危険である。この点で最近になって国家主義を露骨《ろこつ》に煽《あお》っている日本共産党に対する警戒心《けいかいしん》を強めなくてはならない。真理は具体的なので、筆者自身がよく知る事例に基《もと》づいて説明したい。少し細かい内容になるが、お付き合い願いたい。

筆者は外交官時代、北方領土交渉《こうしょう》に従事していた。日本共産党の極端《きょくたん》な領土要求は、日ロ交渉の国内的障害の一つだった。日本共産党は、戦後国際秩序《ちつじょ》の基礎《きそ》を構築するサンフランシスコ平和条約二条c項《こう》を破棄《はき》し、全千島《ぜんちしま》を返還《へんかん》せよという無理筋の要求をしている。具体的には、日本政府が北方領土とする歯舞《はぼまい》群島、色丹《しこたん》島、国後《くなしり》島、択捉《えとろふ》島の四島返還だけでは不十分なので、ウルップ島から占守《しゅむしゅ》島までの千島列島一八島も返還せよと要求しているのだ。ちなみに、サンフランシスコ平和条約二条c項で日本は国後島、択捉島を含《ふく》む千島列島を放棄《ほうき》した。ソ連がサンフランシスコ平和条約に署名しなかったことを理由に、日本はソ連に対しては国後島と択捉島を放棄しなかったという、かなり無理な論理を組み立てて、日ソ国交回復交渉に臨《のぞ》んだ。

結局、領土問題は解決されなかったので、戦争状態を終結し、外交関係回復を先行させる日ソ共同宣言（日本国とソヴィエト社会主義共和国連邦との共同宣言）を一九五六年に締結《ていけつ》した。共同宣言という名称《めいしょう》ではあるが、日ソ両国の国会で批准《ひじゅん》された法的拘束力《こうそくりょく》を持つ国際約束だ。ちなみに日ソ共同宣言では、平和条約締結後にソ連が日本に歯舞群島と色丹島を引き渡《わた》すことが約束されている。ロシアはソ連の継承《けいしょう》国なので、この約束に拘束されている。

その後、日本政府は歯舞群島、色丹島、国後島、択捉島の四島からなる北方領土という神話を作った。当時は東西冷戦下で日ソ間の領土問題が解決し、ソ連との関係が改善することで国民世論が親ソ的になり、共産主義革命の強まることを政府としては恐《おそ》れたのだと思う。

一九九一年十二月にソ連は崩壊《ほうかい》し、ロシアは共産主義体制から解放された。ロシアとの関係で、もはや共産主義革命の脅威はないので（日本国内では共産党が無視できない影響力《えいきょうりょく》を持っているので共産主義革命の潜在的《せんざいてき》脅威は存在する）、歯舞群島と色丹島を日本領、国後島と択捉島をロシア領と認めて日ロ平和条約を締結しても構わない状況《じょうきょう》となった。もっとも国後島と択捉島に関しては、歴史的に日本領で、日本人が特別の愛着を抱《いだ》いているという状況を考慮《こうりょ》し、ロシアがこの二島に関して、往来や経済活動について日本人を優遇《ゆうぐう》する特別の法律を作る。そういう形で、「二島返還プラスα《アルファ》」で北方領土問題は解決可能なのである。この方向に向けて、日本外交の舵《かじ》を切ったのが安倍晋三《あべしんぞう》元首相（一九五四～二〇二二年）だ。

特異な主張を展開する共産党の愛国戦術

二〇一八年十一月十四日にシンガポールで行われた安倍氏とロシアのプーチン大統領との会談において、両首脳は領土交渉に関する重要な合意（「シンガポール合意」）に至った。この合意の対外的発表は、「（一九五六年の日ソ）共同宣言を基礎に平和条約交渉を加速する」というものだが、この合意に基づき「二島返還プラスα」を実現することを日本政府は意図《いと》している。菅義偉《すがよしひで》元首相もこの路線を継承した。これに強い不満を抱いているのが日本共産党だ。二〇二一年二月七日の「北方領土の日」に行われた北方領土返還要求全国大会で共産党は特異な主張を展開した。

首相《しゅしょう》、「領土」解決明言せず
日本共産党　ロシア覇権《はけん》主義に抗議《こうぎ》
　政府や地方6団体などでつくる実行委員会主催《しゅさい》の「北方領土返還《へんかん》要求全国大会」が7日、東京都内で開かれました。
　ビデオメッセージを寄せた菅義偉《すがよしひで》首相はあいさつで、平和条約締結《ていけつ》後に歯舞《はぼまい》・色丹《しこたん》を日本に引き渡《わた》す1956年の日ソ共同宣言を基礎《きそ》に交渉《こうしょう》するとした2018年の首脳会談を踏《ふ》まえて「交渉を着実に進める」と説明。従来の政府の立場だった「4島返還」さえ投げ捨て、「2島返還決着」に後退させた安倍前政権の路線を継承《けいしょう》する考えを示しました。

前政権に続き「北方領土は固有の領土」と言及《げんきゅう》しませんでした。さらに首相は領土問題について「今後も着実に交渉を進めていく」と述べるにとどまり、「領土問題の解決」を明言しませんでした。

大会アピールは多くの元島民が亡《な》くなる中、「解決がこれ以上長引くことは断じて許すわけにいかない」と明記しました。

オンラインで全国各地の元島民らが発言。日本共産党からは紙智子《かみともこ》参院議員が出席しました。大会にあたっての政党決意で日本共産党は、昨年のロシアの憲法改定で領土割《かつ》譲《じょう》を禁止する条項《じょうこう》を明記したのは「覇権主義むき出しの態度であり、国際的な効力をもたない」と抗議。正当で歴史的な領土である択捉《えとろふ》・国後《くなしり》を含《ふく》む全千島《ぜんちしま》返還の実現に力を尽《つ》くすと表明。「領土不拡大」の原則に反したヤルタ協定やサンフランシスコ条約に基《もと》づいた戦後処理を正し、「国際的な道理に立った問題解決」を行うよう求めました。

（「しんぶん赤旗」二〇二一年二月八日付二面、ルビは編集部による）

このような左翼から国家主義を煽る日本共産党の「愛国戦術」は極《きわ》めて危険だ。

北方領土問題を理解するためにも、歴史的経緯《けいい》、国際法的側面に対する正確な知識を得る必要がある。そのために必要とされるのが読書だ。

古今東西の名著に向き合う意義

コロナ禍のような危機を克服《こくふく》するためには、叡知《えいち》を結集しなくてはならない。そこにおいても読書が重要な役割を果たす。「聖教新聞」には、毎号、題字の左に池田氏による「わが友に贈る」と題するメッセージが掲載《けいさい》されていた（現在は「月々日々に　池田先生の折々の言葉」）。二〇二一年八月三日の「わが友に贈る」で、池田氏は読書の重要性を説いている。

読書《どくしょ》は人生《じんせい》の財産《ざいさん》だ。
良書《りょうしょ》に親《した》しもう！
「学《まな》ぼう」との姿勢《しせい》から
前進《ぜんしん》の活力《かつりょく》が生《う》まれる。
向上《こうじょう》の日々《ひび》を共々《ともども》に。

（「聖教新聞」二〇二一年八月三日付一面）

池田氏のこの言葉は、コロナ禍のような危機を克服するための重要な指針である。
さらに同年七月二十六日の「聖教新聞」社説は、「名著《めいちょ》に光る先人の知恵《ちえ》と経験」とのタイトル

でコロナ禍における読書の重要性について鋭《するど》い視座を提示している。読書が創価学会にとって持つ意味を端的《たんてき》に示す内容だ。

「生きる力」を育《はぐく》む読書を

「読書って、何でも人ごとではなく自分事にできる感性を養う上で、とても大切」とは、出版科学研究所所長・加藤真由美さんの言葉だ（本紙〔「聖教新聞」〕7月7日付）。これは「相手の身になって考えられること」にも通じるという。

作家の吉岡忍《しのぶ》氏は、コロナ禍《か》を生きる現代人は「時間の尺度《しゃくど》が変わっている」と指摘《してき》する（同5月5日付）。疫病《えきびょう》の災厄《さいやく》と奮闘《ふんとう》する故《ゆえ》に、先人たちの辛苦《しんく》の経験を〈自分事〉として学べるのだ。

氏は、史書《ししょ》『続日本紀《しょくにほんぎ》』の内容を踏《ふ》まえつつ、天然痘《てんねんとう》の大流行による政治と社会の大混《だいこん》乱《らん》を、仏教を根底に超克《ちょうこく》しようとした聖武天皇《しょうむてんのう》の治世《ちせい》（奈良時代）を解説。「千年以上も前の出来事を生々しく読み解けるなんて、めったにない状況《じょうきょう》にいるのです」と語っていた。

また「今こそ実感を伴《ともな》って」読める西洋の古典として、ペストが猛威《もうい》を振《ふ》るった14世紀の名作、ボッカチオ著《ちょ》『デカメロン』を推奨《すいしょう》。

この小説は、ペスト禍を逃《のが》れて郊外《こうがい》の館《やかた》にこもった男女10人が語る物語である。描《えが》かれる疫病下の凄惨《せいさん》さ、聖職者《せいしょくしゃ》を筆頭とする当時の乱倫《らんりん》の活写《かっしゃ》も、世の混迷と破壊《はかい》から立ち上がるのに必要な総括《そうかつ》といえまいか。そう捉《とら》えれば、コロナ禍の今、大災厄からの脱《だつ》却《きゃく》と再生への希望を託《たく》した文学として読めるのである。

吉岡氏は、「暮《く》らしや生き方の糧《かて》にする読書」こそ「危機《きき》の時代における、まっとうな本の読み方」とも強調していた。今こそ、優《すぐ》れた古典作品を味読《みどく》したい。

創価学会の第2代会長・戸田城聖先生は、「古今東西の名作を読むということは、古今東西の得がたい経験を積むことと同じです」と、青年たちに語った。『水滸伝《すいこでん》』を教材に、〈人物を見抜《みぬ》く力〉について指導した際、人生経験で自然に身に付けるだけでなく、小説を深く読んで、人物に対する眼《まなこ》を開くことの大切さを教えた。さらには、作者の思想と作品の時代背景《はいけい》を見極めることが、小説をよく読むということだ、とも。

古今東西の名著には、先人たちの豊かな知恵《ちえ》と経験があふれている。だが、それを汲《く》み出《だ》せるかどうかは、今を生きる私たちが、自分自身の人生と社会に、どう向き合うかにかかっている。

目前の課題に挑《いど》み、向上を目指すからこそ、琴線《きんせん》に触《ふ》れる一書と出あえる。爽快《そうかい》に学び、自身の生きる力を育《はぐく》む夏にしよう。

(「聖教新聞」二〇二一年七月二十六日付五面)

価値創造において古今東西の名著が重要な素材になるのだ。この社説は、《『水滸伝』を教材に、〈人物を見抜く力〉について指導した際、人生経験で自然に身に付けるだけでなく、小説を深く読んで、人物に対する眼を開くことの大切さを教えた。さらには、作者の思想と作品の時代背景を見極めることが、小説をよく読むということだ、とも》と指摘《してき》している。

創価学会の「精神の正史」である『人間革命』とその続編である『新・人間革命』を池田氏が小説という形態で表現した目的の一つも、人間の心を理解するためにそれが最適であるという信仰的配慮《はいりょ》に基づくものなのだと思う。

戸田会長から教わった「信仰者としての読書」

創価学会は学習し続ける教団だ。本書では、『若き日の読書』『続　若き日の読書』（『完本　若き日の読書』第三文明社、二〇二三年所収）をテキストにして、池田氏の読書術を研究してみたい。

池田氏は、一九七八年八月に第三文明社から『若き日の読書』の単行本を上梓《じょうし》した際に「はしがき」を記している。そこには本書を通じて池田氏が読者に伝えたいメッセージが端的に記《しる》されている。


読書は、青年時代の特権であるといってよい。若いときに読んだ本は、潑溂《はつらつ》たる精神の血となり肉となり、やがて生涯《しょうがい》の骨格さえ形成するものだ。

「青年よ、心に読書と思索《しさく》の暇《いとま》をつくれ」とは、私の恩師、戸田城聖先生の遺訓ともいうべき指導であった。青年たる者は、一日に二十分でも三十分でもいい、深く静かに思索し、品位と教養を高めよ。読書によって、偉大なる自己を確立《かくりつ》せよ。――そう叫《さけ》んでやまなかった恩師の在《あ》りし日の姿が、今でも目に泛《うか》ぶのである。
（『完本　若き日の読書』〈以下『完本』〉八頁）

若いときに読んだ本が、その後の人生に大きな影響《えいきょう》を与《あた》えるのは事実だ。池田氏はもともと読書家であるが、恩師である戸田城聖《とだじょうせい》創価学会第二代会長から、信仰者としての読書の仕方を教わったのである。この点について、池田氏は以下のように記す。

戸田先生は、その青年時代から無類の読書家であった。私ども十代から二十代にかけての青年を相手に、先生が蓄積された読書論を語るときは、いかにも愉《たの》しそうであった。その当時の記録は、私どもの貴重な財宝ともなっている。
（『完本』八頁）

『若き日の読書』において重要なのは、池田氏が戸田氏と出会い、創価学会の信仰に入る前の読書記録を含めて紹介《しょうかい》されていることだ。

また私は、かつて信仰の道に入る以前に読んだ本の抜き書きを「読書ノート」として、十四年まえの『第三文明』誌に半年ほど掲載《けいさい》したことがある。このたび、そうした恩師の薫陶《くんとう》の数々、また私のノートや日記を素材に織りこみながら、青春時代の忘れえぬ本の思い出を綴《つづ》ったのが本書である。

もはや二十年まえ、いや三十年まえの読書記録である。あるいは現代の若者の読書傾向とは隔《へだ》たるものもあるかもしれない。しかし、日ごろ若い人と懇談《こんだん》していると、依然として「青年時代に何を読むべきか」といった質問を受けることがある。読書というものは、いつの時代にあっても青年の取り組むべき課題であることに変わりはなさそうだ。

どうか若い人たちには、さらに多くの書物を読んでいただきたい。——そうした願いをこめて、あえて私の読書記録を公《おおやけ》にしたしだいである。

（『完本』九頁）

それは単に「読書ノート」の公開にとどまらず、創価学会入信後、池田氏が戸田氏から受けた教え、日記などを織《お》り込《こ》んで、池田思想の形成過程がよくわかる構成になっている。池田氏の読書術を読者と共に学ぶことで、筆者も成長していきたい。

第1章　心で書を読む
――国木田独歩『欺かざるの記』

「読書」が信仰の血となり肉となる

池田大作《いけだだいさく》創価学会《そうかがっかい》第三代会長の『若き日の読書』の特徴《とくちょう》は、優《すぐ》れた読書論であるとともに思想的自叙伝《じじょでん》となっていることだ。池田氏にとって読書は生命の営みの重要な一部である。

池田氏は日記文学に特別の関心を払《はら》っている。国木田独歩《くにきだどっぽ》の日記『欺《あざむ》かざるの記』についてこう記《しる》している。

> 一書の人を恐れよ。
> 書を読め、書に読まれるな。
> 自己を作る事だ。それには、熱烈たる、勇気が必要だ。

冒頭《ぼうとう》の自戒の言葉は、私が昭和二十一年（一九四六年）から翌二十二年ごろにかけて、せっせと書きしるしていた「読書ノート」に見られる一節だ。

今は懐《なつ》かしいザラ紙のノートを手にとると、ところどころインクが滲《にじ》んで判読に困難な字もある。紙が貴重品であった終戦直後は、可愛い小学一年生たちも石盤《せきばん》と石筆《せきひつ》をもって字を習ったものだ。茶褐色《ちゃかっしょく》でもノートの体裁《ていさい》さえあれば、贅沢品《ぜいたくひん》の時代である。

（『完本　若き日の読書』〈以下『完本』〉一〇～一一頁）


読書の目的は、知識や情報を増やして、他者に対して有利な立場を構築することではない。《自己を作る事》すなわち自己形成が読書の目的だと考える。これは池田氏が創価学会に入信する前の認識《にんしき》である。この認識は宗教人として池田氏が活動するようになってからも変化していない。《書を読め、書に読まれるな》という姿勢で、池田氏は古今東西の書物を繙《ひもと》き、創価学会の信仰《しんこう》の血となり肉となるようにしているのだ。池田思想に全時代、全世界の叡《えい》知《ち》が流れ込《こ》んでいる。

続いて池田氏は、この読書ノートを書いた頃《ころ》について回想する。


あの敗戦の年（一九四五年）――私は十七歳である。四人の兄を戦争にとられ、残された家族の生計は、五男である私の肩に、ずしりと重くのしかかっていた。強制疎開《そかい》による取り壊しと五月の空襲で家を二度も失い、父も病気がちであり、結核を病《や》んでいた私は血痰《けったん》を吐《は》きながら働いた。思えば、苦しい青春の日々であった。

東京は一面、焼け野原である。ある日、私は神田の古本屋街へ行って、久しぶりに本を手にしてみた。人びとは、光線のように映《うつ》る活字というものに飢《う》えていた。

（『完本』一一頁）

池田氏は聡明《そうめい》で向学心に富む少年だった。池田氏の家庭が豊かだったならば、中学校から高校、大学に進学したであろう。しかし、進学する経済的余裕《よゆう》がなかった。古本屋で書物を購入《こうにゅう》することで池田氏は知識欲を満たしていたのだ。

駿河台《するがだい》の丘《おか》の上に立って、焼け落ちたビルを眺《なが》めていると、私の肩をたたく人がある。見ると、親しくしていた友人の先輩であった。その人は、私に向学の意志が潜《ひそ》むのを確認すると、近くの神田・三崎町にあった東洋商業（現・東洋高校）を紹介してくれたのである。

さっそく筆記試験を受けた私は、その学校の二年生に中途編入された。兄たちが復員してくるまでは、いやでも働かざるをえなかったので、とうてい昼間の学級には入れなかった。——夜学でもいい、いや、むしろ働きながら学ぶところにこそ生きた学問はあると、ひそかに考えていた。

（『完本』一一～一二頁）

向学心の強い若者が定時制学校（夜学）で学ぶことはよくあった。太平洋戦争前のことであるが、筆者の父・佐藤勉《さとうつとむ》（一九二五〜二〇〇〇年）も尋常《じんじょう》小学校を卒業した後、深川《ふかがわ》工業学校（現在の都立本所《ほんじょ》工科高等学校の前身校の一つ）の夜間部を卒業した。父の小学校から夜間部を含《ふく》め中学校に進学したのは一学級で一〇人もいなかったという。昼間、仕事で疲《つか》れているので、授業に集中しているつもりでも、ついうとうとしてしまったという。池田氏の東洋商業時代の回想を読むと、筆者には父から聞いた深川工業時代の話が鮮明《せんめい》に甦《よみがえ》ってくる。父は「いずれ戦争に取られて死ぬのだから、その前に好きな電気工学の知識と技術だけは身に付けておきたいと思った。父さん（筆者の祖父）が鋳物《いもの》工として重労働をしているのを見ていたから、電気技師になって高給を取って家族を支えたいと思っていた」と述べていた。

魂の飢餓感を満たした自由な読書

池田氏は、印刷会社に勤めながら、学校に通った。

翌年、友人の紹介で西新橋にある小さな印刷会社に勤めるようになった。仕事が終わると、疲れながらも、せっせと夜学に通ったものである。その帰りに神田へ寄っては、蓄《たくわ》えた小遣いで古本を探し、手に入れるのが、私の唯一《ゆいいつ》の喜びとなった。

（『完本』一一二頁）

池田氏が主に読んだのは文学書や哲学書《てつがく》だったという。太平洋戦争中、軍部政府は書籍《しょせき》に対しても統制をかけていた。過去に市販《しはん》されていた書籍でもマルクス主義関係の書籍や恋愛《れんあい》小説は、時局にそぐわないとして、読んでいるのが見つかると警察官によって説諭《せつゆ》されることになった。社会主義関連の本の読書会をしていると治安維持《いじ》法違反《いはん》で特高（特別高等）警察によって逮捕《たいほ》される危険すらあった。戦争が終わり、池田氏は「魂《たましい》の飢餓《きが》感」を自由な読書によって満たそうとしていたのだと思う。池田氏は国木田独歩の日記に引き寄せられた。若い世代の読者には、国木田独歩と言っても誰《だれ》のことかわからないであろうから、百科事典の記述（山田博光《やまだひろみつ》氏執筆《しっぴつ》）を紹介《しょうかい》する。

国木田独歩　くにきだどっぽ

1871‐1908（明治4‐41）

詩人、小説家。千葉県生れ。本名哲夫《てつお》。父専八《せんぱち》は播州竜野藩士《ばんしゅうたつのはんし》。明治初年、藩《はん》船で漂着《ひょうちゃく》した専八と銚子《ちょうし》出身の淡路《あわじ》まんとの間に生まれた。幼少年期は山口県で育ち、山口中学を経て、1888年から91年まで東京専門学校（現、早稲田《わせだ》大学）に学ぶ。在学中、《女学雑誌》《青年思海》に投稿《とうこう》。またキリスト教に入信。92年、浪漫《ろまん》主義の同人誌《青年文学》に参加、ワーズワース、カーライルの作品に出会い、精神革命を経験した。93年に起筆した日記《欺《あざむ》かざるの記》は、97年まで続き、明治中期の青年の苦悩《くのう》とあこがれに表現を与《あた》えた。佐伯《さいき》の鶴谷《つるや》学館の教師を経て、94年国民新聞社に入社。日清戦争の従軍記者として《愛弟通信》を連載《れんさい》。帰還《きかん》後佐々城信子《ささきのぶこ》と知りあい、はげしい恋愛《れんあい》の末結婚《けっこん》。この結婚は半年で破局を迎《むか》えたが、このころから詩人的資質に目覚め、民友社系の《国民新聞》《国民之友》に浪漫的な詩を発表。これらは97年、宮崎湖処子《みやざきこしょし》、松岡《まつおか》（柳田《やなぎた》）国男《くにお》らとの共著詩集《抒情詩《じょじょうし》》にまとめられた。同年小説の処女作《源叔父（げんおじ）》を発表。ついで《武蔵野》《忘れえぬ人々》を《国民之友》に発表。これらを収めた短編集《武蔵野》（1901）は浪漫的色彩《しきさい》が強い。《牛肉と馬鈴薯《ばれいしょ》》（1901）、《運命論者》（1903）、《春の鳥》（1904）など中期作品は、やや現実的傾向《けいこう》を深め、好評を博した。晩年の《窮死《きゅうし》》《竹の木戸》（ともに1908）などは、貧民《ひんみん》の悲惨《ひさん》な運命を見つめ、自然主義の旗手と目された。自然賛美、人間の運命諦視《ていし》の裏に小民への愛が一貫《いっかん》し、明治期を代表する短編作家である。

（『世界大百科事典』平凡社、ジャパンナレッジ版、ルビ・字下げは編集部による）

心でテキストを読んだ池田氏

独歩は貧しい人々への共感、民衆への愛を基調とした作家だ。だから独歩の日記が池田氏の琴線《きんせん》に触《ふ》れたのだと思う。池田氏は『欺かざるの記』についての思い出をこう記す。

　私は主に文学書や哲学書を、夢中になって読んだ。感銘《かんめい》した文章に接すると、すぐさまザラ紙のノートに書き写した。書を読め、書に読まれるな！　自己を作る事だ――そう自分に言いきかせながら、次々と読破していったのは、青春時代の懐《なつ》かしい思い出である。

此頃「少壮」てふ事に付て多少の思想を得たり、大に考究を積んで見んと欲する也。「少壮」々々、思想に於て、感情に於て人間一代の伝記生命の絶頂なり。希望あり、回顧あり、煩悶《はんもん》あり、夢想あり、喜悦あり、悲愁あり、忽《たちま》ち歌ひ、忽ち泣き、或る者は終に自殺を企て、或る者は遂に堕落の谷底に陥いる、大人、哲人、聖賢、英雄等の少壮時代を見よ、カーライルは如何、ルーテルは如何、而して爾《なんじ》自ら如何、社会、宇宙、人間、生命、死、花、月、星、雨、悉《ことごと》く其の新面目を来たし、新解釈を求め来る、少壮時代は混沌《こんとん》時代也、光明と暗黒の戦ひ也、溶解時代也、大人も聖賢も、大宗教も大哲学も、大詩も大事業も、悉く此時代に定まる、此時代は溶解されたる金属の如し、如何様にも鍛はれ如何様にも鋳らるゝ也。一時一分尤も大切なる時間にして、時を経過し時を誤らば折角熱騰せる金鉄も遂に冷却して、又如何ともし難きに帰す。少壮時代とは十八九歳より廿四五歳迄を吾は指す也。人間必ずしも此時代に完備成熟せんや、只《た》だ大萌芽《ほうが》は此時代に定まる。[*1]

これは明治の詩人、独歩《どっぽ》国木田哲夫の日記として歿後《ぼつご》公刊された『欺《あざむ》かざるの記』の一節である。当時、十八、九歳であった私は、文字どおり独歩の言う「少壮時代」の入り口に立っていたのであろう。この一言一句が、すべて我がことのように思われた。

（『完本』一二〜一三頁）

書籍の内容を書き写すことには特別の意味がある。書く作業を通じ、テキストが文字通り身体化される。池田氏が『欺かざるの記』から長文を引用したのは、この作品に池田氏の心と感応《かんのう》するところが多々あったからだ。

おそらく長い引用も苦にならず、一気に書き写したにちがいない。われながら一字一画が躍動し、ノートには、もっと先まで筆写されている。

十八九歳頃までは大概の人、只《た》だ少年少児時代の先入思想主となりて其のまゝ茲《ここ》に到る、されど茲に到れば社会生活の門は前程数歩の中にあり、人世人情の神秘漸《ようや》くに解せられ感情の焔は其の極度に達し、想像の力は其の縦横の境に達し、先入の信仰は破れて、良心の大信仰は容易に来らず、所謂《いわゆる》心緒《しんしょ》の乱れて糸の如くなり勝《がち》の時代なり。

此の少壮の時代に十分の鍛練なくんば、何時の間にか宇宙人間としてよりも、社会的人間として変化発育して進む可し。[*2]

（『完本』一四頁）

確かに独歩が述べるように、十八歳《さい》、十九歳の頃にその人の価値観が形成される。親や学校の教師から教えられたこと、本で読んだことをそのまま受け入れるのではなく、自分の頭と心で咀嚼《そしゃく》して身体化していかなくてはならない。

池田氏は独歩がこの作品を書いたときの心情を追体験しようとする。池田氏の読書論の特徴は、このように心でテキストを読むところにある。

私が手にしたのは、たしか改造社版の二巻本であったはずだが、いま手元にある潮文庫版の塩田良平編『欺《あざむ》かざるの記―上』によってみると、右の文章は明治二十六年（一八九三年）三月十日の条にあった。

時に独歩《どっぽ》は二十三歳――戸籍上では二十一歳であるが――この年の二月に、在野第一党の機関紙を出す自由社の記者となっている。しかし、運命というものは、何たる皮肉《ひにく》であろう――独歩の入社が決定した十三日に「自由」は発行停止を命じられた。自由の天使、ジャーナリスト独歩にとっては、波瀾《はらん》にみちた社会への船出である。

（『完本』一四～一五頁）

池田氏も独歩の言葉を書き写してからしばらくして、戸田城聖《とだじょうせい》創価学会第二代会長との運命的な出会いがあり、新たな船出をする。池田氏は独歩と自《みずか》らを重ね合わせて想像する。これも心で読むことの一環《いっかん》だ。

独歩の青春時代と自らを重ねる

そのころの独歩は、人生の選択《せんたく》の岐路《きろ》に立たされていた。新聞記者として立つべきか、政界に躍《おど》りでるか、あるいは教育者となるか、さらには宗教家となって道を説くか——大いに悩んだらしい。彼は明治二十六年二月四日に起稿した『欺かざるの記』の副題に、みずから「事実—感情—思想史」と誌《しる》して、悩み多き青春の日々の思想・感情を、偽《いつわ》らずに記録している。

「題して『欺かざるの記《〔ママ〕》』といふ。熱罵《ねつば》あり、冷笑あり、同情の涙あり、事実あり、空想あり、誇《ほこ》りあり、恥辱《ちじょく》あり、懺悔《ざんげ》の血涙あり」[*3]と。

今日《こんにち》では、樋口一葉《ひぐちいちよう》の『一葉日記』と並んで、明治のこの時代を代表する二大日記文学とまで称賛《しょうさん》される独歩の日記は、しかし一葉と違って、最初から公開を意図《いと》したものであったようだ。だが、内心の記録として、ありのままを書くとしても、ロマンチックな青春の詩魂は、ときに筆も抑《おさ》えがたく、激した感情を吐露《とろ》せずにいられなかったにちがいない。田山花袋《かたい》や斎藤弔花《ちょうか》のような親友たちには、つねづね話していたようであるが、公表によって他の人びとに累《るい》をおよぼすことを恐れていたのであろう。死の床に就《つ》いた晩年にいたるまで、独歩《どっぽ》は『欺《あざむ》かざるの記』を肌身《はだみ》はなすことなく、ついに生前には一部を除いて発表しなかったのである。
（『完本』一五～一六頁）

作品としては成立しなかったと思う。
『欺かざるの記』が公開を予定していない日記だったならば、感情の赴《おもむ》くままの記述が増え、文学作品としては成立しなかったと思う。
池田氏は独歩の青年時代と自らを重ねて考察する。

私が『欺かざるの記』を愛読したのは、他にも理由がある。戦時中、私は少しでも家計の助けになればと思って、新聞配達もしたが、そのころから、いつか新聞記者か雑誌記者になろうとする夢を抱《いだ》いていた。あたかも明治の開明期に、苦労してジャーナリストを志した独歩の若き雄姿のなかに、私は知らずして少年のころからの夢を投影《とうえい》して読んでいたのかもしれない。
（『完本』一六頁）

池田氏もジャーナリストを志望していた時期がある。仮に池田氏が新聞記者になっていたならば、緻密《ちみつ》な取材と深い洞察力《どうさつりょく》によって、権力者から恐《おそ》れられる存在になり、歴史に名を残したであろう。

独歩は明治二十七年（一八九四年）十月、日清戦争の最中に軍艦千代田に乗り込み、従軍記者として中国へ渡った。そして、すぐれた戦事通信を「国民新聞」紙上に発表している。やがて文筆家としての国木田哲夫の名声は、はやくも一部の読者に知られるようになった。
しかし彼は、いわゆる好戦的な国粋《こくすい》主義者ではなかった。大同江に上陸して、みずから掠奪《りゃくだつ》をはたらいた行為に深く反省し、また艦上で海軍士官らと衝突《しょうとつ》、彼らに一片の思想も自己反省の哲学もみられないのを知ると、やがて軍人嫌《ぎら》いになっていく。
そうした経緯《けいい》を『欺かざるの記』によって読みとった私は、この明治の青年の精神史に、いよいよ愛着を覚えるようになっていった。

（『完本』一七頁）

池田氏は、独歩の軍人に対する批判的姿勢に共感を覚えたのである。

読書で身に付けた「構想」を伝える力

池田氏は、国木田独歩の日記『欺かざるの記』というテキストを通じて、独歩の心について知ろうとする。心は読書傾向《けいこう》に反映する。だから池田氏は独歩がどのような本を読んでいたかという事実を通じて、目に見えない心で何を考えていたかを推察する。池田氏には文芸批評家としての眼《め》がある。

なるほど独歩の読書領域は、きわめて広い。傾向は異《こと》なるが、たとえば同時代の森鷗《おう》外《がい》、夏目漱石《そうせき》、そして高山樗牛《ちょぎゅう》といった文人と比較しても、決して遜色《そんしょく》ないほどの読書家である。

さきに引用した文にもみられるように、カーライルであれば『衣裳哲学《サーターリザータス》』や『英雄及び英雄崇拝《すうはい》』は、独歩の終生の人生観、世界観、宇宙観を形成した。ワーズワースやバイロンの詩集は座右《ざゆう》の書でもあった。これら泰西《たいせい》詩人の詩は、時に数奇《すうき》な運命に翻弄《ほんろう》された独歩《どっぽ》の魂《たましい》を慰《なぐさ》めてくれたにちがいない。

(『完本』一七〜一八頁)

独歩はカーライル(一七九五〜一八八一年)の作品を読むことを通じて、価値観を形成したのだ。価値形成が読書の目的であるという認識を持つようになった池田氏は、詩に心を慰《なぐさ》める力があることにも気付いた。その上で、池田氏は伝記を読むことによって、優れた人の人生を追体験することが重要であるという認識を持つようになった。

さらに若き日の独歩は、古今東西の英雄、偉人、宗教者の伝記を好んで読んだ。たとえば『欺《あざむ》かざるの記』によると、エマソンの『代表人論』や『英雄論』『詩人論』、ショーペンハウエルの伝記、吉田松陰《よしだしょういん》伝、それにカーライルの伝記などを読み、みずからも『フランクリンの少壮時代』『リンコルン』(リンカーン)をはじめ、吉田松陰や横井小楠《しょうなん》について一文を草してもいる。彼は、それによって先人の少壮時代の生き方に学ぼうとしたのであろう。

(『完本』一八頁)

偉人《いじん》の若い時代にとった生きるための方法から池田氏は貪欲《どんよく》に学んだ。池田氏の読書で優れている点は、伝記のさまざまなエピソードを読んで感激するだけではなく、これらのエピソードを抽《ちゅう》象化《しょうか》し、そこから学ぶことだ。

池田氏の『人間革命』と『新・人間革命』には、創価学会が世界宗教に発展していく過程でのさまざまなエピソードが記されている。それらのエピソードはいずれも、《創価学会は、「三代会長」を広宣流布《こうせんるふ》の永遠の師匠《ししょう》と仰《あお》ぎ、異体同心《いたいどうしん》の信心をもって、池田先生が示された未来と世界にわたる大構想に基《もと》づき、世界広宣流布の大願《だいがん》を成就《じょうじゅ》しゆくものである》（創価学会公式サイト「創価学会会憲」前文、ルビは編集部による）という言葉に集約されていく。学会員一人一人、また筆者のように学会員ではないが、自らの信仰に忠実に生きる努力をするプロテスタントのキリスト教徒にも、宗教を信じていないと思っている政治家にも、そして全世界の民衆にも、未来と世界にわたる構想を示している。この構想を伝える文学的力も池田氏は読書を通じて身に付けた。

のちに文学者として立った、独歩の文学的素養もまた、彼の少壮時代に得た該博《がいはく》なる読書体験に支えられていることは、いうまでもない。『平家物語』『源平盛衰記』『竹取物語』といった日本文学の古典、井原西鶴《さいかく》の町人物、近松門左衛門の世話物、ゲーテの『ファウスト』、トルストイの『アンナ・カレニナ』、ユゴーの『レ・ミゼラブル』、そしてシェイクスピア、ツルゲーネフの作品など、挙《あ》げればきりがない。

（『完本』一八頁）

読書案内でもあった『欺かざるの記』

さらに日記には交友録としての性格もあることに池田氏は気付いた。

> こうして『欺かざるの記』は、明治の一青年の誠実な自己観照の記録でもあるが、他面、独歩にとっての「読書ノート」であり、かつまた交友録でもあった。徳富蘇峰《とくとみそほう》、矢野龍溪《やのりゅうけい》、内村鑑三《うちむらかんぞう》、田山花袋《かたい》、柳田國男《やなぎたくにお》といった錚々《そうそう》たる面々と、ときに客気《かっき》にあふれた激論を交わし、いかにも青年らしい交友を重ねている。そこには、極東の日本の将来を担《にな》って立つ気概《きがい》が横溢《おういつ》していた。（『完本』一八～一九頁）

『人間革命』『新・人間革命』は、小説で、日記文学ではない。しかし、日記文学の交友録という機能をこの二つの小説は果たしている。そこには小説上の人物に転換《てんかん》されているが、池田氏の交友録としての性格もある。人と人との関係を具体的に発展させるなかで創価学会の広宣流布《こうせんるふ》が進んできたことがよくわかる構成になっている。

この論考の末尾《まつび》で、池田氏は独歩の『欺かざるの記』から受けた最大の影響《えいきょう》について記す。

> 私もまた昭和二十年の廃墟《はいきょ》のなかに、新生日本列島の建設の槌音《つちおと》を聞きながら、わが

少壮時代を懸命《けんめい》に過ごした。
独歩の『欺かざるの記』に出てくる読書リストは、ある意味で私の青春の読書の道案内ともなった。そして、ザラ紙の「読書ノート」は、たちまちにして最後まで埋めつくされてしまい、その後、やがて「日記」をつけ始めたのも、独歩に影響《えいきょう》されてのことであったかもしれない。

（『完本』一九頁）

『欺かざるの記』は、池田青年にとって、読書案内としての意味を持ったのである。このことを念頭に置いて、『若き日の読書』『続　若き日の読書』の目次を見ると興味深い。池田氏は、これらの本を読むことが信心の血となり、肉となるということを示しているのである。

若き日の読書

はしがき
少壮時代の生き方　国木田独歩『欺かざるの記』
宇宙生命との対話　徳富健次郎『自然と人生』
天才詩人の光と影　石川啄木『一握の砂』
青春のロマンと友情　ヘルダーリン『ヒュペーリオン』
百年の後に知己を待つ　勝海舟『氷川清話』『海舟座談』

天下の大事を担うもの　山田済斎編『西郷南洲遺訓』
運命的な師との出会い　内村鑑三『代表的日本人』
現代を超越する精神　高山林次郎『樗牛全集』
教育に賭ける情熱　ペスタロッチ『隠者の夕暮・シュタンツだより』
人間共和の旗を掲げて　ホール・ケイン『永遠の都』
思想・人物・時代を読む　尾崎士郎『風霜』
貧しい人びとへの共鳴　ユゴー『レ・ミゼラブル』
織りなす人物の長篇詩　吉川英治『三国志』
自然こそ最良の教師　ルソー『エミール』
信念に生きる青年のドラマ　デュマ『モンテ・クリスト伯』
大いなる運命への挑戦　デフォー『ロビンソン・クルーソー』
時代を変えた民衆の風　サバチニ『スカラムーシュ』
古代都市の栄光と悲劇　リットン『ポンペイ最後の日』

続　若き日の読書

人間の魂に触れる詩　ホイットマン『草の葉』
ルネサンスへの讃歌　ダンテ『神曲』

独立自尊の意気高く　福沢諭吉『学問のすゝめ』『福翁自伝』
革命と良心の葛藤劇　ユゴー『九十三年』
豊かな人間学の宝庫　司馬遷『史記』
虹を追い求めた革命児　鶴見祐輔『ナポレオン』
「魂の自由」への烽火　ルソー『社会契約論』
青春の混沌をこえて　ゲーテ『若きウェルテルの悩み』
「民衆の時代」への曙光　魯迅『阿Q正伝』
人間の大地に魂の雄叫び　ゴーゴリ『隊長ブーリバ』
あくなき魂の希求　パスカル『パンセ』
自由なる精神の輝き　バイロン『バイロン詩集』
「科学と人間」の新しき地平線　サートン『科学史と新ヒューマニズム』
「最極の宮殿」はわが胸中に　ミルトン『失楽園』
民衆に愛された哲人　エマソン『エマソン論文集』
「人間復興のエートス」を求めて　マックス・ウェーバー『宗教社会学論集』
「権威への信仰」を打ち砕く革命　イプセン『人形の家』
偉大なる魂の継承劇　プラトン『ソクラテスの弁明』

（『完本』目次）

池田氏は、一九二八年一月二日生まれだ。ここに掲げられている書籍は、池田氏が生まれた頃の青年、すなわち二十歳くらい上の世代が好んで読んだものが多いと筆者は見ている。いわゆる大正教養主義の時代の高校生、大学生がよく読んだ書籍のように思える。池田氏は、あの時代の教養には、現代にも通じる価値があると考えたのであろう。

＊1・2　『国木田独歩全集』第六巻（学習研究社、一九六四年）五八〜五九頁（＊1）、五九頁（＊2）。漢字は国木田独歩〈塩田良平編〉『欺かざるの記―上』（潮文庫、一九七一年、七一〜七二頁）により新字体に改められている。なお、＊1は引用元では字下げされているが、原文に合わせた。

＊3　『国木田独歩作品集』第四巻「欺かざるの記」その他（近代文庫〈創芸社〉、一九五三年）七四頁。漢字は新字体に改められている。なお、同書では「題して『欺かざる記』といふ」となっている。

第2章　偉人から何を学ぶか――山田済斎編『西郷南洲遺訓』

西郷隆盛という人物をどうとらえるか

紙幅《しふく》の関係もあり、前章に掲《かか》げた書籍《しょせき》をすべて読み解いていくことはできない。現在は古本でしか入手できない本もあるが、筆者は、掲げられた書籍はすべて揃《そろ》え、精読することにする。池田大作《いけだだいさく》創価学会《そうかがっかい》第三代会長の精神を知るには、それが重要だからだ。本書では、われわれがこの時代に生きていく上で、直接的に役立つと考えられる作品を紹介《しょうかい》したい。

まずは政治的観点から考察してみたい。創価学会を支持母体とする公明党は連立政権の一翼《いちよく》を担《にな》っている。そこで政治家に求められる資質について、漢学者で陽明《ようめい》学者の山田準《やまだじゅん》（済斎《せいさい》）氏（一八六七～一九五二年、二松学舎《にしょうがくしゃ》専門学校〔現二松學舍大学〕の初代校長）が編集した『西郷南洲遺訓《さいごうなんしゅういくん》』を取り上げたい。西郷南洲とは、西郷隆盛《たかもり》（一八二八〔旧暦では一八二七〕～七七年）のことだ。池田氏は西郷の生涯《しょうがい》についてこう評価する。

南洲西郷隆盛は、多くの維新《いしん》の顕官《けんかん》のなかでも、ひときわ大きい光芒《こうぼう》の、輝《かがや》く明星であったといってよい。

「慶応《けいおう》の功臣」といわれた彼は、維新史の功業を一身に体現して、絶大なる人気を博した一人でもあったろう。彼は明治元年（一八六八年）の秋、北越に連なる諸藩を平定し、薩摩《さつま》に帰藩するや、文字どおり「凱旋《がいせん》将軍」として迎えられたのであった。

だが、驕《おご》れる者、久しからずか。――西郷とその一党は、はやくも明治六年の「征韓《せいかん》」論争に敗《やぶ》れ、土佐の板垣退助らとともに下野《げや》していく。そして、運命の明治十年（一八七七年）、西郷は「明治の賊臣《ぞくしん》」に身をやつし、苔《こけ》むす城山の露《つゆ》と消えていった。

享年《きょうねん》五十――まさに、波瀾万丈《はらんばんじょう》の生涯《しょうがい》であった。

ちょうど一九七七年（昭和五十二年）は、西郷死して百年にあたる。勝海舟《かつかいしゅう》とおなじく、彼もまた百年ののちに知己《ちき》を待つ人であったが、いまだにその評価は定まらない。それほどスケールの大きい人物であったということかもしれない。

（『完本　若き日の読書』〈以下『完本』〉六九～七〇頁）

西郷について、悲劇の英雄《えいゆう》と礼賛《らいさん》するのでもなければ、逆賊《ぎゃくぞく》として非難するわけでもない。明治維新《いしん》と近代日本の形成で重要な役割を果たしたが、増上慢《ぞうじょうまん》にも取り憑《つ》かれた人物と見る。池田氏は『西郷南洲遺訓』を太平洋戦争の敗北直後に読んだ。これは反時代的な読書だった。

私は敗戦直後――一切の価値観が未曾有《みぞう》の混乱を呈していたころ、たまたま山田済斎編の『西郷南洲遺訓』を読んだ。

当時は西郷に対する評価も極端に低かった。戦前の軍国主義教育では、彼は武人の鑑《かがみ》にされていたが、むしろ、それが裏目に出たのであろうか。戦後になってからは、とくに若い人びとには見向きもされなかったようだ。

ところが『南洲遺訓』を読みすすめるにつれ、私の胸中《きょうちゅう》には、諸家の西郷論とは違うイメージが、くっきりと浮かび上がっていた。そこには、世間の毀誉褒貶《きよほうへん》など意に介さない西郷の、淡々として赤裸《せきら》な人生観、処世訓、そして死生観が述べられている。

事大小と無く、正道を蹈み至誠を推し、一事の詐謀《さぼう》を用ふ可からず。人多くは事の指支《さしつか》ゆる時に臨み、作略《さりゃく》を用て一旦其の指支を通せば、跡は時宜《じぎ》次第工夫の出来る様に思へ共、作略の煩ひ屹度生じ、事必ず敗るゝものぞ。正道を以て之を行へば、目前には迂遠なる様なれ共、先きに行けば成功は早きもの也。[＊1]

（『完本』七〇～七一頁）

《事大小と無く、正道を蹈み至誠を推し、一事の詐謀を用ふ可からず》というのは池田氏の価値観に合致《がっち》している。

西郷が持っていた特殊な才能と魅力

これらの遺訓は、明治三年(一八七〇年)、奥羽《おうう》の荘内藩主酒井忠篤《ただあつ》とともに鹿児島を訪《おとず》れた、菅実秀、三矢藤太郎、石川静正らが、西郷の言行録を荘内に持ち帰って編んだものである。

維新《いしん》までは徳川方であった荘内藩にとって、西郷は敵軍の将である。やがて、世は明治の代となり、荘内藩が奥羽征討の官軍に降伏したとき、きわめて寛大《かんだい》な処置をとってくれたのが、西郷であった。そのため、荘内藩は一藩をあげて西郷の崇拝者《すうはい》となっていったのである。

なるほど、かつての西郷は「詐謀」を用いたかもしれない。維新回天《かいてん》の事業を達成するまでには、京・大坂(当時)において、あるいは江戸市中において、西郷や大久保利通が機略縦横の策を多彩に展開したことは、周知《しゅうち》のとおりである。

しかし西郷は、荘内藩士の眼には、まさに正道の人、至誠の大人《たいじん》として映じていたのである。ここに西郷という人物の、不思議な魅力《みりょく》の一端がひそんでいたにちがいない。明治十年の西南戦争には、はるばる東北の旧荘内藩からも、西郷の陣列に馳《は》せ参じた者がいたと記《しる》されている。

(『完本』七一～七二頁)

西郷は、敵対感情を持っている人々の頑《かたく》なな心を開いて、味方にする特殊《とくしゅ》な才能があった。池田氏は、西郷について《まさに正道の人、至誠の大人として映じていたのである。ここに西郷という人物の、不思議な魅力の一端がひそんでいたにちがいない》という評価を与《あた》えるが、正直で至誠であると相手から受け止められることが折伏《しゃくぶく》においても重要になる。

西郷を見出した師・島津斉彬

池田氏は、西郷隆盛を全面的に評価しているわけではない。その肯定《こうてい》面と否定面から共に学ぼうとしている。まず池田氏は、西郷の才能を見出《みいだ》した島津斉彬《しまづなりあきら》（一八〇九～五八年）に注目する。

西郷は文政《ぶんせい》十年（一八二七年）十二月七日、鹿児島城下の下加治屋町において、平士西郷吉兵衛の長男として生まれた。おなじ町内からは、のちに維新《いしん》史の群像として並びたつ大久保利通をはじめ、大山巌、村田新八、さらに東郷平八郎といった錚々《そうそう》たる面々を輩《はい》出《しゅつ》している。十七歳のとき、西郷は郡方書役助《こおりがたかきやくたすく》として初めて役に就《つ》き、以後十年間、孜々《しし》として農政に従事する下役人であった。

無名の西郷を歴史の檜《ひのき》舞台に引き上げたのは、英邁《えいまい》な開明藩主島津斉彬《なりあきら》である。彼は江戸への参覲《さんきん》出府のとき、初めて西郷を見て、その非凡な才を発掘したのである。

南洲守庭吏《しゅていり》と為る。島津斉彬公其の眼光炯々《がんくわけい》として人を射《い》るを見て凡《ぼん》人に非ずと以為《おも》ひ、抜擢《ばってき》して之を用ふ。公嘗《かつ》て書を作《つく》り、南洲に命じて之を水戸《みと》の烈《れつ》公に致さしめ、初めより封緘《ふうかん》を加へず。烈公の答書《たふしょ》も亦然り。*2

これは南洲の『手抄言志録』中、第二十八の「信《しん》を人に取るは難し。人は口を信ぜずして躬《み》を信ず。躬を信ぜずして心を信ず。是を以て難し」*3とある条に対して、秋月古香が加えた評である。

（『完本』七二〜七三頁）

『手抄言志録《しゅしょうげんしろく》』に記されているように人から信用されるのは難しい。口先だけでよいことを言っても信じないで、行動を信じる。行動は心から生じるので心のあり方が重要なのである。島津斉彬も西郷隆盛の心のあり方を信じたのである。この点は、戸田城聖《とだじょうせい》創価学会第二代会長が池田氏と出会った瞬間《しゅんかん》から、池田氏の心のあり方を信頼《しんらい》したのと類比的である。西郷は逆境に負けない。この点も池田氏に似ている。

西郷は二度、遠島流罪《えんとうるざい》にあっているが、幽囚《ゆうしゅう》の身でありながらも、読書にふけった。そして、佐藤一斎の『言志四録』一千三十余条のなかから、とくに百一条を抄出《しょうしゅつ》し、座右《ざゆう》の誡《かい》としていった。右に引用したのは、そのなかの一条である。ちなみに、私の「読書ノート」によってみると、そのころ『南洲遺訓』と相前後して、おなじく岩波文庫で『言志四録』を読んでいる。三十年まえの私は、この維新《いしん》史の英雄の精神を、知らぬうちに、その形成期にまで遡《さかのぼ》って追究していたのである。（『完本』七三〜七四頁）

池田氏が西郷から学んだ英雄の精神は、創価学会の広宣流布《こうせんるふ》に活《い》かされるのである。

さて、若き日の西郷は、こうして藩主斉彬《なりあきら》の守庭吏《しゅていり》（庭方役）に抜擢《ばってき》された。今でいえば、秘書官のような役である。ときには特別補佐官の任務も果たしたことであろう。事実、西郷は斉彬公の信任に応《こた》え、国事に奔走《ほんそう》していった。

安政《あんせい》五年（一八五八年）、西郷三十二歳のときである。彼は重大なる密命をおびて上京中、主君斉彬の急死を知った。悲報を受けた西郷は、ただちに鹿児島へ帰って藩公の墓前に、追腹《おいばら》を切って殉《じゅん》じようとする。――それを、熱誠こめて諫《いさ》めたのが、のちに西郷とともに錦江湾《きんこうわん》に入水《じゅすい》して果てた、僧月照《げっしょう》であった。

その後の西郷は、もはや一命を捨てた境地に立って、主君と師の遺志を実現するために、生涯《しょうがい》にわたって「仁」を貫《つらぬ》いたという。

命もいらず、名もいらず、官位も金もいらぬ人は、仕末に困るもの也。此の仕末に困る人ならでは、艱難《かんなん》を共にして国家の大業は成し得られぬなり。*4

これも『遺訓』の第三十条にある。いわば、西郷は「無私」の人であった。幾度か死線を通りぬけた志士たちも、彼の覚悟が尋常でなかったことを証言している。

（『完本』七四～七五頁）

無私の精神と他者を感化する力

恩師への忠誠は、殉死《じゅんし》によってはなされない。生きて恩師の想《おも》いを継承《けいしょう》することの方が死ぬことよりはるかに難しく、勇気のいることだ。池田氏は、《命もいらず、名もいらず、官位も金もいらぬ人は、仕末に困るもの也。此の仕末に困る人ならでは、艱難を共にして国家の大業は成し得られぬなり》という言葉に端的《たんてき》に示された西郷の無私の精神に感銘《かんめい》を受けた。重要なのは無私の精神が何に対して向けられるかだ。池田氏は、正しい仏法の広宣流布に無私の精神で生涯を捧《ささ》げることになった。池田氏のこの無私の精神が創価学会を世界宗教に発展させる原動力になったのである。

池田氏は、西郷の他者を感化する力にも着目する。

たとえば、土佐藩出身の中岡慎太郎がいる。彼は西郷と会見するとき、場合によっては刺殺する決意を意中に秘めていた。おそらく西郷にも、その殺気は伝わっていたにちがいない。

会談が始まると、いつしか中岡の気勢も殺《そ》がれ、西郷の誠意に感動していく。気がついてみると、彼も西郷の同志となり、協力を約す仲に変わっていた。

中岡は、死の二年まえに記《しる》している。

当時洛西の人物を論じ候えば、薩摩藩には西郷吉之助あり、人となり肥大にして（中略）古の安倍貞任《あべのさだとう》などは斯の如き者かと思われ候。此の人学識あり胆略あり、常に寡言《かげん》にして最も思慮深く、雄断に長じ、たまたま一言を出せば確然人の肺腑《はいふ》を貫く。且つ徳高くして人を服し、しばしば艱難をへて事に老練す。[*5]

（『完本』七五頁）

敵対する者の中にも仏性《ぶっしょう》がある。この仏性に働きかけていけば人間は必ず変化する。この創価学会の信仰《しんこう》の核心《かくしん》が、創価学会について知らない西郷にも宿っていたのだ。一般的《いっぱんてき》言語では誠意であるが、創価学会員の場合は、それが折伏という行動で表れる。

勝海舟《かつかいしゅう》もまた、西郷を恐るべき人物と見た。それは、前回紹介した『氷川《ひかわ》清話』などの座談にも明らかである。

おれは、今までに天下で恐ろしいものを二人見た。それは、横井小楠《しょうなん》と西郷南洲とだ。[*6]

ここにいう横井小楠は、幕末《ばくまつ》のすぐれた思想家である。だが、惜《お》しいかな彼は、明治二年（一八六九年）正月、京都で暗殺《あんさつ》された。

海舟は初めて西郷と面会した際、彼こそ小楠のような思想家の理想を実践する人物と見た。そして、やがては西郷が「天下の大事を負担するもの」[*7]と考えて、江戸開城の談判に臨んだのである。

人の一生遭《あ》ふ所には、険阻《けんそ》有り、坦夷《たんい》有り、安流有り、驚瀾有り。是れ気数《きすう》の自然にして、竟《つひ》に免《まぬが》るる能はず。即ち易理《えきり》なり。人は宜しく居つて安んじ、玩《もてあそ》んで楽《たのし》むべし。若し之を趨避《すうひ》せんとするは、達《たつ》者の見に非ず。[*8]

おそらく西郷は、この一節を『言志四録』のなかに見いだしてから、その生涯《しょうがい》を閉《と》じる日まで、さまざまな感懐《かんかい》をもって反芻《はんすう》したにちがいない。その身を「気数の自然」にまかせて、淡々と生死を超越した心地にまで達していたのであろうか。

（『完本』七六〜七七頁）

池田氏は、西郷が《その身を「気数の自然」にまかせて、淡々と生死を超越した心地にまで達していたのであろうか》と述べるが、西郷は生も歓喜《かんき》、死も歓喜という価値観を体得していたのであろう。ここでも創価学会が未《いま》だ誕生していないので、その教えについては知らないが、同じ価値観を抱《いだ》いていた西郷に対する池田氏の肯定的《こうていてき》評価が表れている。

池田氏は明治維新が達成されるまでの西郷の業績を高く評価する。

「創業の人」か「守成の政治家」か

維新《いしん》を達成するまでの西郷は、たしかに機勢の高まる波に乗っていた。大久保の緻密《ちみつ》な戦略《せんりゃく》と、世界情勢に通暁《つうぎょう》した海舟の助言、さらに豊富な情報と雄藩の協力も得て、果断に行動することができた。

しかし、時流というものは、激《はげ》しく、また恐ろしいものである。維新政府の矢継《やつ》ぎ早な改革に、ひとり西郷のみ置き去りにされたきらいもある。むろん彼自身、創業の人ではあっても、守成《しゅせい》の政治家ではないことを、あるいは承知していたかもしれない。

戊辰《ぼしん》戦争が終わると、さっさと薩摩《さつま》へ帰ってしまった。すでに「命もいらず、名もいらず、官位も金もいらぬ」という心境の西郷にしてみれば、あえて上京するまでもなかったにちがいない。南国の田園に暮らして晴耕雨読の、悠々《ゆうゆう》自適の生活を送っていれば、赫々《かっかく》たる革命家の晩節も全《まっと》うされる、と見えたのだ。
（『完本』七七〜七八頁）

興味深いのは、池田氏が西郷について《創業の人ではあっても、守成の政治家ではないことを、あるいは承知していたかもしれない》と述べていることだ。ビジネスにおいて起業や創業の能力と、企業《きぎょう》を運営し、発展させていく能力は異なる。政治においては革命家が権力を奪取《だっしゅ》した後、安定的に政権を運営していけないことはよくある。西郷は明治国家を運営する行政能力が十分でないと、自《みずか》らの限界に気付いていたことが重要だ。西郷の同世代では大久保利通《おおくぼとしみち》（一八三〇〜七八年）、若い世代の伊藤博文《いとうひろぶみ》（一八四一〜一九〇九年）の方が官僚制《かんりょうせい》の整備と近代国家の建設には適性があると西郷は考えていたのであろう。

しかし、西郷は鹿児島に隠棲《いんせい》するという選択《せんたく》を貫《つらぬ》くことができなかった。西南戦争（一八七七年）に巻き込《こ》まれたからだ。明治の改革による武士階級からの特権剥奪《はくだつ》に我慢《がまん》できない不平士族の不満の声に応《こた》えて決起し、敗北し、西郷も自決することになった。西南戦争は明治国家を近代化する分岐点《ぶんきてん》となった。歴史学者の田中彰《たなかあきら》氏（一九二八〜二〇一一年）は、西南戦争の意義は四点あるとする。

第1には、もっとも勢力のあった鹿児島県士族を中心とする最大の士族反乱が、〈土百姓《どびゃくしょう》〉の鎮台兵《ちんだいへい》といわれていた徴兵制《ちょうへいせい》軍隊によって鎮圧《ちんあつ》されたことがあげられる。軍事力は士族の独占《どくせん》とみられていたそれまでの一般的《いっぱんてき》観念が現実に打ち破られ、以後の徴兵制を軌道《きどう》に乗せた。第2には、近代的装備と編成による軍事力がいかに強力であるかが実証された。とりわけ通信による情報の伝達の速さが、薩軍と政府軍の落差を大にするとともに、情勢の大局的判断を大きく左右した。また薩軍が海軍力をもたなかったことも決定的であった。第3に、この西南戦争では農民一揆《いっき》とこの反乱とが結びつくことがなかった。各地の士族は薩軍に呼応したものの、おりから高まっていた農民一揆はついにこの反乱に応じなかった。いやそれを分断するためにこそ、西南戦争勃発《ぼっぱつ》直前の1877年1月4日に、政府は地租減租《ちそげんそ》の詔勅《しょうちょく》を出し、地租率をこれまでの100分の3から100分の2.5へと引き下げた。木戸《きど》は西南戦争が起こったあとでさえ〈竹槍連《たけやり》〉ほど恐《おそ》ろしいものはない、といっていたのである。政府の分断政策は功を奏し、政府の行政改革はこれを機にいっそう推進された。第4に、この反乱の性格そのもののもつ意味である。西南戦争勃発後の1877年3月、東京で刊行された西野古海《にしのこかい》編《鹿児島追討記》は、この反乱は〈良民〉の〈自由〉を伸《の》ばすものでも、〈公衆〉の〈民権〉を保護するものでもなく、また〈国憲〉を定め、〈自由〉を興起するためでもなく、〈私権私威《しけんしい》〉〈私利私栄〉を求め、〈私《し》憤《ふん》〉〈私怨《しえん》〉のためのものだ、と論じた。つまり、士族の特権擁護《ようご》の軍事反乱にすぎないと断じていたのである。その敗北の結果、こうした士族反乱はあとを絶った。そして反政府運動は、すでに開始されていた自由民権運動へ席を譲《ゆず》った。自由民権運動がその後急速に展開する一斑《いっぱん》の理由である。なお西郷《さいごう》の死に対する民衆の同情と共感は、いわゆる〈西郷伝説〉として尾《お》を引く。また福沢諭吉《ふくざわゆきち》は西南戦争直後の1877年10月に、西郷弁護の《明治十年丁丑《ていちゅう》公論》（公表１９０１）を執筆《しっぴつ》した。
（『世界大百科事典』平凡社、ジャパンナレッジ版、ルビは編集部による）

「死の美学」を超えて

士族反乱が、民衆により構成された徴兵制《ちょうへいせい》軍隊に敗れたことは、武士の地位低下を決定的にした。また農民が西郷らの動きに同調することはなかった。民衆から遊離《ゆうり》してしまったことが西郷の敗因なのである。

池田氏は西南戦争における西郷の行動をこう批判する。

だが、西郷は明治四年（一八七一年）正月、ふたたび、三たび立ち上がった。ときに四十三歳——はや人生の半ばを越えている。時折、心臓の鼓動《こどう》に不安を覚えることはあったが、それでも、あえてみずからの運命に身をゆだねていったのである。

はたして西郷の再挙は、維新《いしん》につぐ連続革命を企図《きと》したものであろうか。あるいは壮《そう》図《と》むなしく、不平士族の反乱軍と化していったのだろうか。福沢諭吉《ゆきち》の見るように、それは「抵抗の精神」によるものか。——歴史の評価は、なおしばらく左右の振幅を繰《く》りかえすかもしれない。

しかし私は、かつて西郷の人間性には魅《ひ》かれたが、はたして彼に百年の遠謀深慮《えんぼうしんりょ》があったかどうか――今では疑問に思っている。彼には、土着性に根ざす人情の豊かさはあっても、新しい未来の光源となりうる理念の輝《かがや》きは見られないからである。

なお後年、私の恩師は、西郷が未来への使命に生きゆく多くの青年を死地に追いやったことの非を、厳《きび》しく批判されたことがある。真の指導者というものは、次代の有為《ゆうい》な青年たちを決して犠牲《ぎせい》にするものではないとの心情が、恩師の指摘《してき》には溢《あふ》れているようで、私の脳裡《のうり》からは瞬時も離れないのだ。

（『完本』七八～七九頁）


西郷は島津斉彬に殉死しようとしたときに、それを思いとどまり《一命を捨てた境地に立って、主君と師の遺志を実現するために、生涯にわたって「仁」を貫いた》のであるが、未来に対する明確な展望を持っていなかった。《命もいらず、名もいらず、官位も金もいらぬ人は、仕末に困るもの也。此の仕末に困る人ならでは、艱難を共にして国家の大業は成し得られぬなり》という無私の精神を持っていても、その精神が何に対して捧げられるかが重要なのである。

池田氏は戸田氏を通じて、正しい仏法に人生の価値を見出した。戸田氏は、西郷が前途《ぜんと》有為《ゆうい》な青年たちを死に追い込んだことを厳しく批判した。死の美学にとらわれるのではなく、現実の社会で生きて、自らの理念を少しでも現実にする努力をするのが宗教者としての正しい生き方と考えたからだ。池田氏は、戸田氏を通じて《真の指導者というものは、次代の有為な青年たちを決して犠牲にするものではない》という教えを学んだ。この文脈において西郷は反面教師だったのである。

＊1・4　『西郷南洲遺訓』（山田済斎編『西郷南洲遺訓　附　手抄言志録及遺文』岩波文庫、一九三九年所収）七頁（＊1）、一五頁（＊4）。漢字は新字体に改められている。
＊2・3　『手抄言志録』（前掲『西郷南洲遺訓　附　手抄言志録及遺文』所収）八九頁。漢字は新字体に改められている。
＊5　井上清『西郷隆盛』上（中公新書、一九七〇年）一七九頁。
＊6・7　『勝海舟全集』二一（講談社、一九七三年）四九頁。
＊8　佐藤一斎〈山田準（済斎）・五弓安二郎訳注〉『言志四録』（岩波文庫、一九三五年）八四〜八五頁。漢字は新字体に改められている。「担夷有り」の部分は『完本』では「担」に原書の注の白丸があるが、本書では省略した。

第3章　世俗化と人間の危機
――マックス・ウェーバー『宗教社会学論集』

日蓮仏法をいかに社会に展開するか

池田《いけだ》大作《だいさく》創価学会《そうかがっかい》第三代会長の知的関心は学際的である。そのことを端的《たんてき》に示す例として本章では『続　若き日の読書』に収録されたマックス・ウェーバー（一八六四～一九二〇年）の『宗教社会学論集』を取り上げたい。

池田氏は、ウェーバーが学術研究を続ける動機に関心を持つ。

> なぜ、学問を志すのか――そう夫人に問われた彼は、こう答えたという。
> 「自分がどれだけ堪《た》えられるかを私は知りたいのだ」[*1]と。
> 学都ハイデルベルクでの学生時代に培《つちか》った果敢《かかん》さ、剛健《ごうけん》さを、終生の生活信条とした彼。
> 学問の世界にあっても、妥協《だきょう》を許さぬ孤高《ここう》の姿勢を貫《つらぬ》いた雄々《おお》しさに、自立・自尊の

「ウェーバー的主体」という言葉すら生んだ彼――今世紀を代表する政治・経済学の巨峰《きょほう》にして宗教社会学の先覚者マックス・ウェーバーの、確かな輪郭《りんかく》を伝えるエピソードである。

「科学」と「技術」の目覚ましい発展に彩《いろど》られた十九、二十世紀。それは、ヨーロッパ文明の価値観が、世界を席捲《せっけん》した世紀であった。しかし、この時代、ヨーロッパの偉大な知性たちは、それを文明の「進歩」ではなく、「衰退」と「没落《ぼつらく》」の過程と見ていた。

科学・政治・経済――そうした「人間以外の力」の肥大《ひだい》が、ほかならぬ「人間」を圧倒し、「モノ化」するという危機感。ウェーバーも、その警世《けいせい》の鐘を打ち鳴らした一人であった。彼が〝近代の総括者《そうかつしゃ》〟〝一つの時代が終わろうとするとき、いつも現れてくるような人間〟と呼ばれるゆえんである。

（『完本　若き日の読書』〈以下『完本』〉四四一～四四二頁）

学問の道は険しい。単なる思いつきではなく、学術的手続きを経て、新しい知の地平を切り開くことは、そう簡単にはできない。また好奇心《こうきしん》だけでは学問を成就《じょうじゅ》することができず、強靱《きょうじん》な精神力も必要とされる。

池田氏は、ウェーバーの社会学が世界に大きな影響《えいきょう》を与《あた》えた背景には、時代状況《じょうきょう》の変化があると考える。近代が限界に直面したところで、近代を読み解き、その限界を突破《とっぱ》することをウェーバーは試《こころ》みた。人類を危機的状況から救い出すという動機がウェーバーの心の奥《おく》に存在したのだ。

ここで池田氏は、自《みず》らとウェーバーの著作との出合いについて記《しる》す。

昭和三十三年(一九五八年)一月、私は三十歳。いわゆる「而立《じりつ》」――「三十にして立つ」の歳《とし》を迎えたばかりであった。

それはまた、恩師戸田城聖先生ご逝去《せいきょ》の約三カ月まえでもあった。当時、先生のお体《からだ》は、衰弱《すいじゃく》の度を、ますます加えておられた。私の心は日夜、先生の枕頭《ちんとう》を離れることはなかった。ただ、ご回復を祈りに祈りながらの戦いの日々が続いていた。だが同時に、避《さ》けがたい運命の日が近づきつつあることもまた、私は胸中《きょうちゅう》深く実感せざるをえなかったのである。

戸田先生が、後事《こうじ》を託されようとしていた「広宣流布」の大事業――その一つに、日蓮大聖人の仏法を、社会の上に、どう展開していくか、という命題があった。

大聖人の仏法には、その信仰の純粋性と、人間変革・社会変革への求道の真摯《しんし》さ故《ゆえ》の、ある種の「激《はげ》しさ」がある。だが日本では、その「激しさ」という一面が誤解され、救世の大情熱も、狂信的なものとして錯覚《さっかく》されがちであった。戦前・戦中と、「日蓮主義」などという名のもとに、軍国主義の高揚《こうよう》に利用されてきたことも事実である。さらに戦後、恩師のもと「広宣流布」の本格的な前進を開始した創価学会に対しても、それと同種の批判が繰《く》りかえされていた。

その誤解の壁を打ち破りたい。大聖人の仏法が、時代・社会に開かれた、真実の「人間主義」の宗教であることを、ひろく世界に示したい、証明したい――恩師の胸奥《きょうおう》に秘められていた、そうした深いお心を、私はつねづね痛感していたのである。
(『完本』四四二～四四四頁)

池田氏にとっては、読書を含《ふく》め、自らの活動のすべてが日蓮《にちれん》仏法を広宣流布《こうせんるふ》することにある。学問のための学問、知識のための知識、読書のための読書に、池田氏は意義を認めない。読書を含む人間の知的営為《えいい》は正しい目的のためになされなくてはならない。この精神を池田氏の『若き日の読書』『続　若き日の読書』の読み解きを通じて学ぶことが、本書の目的なのである。

マルクス主義と対決したウェーバー

さて、どの世界宗教も、激しい情熱を持って生まれた。それゆえに世の中の人々から誤解を受けた。誰《だれ》だって他人から悪く思われたくはない。だから信仰《しんこう》に懸《か》ける情熱を抑《おさ》えようとする動きが出てくる。キリスト教でもそのような傾向《けいこう》があった。『新約聖書』の「ヨハネの黙示録《もくしろく》」では、そのような生温《なまぬる》い姿勢は間違《まちが》っていると批判する。

ラオディキアにある教会の天使に、こう書き送れ。『アーメンである方、忠実で真実な証人、神に造られたものの源《みなもと》である方が、こう言われる。「私はあなたの行いを知っている。あなたは、冷たくもなく熱くもない。むしろ、冷たいか熱いかであってほしい。熱くも冷たくもなく、生温《なまぬる》いので、私《わたし》はあなたを口から吐《は》き出そう。』

（「ヨハネの黙示録」三章一四～一六節、聖書協会共同訳、ルビは編集部による）

キリスト教では、生温い信仰は、神の口から吐《は》き出されてしまうと考えるのである。また、信仰には熱さとともに冷たさも必要である。キリスト教徒になることを家族や友人が強く反対することもある。そのときは情においては忍《しの》びないがあえて冷たくなって、信仰を選ばなくてはならない。三十歳《さい》を迎《むか》えた池田氏は、初期のキリスト教会幹部が抱《かか》えていたのと同じ悩《なや》みに直面していたのだと思う。そして創価学会に対する誤解を解くための方策をいろいろ考えていた。その過程で出合った本の一つに『宗教社会学論集』があったのだ。

そして恩師が私たち弟子《でし》に示された指針の数々を、具体的に、どう社会の上で実現しゆくかとの問いかけは、日を追って私の脳裏《のうり》に重さを増しつつあった。マックス・ウェーバーの『宗教社会学論集』も、そうした思索《しさく》のなかで手にした一書である。京都から舞鶴、大阪、堺《さかい》、岡山へと続いた激励《げきれい》行を重ねた汽車の旅での読書であった。

（『完本』四四四頁）

ウェーバーにおいてもマルクス主義との対決が重要な問題だった。それはマルクス主義の本質が宗教だからである。

マルクス（一八一八～八三年）は宗教を「民衆のアヘン」であると批判した。マルクス主義者は自らを無神論者で唯物論者《ゆいぶつろんしゃ》であると規定する。しかし、それは無神論や唯物論をマルクス主義者が信仰していることに過ぎない。マルクス・レーニン主義（科学的社会主義）を掲《かか》げる日本共産党が執拗《しつよう》に創価学会を敵視するのも、共産党員の宗教と創価学会の信仰が相容《あいい》れないからだ。したがって、ウェーバーの思想を学ぶことは、二十一世紀の今ここで日本共産党と闘《たたか》うためにも必要なのである。

ウェーバーが宗教社会学研究の道を歩み始めた当時、ヨーロッパでは、マルクス主義に代表される唯物論《ゆいぶつろん》的な思想傾向が、思潮の主流を占《し》めたかの観があった。人間と社会の関係を、物質や経済的利害の側面からとらえようとする視角である。そうした時代に、彼が人間と社会を、あえて「宗教」の側面から描《えが》きだそうとしたのは、なぜか。

彼自身に即《そく》していえば、その家庭環境が挙《あ》げられよう。一家の気風は宗教的だった、とウェーバー夫人は伝えるが、政治家であった父は、享楽《きょうらく》を好み、内省的な生活とは、およそ無縁の人物であったようだ。一方、母は、夫とは反対に、信仰に深い安らぎを見いだす女性であった。最も身近な存在である両親の性格の違いに見た、「世俗《せぞく》的人生」と「宗教的人生」のコントラスト（対比）――それは少年ウェーバーの心に、「人生とは何か」「宗教とは何か」という問いかけの芽を、育《はぐく》んだといってよい。

ウェーバーの世俗化論

（『完本』四四四～四四五頁）

　信仰心《しんこうしん》を育む上で家庭環境《かんきょう》は重要だ。筆者の場合も父親は電気技師で、宗教に対する関心は稀薄《きはく》だった。末期《まつご》がんで死ぬ直前に父親が筆者にキリスト教の話を聞かせてくれというので、ていねいに説明した。父親は「お前の話は理屈《りくつ》としてはわかるが、信条としてしっくりしない。お父さんの母方のおばあさんは臨済宗妙心寺派《りんざいしゅうみょうしんじ》の僧侶《そうりょ》の娘《むすめ》だった。その関係で、お父さんも若い頃《ころ》は座禅《ざぜん》をしていた。特に信仰心というものはないが、人間は自力で救われると思う。お前の話を聞いているとキリスト教は浄土真宗《じょうどしんしゅう》のような他力本願《たりきほんがん》だ。お父さんは洗礼を受けない」と言った。母親は淋《さび》しそうにしていたが、筆者は「お父さんの思う通りにすればよい」と答えた。筆者の場合、実務的な気質は父親の影響を受けている。他方、キリスト教信仰に関しては母親の影響を受けている。筆者も両親の性格の違《ちが》いに《世俗的人生》と《宗教的人生》の対比があったことが皮膚《ひふ》感覚でわかる。こういう環境で育ったので、筆者は青年期から今日に至るまで社会と宗教の双方《そうほう》に強い関心を持ち続けている。ウェーバーにしても父親が牧師だったならば、別の人生を歩んでいたと思う。いずれにせよ池田氏はウェーバーの内面世界を見事にとらえている。

　近代の特徴《とくちょう》は世俗《せぞく》化だ。神や宗教に依存《いぞん》することなく、人間は生きていくことができるというのが世俗主義の世界観だ。キリスト教の文脈で言うならば、世俗化が「神の死」をもたらしたのである。しかし、「神の死」によって人間は危機に直面することになった。池田氏はウェーバーの世俗化論に注意を向ける。

もう一点は、近代の、いわゆる「神の死」とともに、「人間の危機」「文明の危機」が露《あらわ》になってきたという時代状況である。近代の出発において、人間は、永遠不変の実在としての神や、絶対的存在を問うことをやめた。人間は神と訣別《けつべつ》し、「独《ひと》り歩き」を始めたはずであった。だが、神という支柱を失った人間は、みずからの人間完成の軌道《きどう》を見失った。その一方で科学や技術、制度など「人間以外の力」に人間が支配される時代を招いてしまった。

「神の死」の顕在化《けんざいか》とともに到来した「人間の魂《たましい》の死」の危機。そこに「人間」を、いかに蘇生《そせい》させゆくか――生産力や生産関係を歴史哲学の根底におく唯物主義とは異《こと》なり、人間の内面そのものにかかわる宗教意識に即して歴史を描きだそうとしたウェーバーの試《こころ》みは、そうした時代認識と深くかかわっていたといえよう。

（『完本』四四五〜四四六頁）

人間のすべてを物質に還元《かんげん》することは不可能である。この単純な事実を、世俗化で目が曇《くも》っている現代人に理解させることがウェーバーにとって重要な課題だったのである。ウェーバーは、宗教を社会学的に考察することによって、宗教を信じない人にも、宗教が果たす機能について理解させることは可能であると考えた。ここで鍵《かぎ》になるのは「エートス」という言葉だ。エートスとはギリシア語で性格を意味する。エートスには生まれながらに持つ性格と後天的に身に付けた性格の双方が含まれる。このエートスという古い言葉にウェーバーは新しい意味を付与《ふよ》した。

「宗教社会学」――いうまでもなく彼は、宗教それ自体、たとえば教義の当否《とうひ》などを問うたわけではない。宗教が人生と社会にもつ意味の解明をめざしたのである。その分析《ぶんせき》の過程で生まれたキーワードは「エートス」と呼ばれる。エートスとは、彼によれば、生活から独立・超越し、人間を外部から拘束《こうそく》する「規範《きはん》」ではない。人間の意識の背後に浸《しん》透《とう》し、内面化された「行為への実践的起動力[*2]」を指すという。

（『完本』四四六頁）

ウェーバーは、儒教《じゅきょう》と道教《どうきょう》のエートスが秩序《ちつじょ》形成にあると考えた。

まず彼が「現世肯定《げんせこうてい》の宗教」と呼んだ「儒教《じゅきょう》と道教《どうきょう》」である。儒教――それが「宗教」であるか否《いな》かは議論の分かれるところとして――は、現世の社会秩序《ちつじょ》を、「もともと正しきもの、良きもの」としてとらえ、その維持《いじ》に努《つと》める。自己の生活も社会の繁栄《はんえい》も、その前提の上に成り立つものとする。いわば「秩序形成《けいせい》のエートス」である。だが、それは、現世を固定化《こていか》してとらえるあまり、社会の停滞《ていたい》を招きがちであった。ともに現実変革への

意識はつねに乏《とぼ》しかった。迷信や呪術《じゅじゅつ》で大衆をとらえた道教も、現世の秩序そのものにはふれない。むしろ儒教とあいまって、中国社会の固定化をいっそう強めたというのである。

（『完本』四四六〜四四七頁）

対して、ヒンズー教と仏教のエートスが彼岸《ひがん》性にあると考えた。

彼が「現世拒否《きょひ》の宗教」と位置づけた「ヒンズー教と仏教」は、どうか。彼も、西洋一般の知性と同じように、それらは、とりわけ瞑想《めいそう》的・神秘《しんぴ》的傾向の強い宗教と見ていたようだ。ヒンズー教にせよ仏教にせよ、政治・経済・文化など現世のさまざまな価値と深《しん》刻《こく》な対立を生みながら、みずからの観念《かんねん》的な「救いの世界」にとどまる。そこには、「無常《むじょう》の世界」にすぎない現世と積極的にかかわろうとする意識・意欲は生まれなかったとする。

（『完本』四四七頁）

ウェーバーは日蓮仏法について知らなかったので、仏教に対してこのような一面的理解しかできなかったのである。

普遍的な近代文明が辿った道とは

ウェーバーは古代ユダヤ教とキリスト教のプロテスタンティズムに連続性を認めた。

ウェーバーの関心を最もひいたのは「古代ユダヤ教」である。その宗教意識の特徴は、「禁欲《きんよく》」と「勤労精神《きんろう》」にあった。彼は、ここに注目する。そして、勤労精神を通じて民衆の社会意識を覚醒《かくせい》し、社会への参加を促《うなが》すというエートスが、中世キリスト教、プロテスタンティズムへと流れるヨーロッパ宗教史を貫《つらぬ》いてきたと見たのである。

ヨーロッパの宗教、とりわけプロテスタンティズムの世界観によれば、現世は「神に与えられたもの」である。故《ゆえ》に人びとは、神の意思に沿《そ》うよう社会を変革し、造《つく》りかえることも辞《じ》さない。神をたたえ、神の栄光を増すためであれば、自己の生活と社会を、神の国に近づけることに努《つと》める。

（『完本』四四七〜四四八頁）

もっともこのような古代ユダヤ教観は、近代プロテスタンティズムのプリズムを通したウェーバーの偏見《へんけん》である可能性も排除《はいじょ》されない。いずれにせよ禁欲と勤労精神というエートスが近代西欧《せいおう》社会にあることにウェーバーが気付いたことが重要だ。

ウェーバーは、そうした社会変革への積極性・能動性《のうどう》こそ、他に例をみない、ヨーロッパ独自の宗教意識であるとした。そして、その激《はげ》しい「現実変革のエートス」あればこそ、ヨーロッパが世界で唯一《ゆいいつ》、「普遍《ふへん》的な近代文明」を築き、世界を制覇《せいは》しえたのだと結論したのである。

だが、その「普遍的な近代文明」にも、すでに衰退の黄昏《たそがれ》が迫《せま》っていた。ウェーバーが、『宗教社会学論集』の諸考察を発表したのも、ヨーロッパが第一次世界大戦の暗雲につつまれていた時期である。ヨーロッパに育った近代文明の価値観は、その巨大な歯車ゆえに、未曾有《みぞう》の世界戦争というブラックホールのなかへ身を投じつつあった。

（『完本』四四八〜四四九頁）

近代の世俗化は人類を世界大戦という大量殺戮《さつりく》と大量破壊《はかい》に誘《いざな》ったのである。

「神中心」への回帰がもたらしたもの

池田氏は、近代ヨーロッパ世界の物質文明を形成する基盤《きばん》にキリスト教があるというマックス・ウェーバーの言説に着目する。

近代ヨーロッパの物質文明は、ウェーバーの考察によれば、キリスト教による「変革のエートス」によって築かれたものであった。それは、もともと、より良き社会の実現へと限りなく高められるはずのものであった。にもかかわらず現れてきた文明の衰弱《すいじゃく》――その原因は、どこにあったのか。

結論的にいえば、それは本来、キリスト教の世界観それ自体に、はらまれていたといってよい。なぜならプロテスタンティズムにせよ、ピューリタニズムにせよ、その「変革のエートス」とは、あくまでも「神への奉仕」を第一義とし、「人間」そのものには、二義、三義的な意味しか与えていなかった。科学や経済合理性、官僚《かんりょう》制など、「人間以外の力」の肥大《ひだい》とは、まさに、その盲点に生まれたものではなかったか。

（『完本』四四九頁）

エートスは、ギリシア語の「習慣」「性格」を意味する言葉だ。哲学者《てつがくしゃ》の徳永恂《とくながまこと》氏はエートスについてこう説明する。

本来ギリシア語で「性格」を意味することばであるが、生まれつきの天性と後に身につけた習性との両面を含《ふく》む。個人については、一時的な感情（パトス）や純粋《じゅんすい》な知能と区別されたひととなり、人柄《ひとがら》をさし、社会的には、ある民族や集団の特徴《とくちょう》をなす道徳、慣習、習俗《しゅうぞく》などをさす。この意味で、倫理《りんり》ないし倫理学にあたるドイツ語 Ethik《エーティク》が生まれてきた。ただしエートスは、価値規範《きはん》として自覚的に定立された当為《とうい》（ゾルレン）ではなく、集団や社会層に共有されて無自覚的レベルで人々のひととなりを規制しているしきたり、またそれによってつくられた人柄をさし、集合的心性、精神構造、人間類型などのことばがその訳語として用いられている。

こういう意味を強調して、方法的概念《がいねん》としての学問のなかに取り込《こ》んだのは、マックス・ウェーバーであった。彼《かれ》はエートスを倫理学説のレベルではなく、宗教、政治、経済などへ向かう社会的行為《こうい》の動機づけのレベルで取り上げ、目的—手段連関や担《にな》い手の社会層と関係づけて、多くの社会学的な分析《ぶんせき》を行った。資本主義の「精神」とか世界宗教の経済「倫理」とかいうことばは、この意味でのエートスをさしている。

(『日本大百科全書(ニッポニカ)』小学館、ジャパンナレッジ版、ルビ・字下げは編集部による)

池田氏はここで、キリスト教のエートス一般《いっぱん》を論じているのではない。西ローマ帝国《ていこく》の版図《はんと》と重なる近代西ヨーロッパに限定して議論を展開している。キリスト教にはさまざまな類型がある。西ヨーロッパではカトリシズムとプロテスタンティズムが主流だ。対して東ローマ帝国(ビザンツ帝国)の版図と重なるギリシア、ブルガリア、ルーマニアなどの諸国、さらにビザンツ帝国の影響を受けたロシアでは正教が主流だ。また、アラブ諸国には、五世紀に正統派教会と袂《たもと》を分かった非カルケドン派の東方教会がある。正教と非カルケドン派のキリスト教は、カトリシズム、プロテスタンティズムとはエートスを異にする。西ヨーロッパのキリスト教は、ユダヤ・キリスト教の一神教(ヘブライズム)、ギリシア古典哲学《てつがく》(ヘレニズム)、ローマ法(ラティニズム)が総合したものだ。

プロテスタンティズム（特にカルヴァン派の流れのピューリタニズム）は、「変革のエートス」を強く持つ。その理由は、プロテスタンティズムがカトリシズムと比較《ひかく》して、ユダヤ教の一神教の伝統を重視するからだ。ユダヤ教の神中心主義をプロテスタンティズムは甦《よみがえ》らせたのである。その反面として、プロテスタンティズムには人間を否定的に扱《あつか》う傾向がある。原罪を持っている人間は自力では救われず、神の恩恵《おんけい》によってのみ救われると考えるのだ。誰が救われるかは神しか知らない。人間の持つ能力もすべて神から与えられたものだ。だからその能力は神のために用いなければならない。イエス・キリストは、こう言っている。

「『心を尽《つ》くし、魂《たましい》を尽くし、思いを尽くして、あなたの神である主《しゅ》を愛しなさい。』これが最も重要な第一の戒《いまし》めである。第二も、これと同じように重要である。『隣人《りんじん》を自分のように愛しなさい。』この二つの戒めに、律法全体と預言者とが、かかっているのだ。」
（「マタイによる福音書《ふくいんしょ》」二二章三七～四〇節、聖書協会共同訳、ルビは編集部による）

イエスの教えでは、神を愛することは、即《すなわ》ち隣人《りんじん》を愛することなので、神中心主義が人間を軽視することにはならない。しかし、啓蒙《けいもう》的理性を基準に考える近代西ヨーロッパの人々は神を信じることができなくなってしまった。その結果、近代人は物質のみを追求するようになり、神を愛し、隣人を愛することを忘れてしまった。ウェーバーはこのような近代人の宗教性の喪失《そうしつ》が危険であると考えた。

フロマートカが「対話」を重視した理由

とともにウェーバーは、宗教の精神性と切り離された文明が、やがて失速《しっそく》していく、という予感をもっていた。彼は『宗教社会学論集』でも、圧巻《あっかん》の一章とされる「中間考察《ちゅうかんこうさつ》」[*3]で、「知性」と「宗教」の相克《そうこく》の果てに「知性」が勝利をおさめるであろうと想定する。そこで宗教は非合理なものとして退《しりぞ》けられ、排除される。だが宗教に勝利し、「世界」をその手中にしたはずの「知性」もまた、破綻《はたん》していかざるをえまいと記《しる》したのである。

（『完本』四四九～四五〇頁）

池田氏は、ウェーバーが指摘《してき》した問題が、アメリカで顕在化《けんざいか》していると考えた。

私は、一九九三年一月末から二月はじめ、南米訪問に先立ち、一年四カ月ぶりにアメリカを訪《おとず》れた。アメリカが直面する問題の一つに、「労働倫理《りんり》（ワーク・エティクス）」の問題があるが、ウェーバーは早くから、その背後に隠されている病理を、見すえていた。

病《やまい》のため教職を退いていた一九〇四年、彼は夫人とともにアメリカを旅した。巨大な生産力、経済力の台頭《たいとう》とともに、急速に発展しつつあった今世紀初頭のアメリカ。そのバイタリティーあふれる社会と国民性の背後に彼は何を見たか。それは社会を貫《つらぬ》く「経済

「合理性」の巨大さ故《ゆえ》の精神性・倫理性の稀薄《きはく》化の兆《きざ》し――人間精神の退廃《たいはい》の予兆《よちょう》であった。そこに彼の先見の眼の鋭《するど》さがあった。
（『完本』四五〇～四五一頁）

アメリカは、近代西ヨーロッパのエートスを継承《けいしょう》している。西ヨーロッパもアメリカも危機的状況に置かれている。それが近代的なプロテスタンティズムのエートスにあるという池田氏の指摘は事柄《ことがら》の本質を突《つ》いている。

ヨーロッパ文明の危機は、ほかならぬ、その文明を生んだキリスト教的エートスに、はらまれていた。だが文明は、確たる宗教的精神なくしては破綻せざるをえないということも事実である。「人間の復興」を希求《ききゅう》しつつも、そうしたジレンマの前に立ちどまらざるをえなかったウェーバーの苦悶《くもん》は、それまでの「神のための宗教」の限界を超克《ちょうこく》する新しき世界宗教――「神」ではなく「人間」へと向かう「人間のための宗教」の光を模索《もさく》していたとはいえまいか。
（『完本』四五一頁）

筆者が学生時代から研究しているチェコのプロテスタント神学者ヨゼフ・ルクル・フロマートカ（一八八九～一九六九年）も池田氏と同じ問題意識を持った。二十世紀のプロテスタント神学は、十九世紀の人間理性を肯定《こうてい》する自由主義神学を否定する上で成立した。その契機《けいき》となったのが第一次世界大戦の衝撃《しょうげき》だ。神なき理性は人類の幸福に貢献《こうけん》するのではなく、大量殺戮《さつりく》と大量破壊をもたらした。この現実を真摯《しんし》に受け止めたのがスイスのプロテスタント神学者カール・バルト（一八八六〜一九六八年）だ。バルトは人間が神について語ることを止め、神が人間に語りかけていることに虚心坦懐《きょしんたんかい》に耳を傾《かたむ》けるべきだと主張した。宗教改革の神中心主義を甦らせたのである。しかし、バルトが神の前での人間の自己批判を強調した結果、バルト神学の影響を受けた人々は人間を軽視するようになった。

この傾向を是正《ぜせい》しようとしたのがフロマートカだ。それはフロマートカの主著が『人間への途《と》上《じょう》にある福音《ふくいん》』というタイトルであることからも明らかだ。神に向かうことは、同時に人間に向かうことで、キリスト教が人間のための宗教になることをフロマートカは目指した。この目標のために、フロマートカはキリスト教以外の宗教を信じる人々や宗教を信じない人々との対話を重視した。「人間とは何か」というテーマで、キリスト教徒が他者と対話することが死活的に重要と考えた。筆者はプロテスタントのキリスト教徒であるが、創価学会員との対話が、自らの信仰を深めていると実感している。

「閉じた箱」から「開いた箱」へ

池田氏は、人間というテーマで世界の有識者と対話してきた。

イギリスの世界的な天文学者であるフレッド・ホイル博士は、博士の愛弟子《まなでし》でもあるウィックラマシンゲ博士と私との対談集（『「宇宙」と「人間」のロマンを語る』毎日新聞社）に、序文を寄せてくださった。そこで大要、こう述べておられる。

――キリスト教に代表されるヨーロッパの宗教は、人類を取り巻く「宇宙」と「世界」を狭《せま》くした。「宇宙」と「世界」、「宇宙」と「人間」を分断した。長い間、宗教によって狭《せば》められ、歪《ゆが》められてきた宇宙観・世界観――そうした「閉《と》じた箱」には、もはや活力も、新しい発見もない。今後は、宇宙と世界と人間を結び、つつみこむ新しい宇宙観、新しい価値観の枠組み――「開いた箱」こそが必要なのだ、と。

（『完本』四五一～四五二頁）

近代のキリスト教、特にプロテスタンティズムは宇宙論的関心を失ってしまい、信仰を心の中の事柄に限定する傾向がある。その結果、キリスト教は生命力を弱めてしまったのだ。ここで重要なのはキリスト教が価値を創造する力を取りもどすことだ。この点でも筆者は池田氏から多くを学んでいる。人間のために宗教があり、宗教のために人間があるのではないという真実を池田氏は強調する。

博士の言葉もまた、「宗教のための宗教」――「人間」という、奉仕すべき目的を見失った「転倒《てんとう》の宗教」への痛烈《つうれつ》な批判であろう。そうした「閉《と》じた箱」の宗教が織《お》りなしてきた歴史に、人類は最早《もはや》、こりごりしている。求められるべきは「開いた箱」の宗教――人間と社会、世界を結ぶとともに、どこまでも「人間への奉仕」を根底に据《す》えながら、ひろく社会の進歩と向上をリードしゆく「人間のための宗教」であろう。

(『完本』四五二頁)

他者のために奉仕《ほうし》することが宗教の本質的機能だ。日常生活で、近所の人々を助けるという奉仕もあれば、教育、法律、医療《いりょう》などの専門知識を用いて人々に奉仕するという道もある。また政治活動によって、社会を改善することで人々に奉仕するという選択肢《せんたくし》もある。創価学会は、人間主義の宗教として、まさに奉仕を価値観の基本に据《す》えている。しかも人間に奉仕する価値観は、固定的なものであってはいけないと池田氏は強調する。

また、時代はつねに動いている。社会は激変し続けている。そして、実社会に生きる人間は、限りなく多様多彩である。博士も指摘《してき》されるように、その千変万化の変化相に即応する、ダイナミックな世界観・社会観・人間観を示してこそ、宗教本来の価値があろう。その意味で、時代と社会に目を閉じ、その要請《ようせい》に応《こた》えられない教えや教団は、いつか流れもよどみ、衰亡せざるをえない。今も、私たちが眼前にしているとおりである。

(『完本』四五二頁)

社会は変化する。その変化に応じて、宗教を信じる人々も変化していかなくてはならないのだ。

生命を尊重し、人間主義を追求するという基本的価値観を維持《いじ》するためには、信仰を持つ人は社会の変化に応じて変わっていく必要があるのだ。

物質文明のなかで衰弱《すいじゃく》しきった人間の精神を復興し、真の「人間の世紀」を開きゆく「人間のための宗教」への道。また、政治・経済・文化をはじめ、あらゆる分野を、「人間のための宗教」の価値の光で照らしゆく、「宗教と社会」の架橋《かきょう》作業――私は書を閉じつつ、仏法の壮大な「人間主義のエートス」の可能性の未来に、あらためて思いを巡《めぐ》らせていた。

ともあれ、物質文明の冷笑《れいしょう》的な歯車に押し潰《つぶ》されるかのような時代に、人間の「生」の蘇生《そせい》を求めたウェーバーの叫《さけ》び。それは、従来の「世界宗教」の限界を超えて、人間と社会と世界を結びゆく仏法の哲理とも、深い共鳴の和音を響《ひび》かせている。「神」から「理性」へ、そして「人間」「生命」へと向かう、人類と文明の巨視《きょし》的な流れを、はるかに望んでいたかのごとく。

（『完本』四五二～四五三頁）

池田氏は、ウェーバーの言説を創価学会が世界宗教に発展するための糧《かて》として用いている。

池田氏が具現化した日蓮仏法のエートス

池田氏は晩年のウェーバーが若い世代の教育に力を入れていたことに注目する。

ドイツ敗戦後の混乱期に迎えた最晩年――彼は、長く遠ざかっていた教壇に、ふたたび立つことを決意する。病《や》み疲れた身を、学生との交流と討論の第一線にさらそうと立ち上がる。

「人間復興の時代」の黎明《れいめい》を探し求めた彼の精神の軌跡《きせき》に、人生の最後の炎《ほのお》を、青年たちの未来のために燃焼しようとした恩師の姿が重なる。――その風貌《ふうぼう》は、今なお、精神の「新しきエートス」創造への情熱を訴《うった》えてやまない。

――車中の思索《しさく》は、いつしかウェーバーとの「対話」から、ふたたび病篤《やまいあつ》き恩師の元へと戻った。恩師の示された、「社会」と「世界」への大道――その本格的な戦いの歩みを進める時は、刻一刻と近づいていた。

（『完本』四五三〜四五四頁）

「社会」と「世界」への大道に向かって進む創価学会の指針は、「社会憲章」前文で具体化している。

今日、人類はいくつもの複合的な危機に直面している。人類が生存し発展しゆくためには、我々人間はあらゆる生命と密接な関係にあるとの自覚のもとで結束し、協力すべきである。それには全ての人の貢献《こうけん》が必要であり、また誰《だれ》一人置き去りにされてはならない。

日蓮《にちれん》仏法は、我々一人一人が智慧《ちえ》、勇気、慈悲《じひ》という無限の可能性を、日々の生活の中に発現しゆく方途《ほうと》を示している。ゆえに我々が目指すべきは、未来の世代のために、人類が直面する難題に果敢《かかん》に挑戦《ちょうせん》し、より公正で持続可能な世界を構築しゆく人材の育成である。

我ら、創価学会は、「世界市民の理念」「積極的寛容《かんよう》の精神」「人間の尊厳の尊重」を高く掲《かか》げる。そして、非暴力と〝平和の文化〟に立脚《りっきゃく》し、人類が直面する脅威《きょうい》に挑《いど》みゆくことを決意して、ここに以下の「目的及《およ》び行動規範《きはん》」を確認《かくにん》し、本憲章を制定する。

（創価学会公式サイト「創価学会　社会憲章」前文、ルビ・字下げは編集部による）

池田氏が読書と体験を通じて獲得《かくとく》した智慧《ちえ》が、「社会憲章」というテキストになったことの意義は大きい。ここに現代における日蓮仏法のエートスが簡潔に表現されていると筆者は考える。

＊1　マリアンネ・ウェーバー〈大久保和郎訳〉『マックス・ウェーバー』Ⅱ（みすず書房、一九六五年）五〇七頁。

＊2　マックス・ウェーバー〈大塚久雄・生松敬三訳〉『宗教社会学論選』（みすず書房、一九七二年）三四頁。

＊3　前掲『宗教社会学論選』「三　世界宗教の経済倫理　中間考察」。

第4章　『隊長ブーリバ』とロシア・ウクライナ戦争
――ゴーゴリ『隊長ブーリバ』

池田氏の戦争観からロシア・ウクライナ戦争を見る

二〇二二年二月二十四日にロシアがウクライナを侵攻《しんこう》した。ロシアの行為《こうい》は、ウクライナの主権と領土の一体性を棄損《きそん》する国際法違反《いはん》の行為だ。日本は米国と連携《れんけい》する姿勢を明確にして、従来の対ロシア外交を根本的に転換《てんかん》した。ロシアは日本を米国、EU加盟諸国などとともに非友好国に指定した。日本のマスメディアの報道は、ウクライナ、米国、EU諸国を情報源とするものがほとんどだ。戦時になると、各国指導者の支持率は向上し（今回、米国だけは例外でバイデン大統領の支持率は低迷《ていめい》した）、マスメディアは無意識のうちに自国の政策を支持するようになる。

筆者は、毎日、ロシアのテレビを観《み》て、ニュースや有識者の討論をチェックしてきたが、日本や欧米《おうべい》とロシアの情報空間は、まったく異なるものになり、交わらなくなった。国際情勢を分析《ぶんせき》する場合には、相手の立場や論理を正確に知らなくてはならない。しかし、ウクライナ侵攻直後から日本のメディアの状況下《じょうきょう》では、ロシアの論理を紹介《しょうかい》するだけでも非難されるようになってしまった。日本政府は冷静に情報を収集、分析していたが、その内容は国民に知らされない。国民にもマスメディアにも「こうあってほしい」という思いがあり、その流れに反する情報は受け入れなくなったのだ。

このような状況で、創価学会《そうかがっかい》やキリスト教などの世界宗教を信じる人たちは、各国政府の立場とは別の切り口から事態を観察しなくてはならないと思う。筆者はプロテスタントのキリスト教徒だが、戦争を分析する際には、池田大作《いけだだいさく》創価学会第三代会長が創価学会の「精神の正史」として書いた小説『人間革命』の有名な冒頭《ぼうとう》の格言を基本にして考えることにしている。

戦争《せんそう》ほど、残酷《ざんこく》なものはない。
戦争ほど、悲惨《ひさん》なものはない。
だが、その戦争はまだ、つづいていた。
愚《おろ》かな指導者《しどうしゃ》たちに、率《ひき》いられた国民《こくみん》もまた、まことに哀《あわ》れである。
（池田大作『人間革命』第一巻、聖教ワイド文庫、二〇一三年、一五頁）

特に《愚かな指導者たちに、率いられた国民もまた、まことに哀れである》という視点が重要だ。ウクライナ国家もロシア国家も自《みずか》らの行為が正義であると主張する。

しかし、世界宗教の視点からは、指導者たちの心の歪《ゆが》みが、国民を哀《あわ》れな状況に追い込《こ》んでいるのだ。侵略《しんりゃく》戦争に駆《か》り立てられているロシア国民も哀れである。ウクライナでは、二〇二二年二月二十四日に戒厳令《かいげんれい》が布告され、十八歳《さい》から六十歳の男性の出国が禁止された。ウクライナ政府は国民に武器を配り、火焔瓶《かえんびん》製造法を教え、ロシア軍に対する徹底抗戦《てっていこうせん》を現在に至るまで主張している。

政権の論理としては当然なのだろう。しかし、筆者にはそれが、母親が十四歳のときに陸軍軍属となって経験した沖縄戦と二重写しになる。首里《しゅり》から摩文仁《まぶに》に撤退《てったい》するときに、下士官が母親に自決用の手榴弾《しゅりゅうだん》を二個渡《わた》した。二個なのは、不発だったときに備えてだ。母親の体験については、以前『潮』誌に詳《くわ》しく書いたので、ここでは繰《く》り返さないが、骨子だけを記す。

摩文仁のガマ（自然壕《ごう》）で米兵に見つかったとき、母親は手榴弾の安全ピンを抜《ぬ》いた。信管を壁《かべ》に叩《たた》きつければ手榴弾は爆発《ばくはつ》し、そのガマにいた母親を含《ふく》む一七人全員が死亡したと思う。安全ピンを外してから、一秒少し、母親はためらった。そのときに隣《となり》にいた下士官が「死ぬのは捕虜《ほりょ》になってからでもできる。ここはまず生き残ろう」と言って両手を挙げた。この伍長《ごちょう》のおかげで母親は九死に一生を得た。しかし、母親は二〇一〇年七月に他界する直前まで「あのとき私が手榴弾を爆発させていたら、ガマにいた一六人を殺すことになった」と十四歳のときの自分を許せずにいた。

池田氏は、『人間革命』を沖縄で書き始めた。そこには大きな意味がある。

池田先生が『人間革命』の執筆《しっぴつ》を開始した地は、太平洋戦争で凄惨《せいさん》な地上戦が繰り広げられ、多くの一般《いっぱん》市民が犠牲《ぎせい》となった沖縄でした。
池田先生はのちに「その朝、私は一人、文机《ふづくえ》に向かい、万年筆を握《にぎ》ると、原稿《げんこう》用紙の第一行に力を込《こ》めて書き始めた。『人間革命』――そして、『第一章　黎明《れいめい》一』と続けた……」と、当時を回想しています。

（創価学会公式サイト「12月の広布史」、ルビ・字下げは編集部による）

ウクライナ人だった作家ゴーゴリ

池田氏の戦争観を基準に据《す》えて国際情勢を読み解くことが、現在、最も重要なことだ。さもないと国家主義という人間が作った宗教に足を掬《すく》われる危険がある。実は、池田氏はウクライナについて興味深い作品を残している。『続　若き日の読書』に収録された「人間の大地に魂《たましい》の雄叫《おたけ》び　ゴーゴリ『隊長ブーリバ』」と題するエッセイだ。

ゴーゴリについて、人名辞典から引用しておく。

ゴーゴリ　Гоголь, Николай Васильевич (Gogol, Nikolai Vasilevich)
本名：Яновский(Yanovskÿ)
1809．3．20～52．2．21
ロシアの作家。

ウクライナ地方ポルタヴァ県ソロチンツィに生まれる。父は地主。ポルタヴァ郡立学校［1818］、ついでネージン高等学校［21］に入学、卒業後ペテルブルクに移り、下級官吏《かんり》としての貧困《ひんこん》生活をしながら、俳優を志願したり美術学校に通ったりしたが、その間にウクライナ民衆の生活に取材した小説を書き、《ディカーニカ近郷《きんごう》夜話▼：Вечера на хуторе близ Диканьки、2巻、1831―32》を出版して名声を得た。一時ペテルブルク大学世界史担当助教授となった［34―35］が、すぐにやめ、その年に第2、第3作品集《アラベスク：Арабески》《ミルゴロド：Миргород》を出版。同時に喜劇の執筆《しっぴつ》に向かい《検察官▼：Ревизор》を完成、ペテルブルクのアレクサンドル劇場、ついでモスクワで上演した［36］。その痛烈《つうれつ》な皮肉は社会的事件となり、ロシアを去る［同］。以来48年まで、2回ロシアに帰った［39、41］ほかは国外にあって、スイス、パリ、ローマなどに住んだ。この間長編《死せる魂▼：Мёртвые души》第1部を完成して［41］、その第2部にかかった。それをモスクワで［49―52］完成しようとしたが果たせず、精神的苦悩《くのう》と思想的動揺《どうよう》とのうちに精神を病《や》み、その原稿《げんこう》の一部を焼却《しょうきゃく》して絶食状態で死を迎《むか》えた。

（『岩波　世界人名大辞典』ジャパンナレッジ版、「▼」は邦訳書がある作品、ルビ・字下げは編集部による）

人名辞典では「ロシアの作家」となっているが、ゴーゴリはウクライナ人だ。ゴーゴリの時代には、ロシア帝国《ていこく》の版図《はんと》では近代的な民族概念《がいねん》が成立していなかった。ゴーゴリはロシア人でありウクライナ人だったのだ。『隊長ブーリバ』は、ウクライナにおける戦争を扱《あつか》った小説だ。

池田氏は、ロシア文学（これは広義のロシア文学で、ロシア語で書かれたウクライナ人やキルギス人などの文学も含まれる）の特徴《とくちょう》に民衆性があると考える。

「ロシア文学には、民衆とともに苦楽をともにし、運命共同体として生きようとする真摯《しんし》な求道心がある」

かつて私は、「東西文化交流の新しい道」と題するモスクワ大学での講演（一九七五年五月）のなかで、こう述べた。

広大なロシアの大地から咲きいでた民衆文化の精華《せいか》。その芳香《ほうこう》は、若き日の私に大いなる励《はげ》ましを与えてくれた。

トルストイの『戦争と平和』『アンナ・カレニナ』『復活』、ドストエフスキーの『罪と罰《ばつ》』『カラマーゾフの兄弟』、ゴーリキーの『どん底』、ツルゲーネフの『猟人日記《りょうじんにっき》』などは、夢中になって読んだ忘れえぬ作品である。また、プーシキンの魂《たましい》の歌を繰《く》りかえし愛誦《あいしょう》したことも懐《なつ》かしい。

「人間はいかに生きるべきか」「何が正義で何が悪か」「人間の苦悩はどこからくるのか」――ロシア文学には、そうした青春の探究《たんきゅう》に対する確かな手応《てごた》えがある。

（『完本　若き日の読書』〈以下『完本』〉三四三～三四四頁）

日本国民、ウクライナ国民、ロシア国民、米国民など、どの国家に帰属しているかに関わりなくロシア・ウクライナ戦争に直面しているわれわれは、《「人間はいかに生きるべきか」「何が正義で何が悪か」「人間の苦悩はどこからくるのか」》ということについて、考えざるを得ない状況に置かれている。そのような意識を持たない人がいるならば、その人は戦争の熱気に煽《あお》られて視野が狭《せま》くなっていると筆者は考える。こういう人も、愚《おろ》かな指導者たちに率いられた哀れな国民の一人なのである。

コサックとウクライナ人のアイデンティティー

池田氏が『隊長ブーリバ』を読んだのは、二十七歳のときだった。当時の池田氏にとっては、毎日が闘《たたか》いの連続だった。

昭和三十年（一九五五年）――当時二十七歳の私にとって、毎日が真剣なる闘《たたか》いの連続であった。死をも予感させるほど激《はげ》しく襲いかかる病魔《びょうま》、あまりにも無認識きわまりない世間の中傷と圧迫《あっぱく》――。私は恩師戸田城聖先生のもとで懸命《けんめい》に戦った。いっさいを受けとめて一歩も退《しりぞ》かなかった。

その闘争《とうそう》の最中《さなか》、戸田先生は私に、矢継《やつ》ぎ早に世界の名著を勧《すす》めてくださった。「あれは読んだか。これも読みなさい」と、あたかも真っ赤に燃えさかる鉄を鍛《きた》え打つがごとくであった。
そのなかの思い出深い一書が、ゴーゴリの『隊長ブーリバ』である。その年の二月十六日の「日記」に、こう綴《つづ》っている。

「『隊長ブーリバ』を読み始む。脳裏《のうり》に去来するものあり」

美しく広大なウクライナの天地に繰りひろげられる戦いの数々。誇《ほこ》り高きコサックの雄叫《おたけ》び。親子の愛情、正義、勇気、裏切り、悲劇……。次々に織りなされる人間絵巻が、鮮烈《せんれつ》な画像となって若き心に迫《せま》った。
(『完本』三四四〜三四五頁)

コサックは、ウクライナ人、南部ロシア人のアイデンティティーと深く結びついている。ロシア思想史研究家の外川継男《とがわつぐお》氏はこう説明する。

コザック、カザークともいう。もとの意味は「向こう見ず」とか「自由な人」を意味するチュルク語からきている。最初のコサックは、トルコ人やタタール人の山賊《さんぞく》や戦士であったが、ドミトリー・ドンスコイの時代からモスクワ大公に仕える者も現れてきた。その後15世紀から16世紀にかけて、モスクワ公国やポーランド王国の支配の強化を嫌《きら》って、辺境のステップ地帯に逃亡《とうぼう》する農民の集団をさすようになり、さらに18世紀から20世紀初頭においては、軍役奉仕《ぐんえきほうし》を義務とする特別の社会層をさすようになった。

ロシアにおける農奴制《のうどせい》の強化、飢饉《ききん》、イワン4世(在位1533〜1584)の圧政から、モスクワ公国の農民の一部はドン川流域に逃亡し、そこに、税を免《まぬか》れて自由な軍事的共同体をつくった。「ドン・コサック」とよばれるようになるこれらのグループは、動乱時代（スムータ、1606～1613）とくに大きな政治勢力となり、1613年ミハイル・ロマノフが即位《そくい》するころには「ドンの大軍団」と称《しょう》されるまでになった。一方ドニエプル川の流域に逃《のが》れたコサックは、早瀬《はやせ》の中の島に本拠《ほんきょ》を置いたところから、「ザポロジエ（早瀬の向こうの意）のコサック」とよばれた。彼《かれ》らはアタマンとよばれる頭目を選挙で選び、すべて重要事項《じこう》はラーダという全員集会で決めた。
（『日本大百科全書（ニッポニカ）』小学館、ジャパンナレッジ版、ルビ・字下げは編集部による）

ロシア軍は、ウクライナ最大の原子力発電所である「ザポリージャ（ザポロジエ）原発」を制圧したが、この地域には歴史的にコサックの拠点《きょてん》があった。ウクライナの国会を「中央ラーダ」と呼ぶが、これもコサックのラーダの伝統を意識したものだ。

軽蔑と不信のスパイラルを避けよ

池田氏の発想は、つねに現実的だ。宗教人として、当時、体制が異なったソ連とどう付き合っていくかについても真剣《しんけん》に考えている。

折しも、私がこの物語に接した一年半ほど後の昭和三十一年十月、日ソ共同宣言が取り交わされ、両国の国交が回復された。友好条約は将来の課題となったが、これを契機《けいき》として、日本の国連加盟が可能となり、国際社会の仲間入りを果たすことになる。まさに歴史的な方向転換《てんかん》であったといってよい。

そうした時代の動きを肌《はだ》で感じながら、国会で行われた批准書《ひじゅんしょ》決議の様子を傍聴《ぼうちょう》したことも懐かしい。約二時間にわたる決議の行方を見つめつつ、私も将来、自分なりの立場で両国の友好の舞台を開くことを心に期したものである。

国と国を結び、人と人をつなぐ——。それは何よりもまず、互いを「人間」として尊敬し信頼しあうことから始まる。

(『完本』三四五〜三四六頁)

池田氏がここで「友好条約」と述べているのは平和条約のことだ。一九五六年の日ソ共同宣言(日本国とソヴィエト社会主義共和国連邦との共同宣言)第九項《こう》では、平和条約交渉《こうしょう》の継続《けいぞく》と平和条約締結《ていけつ》後にソ連が日本に歯舞《はぼまい》群島と色丹《しこたん》島を引き渡《わた》すことを約束している。関連部分を引用しておく。

9　日本国及びソヴィエト社会主義共和国連邦は、両国間に正常な外交関係が回復された後、平和条約の締結に関する交渉を継続することに同意する。

ソヴィエト社会主義共和国連邦は、日本国の要望にこたえかつ日本国の利益を考慮して、歯舞群島及び色丹島を日本国に引き渡すことに同意する。ただし、これらの諸島は、日本国とソヴィエト社会主義共和国連邦との間の平和条約が締結された後に現実に引き渡されるものとする。

（日本外務省ホームページ「日本国とソヴィエト社会主義共和国連邦との共同宣言」）

日ソ共同宣言は、宣言という名称《めいしょう》であるが、日ソ両国の国会で批准《ひじゅん》された法的拘束力《こうそくりょく》を持つ国際約束だ。日本の国会における批准の審議《しんぎ》を池田夫妻が傍聴《ぼうちょう》していたということに運命的な巡《めぐ》り合わせを感じる。ロシアはソ連の継承《けいしょう》国なので、日ソ共同宣言の約束を履行《りこう》する義務を負う。このことについては、ロシアのプーチン大統領も何度も明示的に確認《かくにん》している。

二〇二二年三月二十一日にロシア外務省は声明を発表し、日本との平和条約交渉を継続する意思がないと表明した。平和条約は、領土問題を解決し、国境線を画定しないと締結できない。ロシア外務省声明によって、北方領土交渉は当面、動かなくなった。しかし、ロシアは日本の隣国《りんごく》であるという客観的状況は変わらない。ロシア・ウクライナ戦争もいつかは終わる。その後、日本はロシアとの関係を再調整しなくてはならなくなる。このときの両国間の対話の基礎《きそ》となるのが日ソ共同宣言だ。日本とロシアの関係も《互いを「人間」として尊敬し信頼しあうことから始まる》と筆者も考える。逆に軽蔑《けいべつ》と不信のスパイラルに入ると、日本とロシアの間で武力衝突《しょうとつ》が起きる可能性すら排除《はいじょ》されない。

どの国にも善《よ》い人、平和を真剣に望む人はいる。そういう人々の信頼《しんらい》関係を強化していく作業に、今から静かな形で従事することが日本の国益に適《かな》うと筆者は考える。

世界宗教としての戦争への向き合い方

二〇二二年二月二十四日のロシアによるウクライナ侵攻によって、人類は第三次世界大戦の危機に直面している。このような状況下、創価学会は現実的平和主義に立脚《りっきゃく》して、「今すぐ戦闘《せんとう》を停止すること」を強く訴《うった》えた。三月一日、創価学会青年部（志賀昭靖《しがあきやす》青年部長〈当時〉）が声明を発表した。

ウクライナで連日、戦火が広がっており、市民に被害《ひがい》が拡大していることは憂慮《ゆうりょ》に堪《た》えない。戦闘《せんとう》によって多くの人々の生命と尊厳と生活が脅《おびや》かされる事態は悲惨《ひさん》であり、私たち創価学会青年部は即時《そくじ》停戦を求める。

国際社会でも懸念《けねん》が広がる中、安保理《あんぽり》の要請《ようせい》による40年ぶりとなる国連総会の緊急《きんきゅう》特別会合が開幕した。グテーレス事務総長は「暴力の拡大が行き着く先は、子どもを含《ふく》む民衆の犠牲《ぎせい》であり、絶対に受け入れることはできない」と述べた。これ以上の惨禍《さんか》を防ぐためにも、関係諸国が一致《いっち》して外交努力を尽《つ》くしていくことを望む。とりわけ、緊張《きんちょう》が高まる中で、核兵器《かくへいき》による威嚇《いかく》ととれるような事態を看過することはできない。

どこまでも対話による外交によって平和回復への道を探《さぐ》る努力を続けるべきである。私たちは戦火にさらされている人々の無事と一日も早い事態の終息を祈《いの》り、今すぐ戦闘を停止することを重ねて強く求めたい。
（創価学会公式サイト「ウクライナ情勢に創価学会青年部が声明　対話を通じて即時停戦を」、ルビ・字下げは編集部による）

戦争の熱気に日本社会が覆《おお》われているなかで、ロシアの侵略戦争は悪であるがウクライナの抵抗《ていこう》戦争は善であるという二分法がマスメディアにおいては主流だ。

そのような状況で日蓮《にちれん》仏法を信奉《しんぽう》し、平和を希求する宗教団体として創価学会は、国家とは異なる位相に立って、民衆の立場から戦争を一刻も早く止めさせ、人間の生命と地球の生態系を守ろうとしている。戦争を憎《にく》む気持ちは、創価学会員の間で強く共有されている。創価学会は世界宗教だ。地球規模の民衆の立場から、この戦争をとらえている。ＳＧＩ（創価学会インタナショナル）のメンバーはウクライナにもロシアにもいる。

創価学会「社会憲章」は、その前文に《我ら、創価学会は、「世界市民の理念」「積極的寛容《かんよう》の精神」「人間の尊厳の尊重」を高く掲《かか》げる。そして、非暴力と〝平和の文化〟に立脚《りっきゃく》し、人類が直面する脅威《きょうい》に挑《いど》みゆくことを決意して、ここに以下の「目的及《およ》び行動規範《きはん》」を確認《かくにん》し、本憲章を制定する》との立場を明示した上で、目的及び行動規範の第五項で、《創価学会は、各地の文化・風習、各組織の主体性を尊重する。各組織はそれぞれの国、または地域の法令を遵守《じゅんしゅ》して活動を推進し、良き市民として社会に貢献《こうけん》する》（創価学会公式サイト、ルビは編集部による）と定めている。

戦争が起きた場合に、創価学会が特定の国家を擁護《ようご》、もしくは断罪することは、世界宗教の本質からしてありえないのである。筆者が信じるキリスト教も世界宗教だ。残念なことであるが、一部のキリスト教会はこの戦争における自国の立場を積極的に支持している。そのような姿勢は、イエス・キリストの教えに反する。イエスは、《「あなたがたも聞いているとおり、『隣人《りんじん》を愛し、敵を憎《にく》め』と言われている。しかし、私は言っておく。敵を愛し、迫害《はくがい》する者のために祈《いの》りなさい」》（「マタイによる福音書《ふくいんしょ》」五章四三〜四四節、聖書協会共同訳、ルビは編集部による）と述べた。憎しみは人の目を曇《くも》らせる。敵を愛する気持ちを持つことで、われわれが敵と目している人が何を考えているかを理解する可能性が生まれる。

すべての人に仏性がある

筆者は外交官時代、ロシアを担当していたが、イエスのこの言葉をいつも忘れないようにしていた。敵対する人々を憎むのではなく、その人たちにはどのような内在的論理があるかをとらえるべく努力した。そして、神の働きによって敵対する人々の頑《かたく》なな心が柔和《にゅうわ》になることを祈った。

この点で創価学会から学ぶべきことが多々あると筆者は考える。仏法ではすべての人間に仏性があると考える。当然、国家指導者にも仏性がある。さらに法華経《ほけきょう》によると人間の生命の状態（境《きょう》涯《がい》）は、変化する。

「十界《じっかい》」とは、生命の状態、境涯《きょうがい》を10種に分類したもので、仏法の生命観の基本となるものです。十界の法理を学ぶことによって、境涯を的確にとらえ、各人がそれぞれの境涯を変革していく指針を得ることができます。

「十界」それぞれの名を挙げれば、地獄《じごく》界・餓鬼《がき》界・畜生《ちくしょう》界・修羅《しゅら》界・人界・天界・声聞《しょうもん》界・縁覚《えんがく》界・菩薩《ぼさつ》界・仏界です。

このうち地獄・餓鬼・畜生・修羅・人・天をまとめて「六道《ろくどう》」といい、声聞・縁覚・菩薩・仏をまとめて「四聖《ししょう》」といいます。「六道」は、インド古来の世界観を仏教が用いたもので、もともとは生命が生死を繰《く》り返す世界を六つに大別したものです。また「四聖」は仏道修行《しゅぎょう》によって得られる境涯です。

法華経《ほけきょう》以外の経典《きょうてん》では、十界は、それぞれ固定化された生命の境涯としてとらえられていました。

しかし法華経では、その考え方を根本的に破り、十界のうち仏界を除く地獄界から菩薩界までの九界の衆生《しゅじょう》に仏界が具《そな》わっていることを明かし、成仏《じょうぶつ》した仏にも九界の境涯が具わることを説いて、十界は固定的な別々の世界としてあるのではなく、一個の生命に具わる10種の境涯であることを示したのです。したがって、今、十界のいずれか一界の姿を現している生命にも、十界がすべて具わっており、縁によって次に他の界の境涯をも現せることが明らかになります。このように十界の各界が互《たが》いに十界を具えていることを十界互具《ごぐ》といいます。

日蓮大聖人《にちれんだいしょうにん》は、「浄土《じょうど》というも、地獄《じごく》というも、外《ほか》には候《そうら》わず。ただ我らがむね《胸》の間にあり。これをさとる《覚》を仏という。これにまよう《迷》を凡夫《ぼんぷ》と云《い》う」（御書新版1832ページ・御書全集1504ページ、通解――仏の浄《きよ》らかな国土といっても、地獄といっても、外にあるのではありません。ただ我々の胸の間にあるのです。このことを悟《さと》るのを仏といい、このことに迷うのを凡夫というのです）と述べられています。

　生命に十界がすべて具わっているということは、たとえ今の自分が地獄の苦しみの境涯であっても、仏界の大歓喜の境涯へと変革できるということです。このように、法華経に基《もと》づく十界論は、自身の生命の境涯をダイナミックに変革できることを示す原理となります。

（創価学会公式サイト「十界論」、ルビ・字下げは編集部による）

ある国家指導者の生命の状態が現在、地獄《じごく》界や修羅《しゅら》界にあるとしても、それが仏界に到達《とうたつ》することは可能なのである。この可能性を信じることが平和への道を切り開くのだ。創価学会青年部は戦争の興奮に引きずられることなく、池田氏が小説『人間革命』『新・人間革命』で示した指針を基礎にして戦争を速《すみ》やかに停止させ、平和を実現するための「闘う言論」を展開している。創価学会とSGIが存在することは、戦乱の世界における大きな希望なのだ。

「人びとの苦悩」を見つめたゴーゴリ

池田氏は、ロシア人（ここでいうロシア人は広義なので、ウクライナ人も含まれる）が平和を愛好する人々であることを強調する。

圧政や戦乱に苦しんできたが故《ゆえ》に、ロシアの人びとは心から平和を愛し、幸福を求めている。それは、五度にわたってこの地を訪《おとず》れ、多くの人と友情を結んだ私の強い実感でもある。
どこまでも「人間」を見つめ、文化を尊重しあい、誠実な対話を重ねていくこと、そのなかでこそ、日ロ友好の新時代は大きく開かれていくであろう。
（『完本』三四六頁）

池田氏は、『隊長ブーリバ』の著者であるニコライ・ゴーゴリの履歴《りれき》に注目する。折伏《しゃくぶく》においても対象となる人がどのような人生を送ってきたかを理解することが重要になる。池田氏は折伏の精神でテキストを読み解いているのだ。

ニコライ・ゴーゴリは、ウクライナの小村で、コサックの血筋をひく小地主のもとに生まれた。素人芝居《しろうとしばい》の脚本《きゃくほん》を書いていた父親の影響《えいきょう》もあって、幼少のころより文学に親しんで育った。一方で、長じるにつれ、「自分の生涯《しょうがい》を国家のために役立てたいという、やむにやまれぬ一念」[*1]を抱《いだ》く。高等中学校を卒業したゴーゴリは、その青雲の志のままに首都ペテルブルグへと旅立った。
しかし、「現実」は愛国の青年を冷たく遇《ぐう》した。めざしていた司法官僚《かんりょう》の仕事は得られず、薄給《はっきゅう》の下級官吏《かんり》として甘《あま》んじなければならなかった。その傍《かたわ》らで、逼迫《ひっぱく》する生活のなか自費出版を試《こころ》みた田園叙情《じょじょう》詩『ガンツ・キュヘリガルテン』は酷評《こくひょう》を受け、失意の彼は書店から本を回収し、すべて焼却したという。人生の第一歩における、あまりにも惨《みじ》めな挫折《ざせつ》であった。

（『完本』三四六～三四七頁）

ゴーゴリは、挫折《ざせつ》をしてもひねくれることがなかった。そして冷静な眼《め》で自らの心理状態とロシア社会の状況を見つめ直す。

しかし彼は、人間の矮小《わいしょう》化を自身の裡《うち》に感じるだけではなかった。青年ゴーゴリの目に映《うつ》ったペテルブルグの人びとは、一様に生気を失い、沈黙していた。
「この町の活気のなさときたら、驚《おどろ》くばかりです。ここの住民には、精神の迸《ほとばし》りというものがまるでありません」[*2]と、彼は書き記《しる》している。

当時のロシアは、皇帝ニコライ一世の強力な独裁下にあった。一八二五年、専制と農《のう》奴《ど》制の廃棄《はいき》を掲《かか》げて蜂起《ほうき》したデカブリストを武力で鎮圧《ちんあつ》すると、皇帝はみずからの専制体制の維持《いじ》のために、思想統制や農奴制の強化などを一気に推《お》し進めた。各地で巻きおこる農民の決起もことごとく潰《つぶ》されていった。そして絶えず襲いかかる貧困と飢餓《きが》。人間の尊厳を事もなげに蹂躙《じゅうりん》する独裁者の冷酷《れいこく》に、社会は急速に冷えきっていった。

（『完本』三四七～三四八頁）

人間の尊厳を蹂躙《じゅうりん》する独裁者の下では、人間の心がすさんでしまい、人間によって形成される社会が冷え切ってしまうのは必然だ。

「わたしはあたりを見まわした。わたしの魂《たましい》は、人間もろもろの苦悩にえぐられた」[*3]――十八世紀のロシア解放思想の父ラジーシチェフの言葉である。私の友人であるキルギス出身の著名な作家アイトマートフ氏は、私との対談集『大いなる魂の詩』のなかで、この言葉をロシア文学全体の題字《エピグラフ》としたい、と語っている。

トルストイ、ドストエフスキーらとともに十九世紀のロシア文学の主系列たるゴーゴリにもまた、「人びとの苦悩」を鋭《するど》く見つめる眼差《まなざ》しがあった。「人びとの苦悩」に切り裂かれる温《あたた》かき心があった。彼は、こう語っている。

「われらが広大な祖国の活気に満ちた諸階層を遠く広く見渡したまえ。わが国にどれほどよき人々がいることか。しかし同時にどれほどの禍《わざわい》があることか。これら禍のため善《よ》き人々の生活がどれほど妨《さまた》げられ、法に従うことができなくなっていることか。彼らを舞台に登場せしめよ」[*4]

（『完本』三四八頁）

善き人々が社会の表舞台《おもてぶたい》に立てるようになるためには、人間革命が必要なのだ。この革命は悪との闘いによって実現される。一人一人の境涯を変えなくてはならないのだ。

ゴーゴリの魂を摑もうとした池田氏

「善き人びと」を苦しめる「禍」——そうした悪に対しては、真《ま》っ向《こう》から戦っていかねばならない。そして、「善き人びと」がのびのびと楽しんでいける舞台を広げていく、そこに青年の永遠なる使命がある。

抑圧《よくあつ》された人間の歌をうたいたい、壮大なる民衆の魂を語りたいという青年ゴーゴリの願行《がんぎょう》は、国民詩人プーシキンとの出会いによって、いっそう決定的なものとなった。プーシキン三十二歳、ゴーゴリ二十二歳のことである。

プーシキンは、ゴーゴリの才能を見いだした最初の人物とされる。また、ゴーゴリの主要な作品のいくつかはプーシキンとの対話のなかから生まれている。ゴーゴリにとってプーシキンは、まさしく生涯《しょうがい》の師であり、最大の友人であった。戸田先生はよく、「つく人をまちがえてはいけない。師はえらばなくてはならない」と言われたが、二人の美しい交流はその言葉を彷彿《ほうふつ》とさせる。

「ゴーゴリは、のちに、「プーシキン！　なんと美しい夢をわたしは見るを得たことか」[*5]と述懐《じゅっかい》しているが、人間の自由と尊厳を高らかに謳《うた》う偉大なる国民詩人との邂逅《かいこう》は、彼の文学を「民衆の大地」へと、しっかりと根づかせたのである。

（『完本』三四八〜三四九頁）

ゴーゴリは、プーシキンという恩師を見出《みいだ》したことにより、宿命転換《しゅくめいてんかん》を遂《と》げたのである。そしてゴーゴリは民衆を主人公とした小説である『隊長ブーリバ』を書いた。

『隊長ブーリバ』は、そうしたなかで生まれた魂《たましい》の所産である。一八三四年、二十五歳のことであった。同じ年、彼の代表作に数えられる『肖像《しょうぞう》画』『狂人日記』『鼻』なども一気に書き上げている。彼にとって創作力が著《いちじる》しく高揚《こうよう》したときでもあった。

なお、ゴーゴリの作品は、明治三十年（一八九七年）に出た長谷川二葉亭《はせがわふたばてい》（二葉亭四迷）の『肖像画』が、原書からの最初の邦訳《ほうやく》とされる。しかし、その二年まえの明治二十八年、すでに徳冨蘆花《とくとみろか》がこの『隊長ブーリバ』を『老武者《ろうむしゃ》』と題して紹介している。また、この作品は明治三十六年にも『蛮勇《ばんゆう》』という題で邦訳・出版された。彼の代表作として晩年の大作『死せる魂』を挙《あ》げる人は多いが、日本においては、まず『隊長ブーリバ』によって、ゴーゴリの名が親しまれるようになったといえる。

（『完本』三五〇頁）

池田氏は、『隊長ブーリバ』のテキストからゴーゴリの魂を摑《つか》もうとしたのだ。この作家の魂を摑むことが創価学会の広宣流布《こうせんるふ》にも繋《つな》がるという問題意識があるので、池田氏はつねにテキストの宗教的意味を解釈《かいしゃく》することができたのだ。

戦前の日本にも通じるコサックの価値観

『隊長ブーリバ』の舞台《ぶたい》となる十六世紀のウクライナでは、ロシア人とウクライナ人の民族的分化が未《いま》だ生じていなかった。そもそも民族とは一七八九年のフランス革命の頃《ころ》から流行になった近代的現象だ。それ以前は民族よりも宗教が人々のアイデンティティーに強い影響《えいきょう》を与《あた》えていた。ウクライナに拠点を持つザポリージャ（ザポロジエ）のコサックは、正教徒であるという強力な自己意識を持っていた。この人たちが敵視したのは、ポーランドのカトリック教徒である。

物語の舞台は十六世紀前後の小ロシアのウクライナ。ポーランド支配に反旗をひるがえしたコサック集団が織りなす不撓不屈《ふとうふくつ》の戦乱が、その背景となる。原始の姿をとどめた美しき広野。色とりどりの花々が咲き乱れ、草の香が涼風《りょうふう》に漂《ただよ》う。青々とした大気の波を鳥の一群が、ゆっくりと泳いでいく。ドニエプル川の悠々《ゆうゆう》たる流れ、満天の星、生の鼓動《こどう》……。ゴーゴリの自然描写《びょうしゃ》はじつに巧《たく》みで、いつしか読者は雄《ゆう》大《だい》なコサックの世界へと誘われる。

（『完本』三五〇～三五一頁）

平原の中で武装した集団を形成し、農業に従事するとともに、イスラム教徒やカトリック教徒など異なる信仰《しんこう》を持つ人々の財産を略奪《りゃくだつ》し、生活の糧《かて》にしているのがコサックなのである。

当時、学術の中心はキーウ（キエフ）だった。まだ近代的な大学がウクライナやロシアでは整備されていなかったので、神学校が高等教育の中心だった。ブーリバの二人の息子《むすこ》もキーウで神学を修得した後、故郷に戻《もど》ってきた。

老将タラス・ブーリバは、頑固一徹《がんこいってつ》・明朗実直・勇猛剛毅《ゆうもうごうき》、そして弾《はじ》けるような情熱と意志を併《あわ》せもつ、典型的なコサックである。彼にはオスタップとアンドリイという二人の自慢《じまん》の息子《むすこ》がいた。息子たちがキエフの宗教学校を卒業して父のもとに帰ってくると、ブーリバはうれしくて仕方がない。百戦錬磨《れんま》の猛将は、二人を芯《しん》から鍛《きた》えあげようと、さっそく戦場へ連れていこうとする。

「あちらにはお前たちのための真実の学校がある。あちらに行ってこそ、はじめて活《い》きた知識が得られるのじゃ[*6]」

それを聞いて、痩《や》せ老いた母親は涙を浮かべて悲しむ。久しぶりに戻ってきた愛する息子たちが、じっくりと語りあう間もなく危険な戦場へと奪い去られていくのである。出発の前夜、彼女は一睡《いっすい》もせずに、息子《むすこ》の枕許《まくらもと》に身をかがめ泣きくずれた。

「かわいい、二人のせがれよ！　お前たちはこの先どうなるだろう？　どんな運命がお前たちを待っているのだろう？[*7]」

（『完本』三五一〜三五二頁）

二人の息子は神学校で書物を基礎とした勉強をした。しかし、机上《きじょう》の知識はコサックに必要とされる知恵《ちえ》の一部を占《し》めるに過ぎない。かつてコサック集団の首領だったブーリバは、オスタップとアンドリイが、実際の戦闘を通じて実用的な知恵を身に付けることを望んだ。平和が長く続く現在の日本人には皮膚《ひふ》感覚で理解しにくいが、戦闘を通じて真実の知恵が身につくという考え方は、一九三〇年代半ばから敗戦までの日本でも国家が奨励《しょうれい》する価値観だった。この価値観が端的《たんてき》に表れているのが、一九三四年に陸軍省新聞班が発表した『国防の本義と其強化の提唱』（いわゆる「陸軍省パンフレット」）という文書だ。そこでは「たたかひの意義」についてこう記されている。

たたかひは創造の父、文化の母である。試錬の個人に於《お》ける、競争の国家に於ける、斉《ひと》しく夫々《それぞれ》の生命の生成発展、文化創造の動機であり刺戟《しげき》である。

茲《ここ》に謂《い》ふたたかひは人々相剋《そうこく》し、国々相食《あいは》む、容赦《ようしゃ》なき兇兵《きょうへい》乃至《ないし》暴殄《ぼうてん》ではない。

此《こ》の意味のたたかひは覇道《はどう》、野望に伴《ともな》ふ必然の帰結であり、万有《ばんゆう》に生命を認め、其《そ》の限りなき生成化育《せいせいかいく》に参じ、発展向上に与《あずか》ることを天与《てんよ》の使命と確信する我《わ》が民族、我が国家の断じて取らぬ所である。

此の正義の追求、創造の努力を妨《さまた》げんとする野望、覇道の障碍《しょうがい》を駕御《がぎょ》、馴致《じゅんち》して遂《つい》に柔和忍辱《にゅうわにんにく》の和魂《わこん》に化成し、蕩々坦々《とうとうたんたん》の皇道《こうどう》に合体せしむることが、皇国に与《あた》へられた使命であり、皇軍の負担すべき重責である。

たたかひをして此の域にまで導かしむるもの、これ即《すなわ》ち我が国防の使命である。

（『国防の本義と其強化の提唱』陸軍省新聞班、一九三四年、一〜二頁、ルビは編集部による、漢字は新字体に改めた）

戦争肯定の価値観を転換するには

戸田城聖《とだじょうせい》創価学会第二代会長は、軍部政府によって日本が支配されていた時代の感覚を踏《ふ》まえて、ブーリバの息子たちへの態度についてこう説明する。

戸田先生は、この個所《かしょ》にふれながら、こうおっしゃっておられた。

「この小説は、子どもに対する父の厳《きび》しい愛を書いているのだ。母親は、自分の子どもをいつまでも手許に引きとめていたい。父親は、殺しても行かせようとする。両親の愛情を、よく考えるべきだ」と。

父親の愛情、母親の愛情――。それは、ともに子どもを愛することに変わりはないが、やはりその表れ方には違いがあるようだ。よく厳父《げんぷ》・慈母《じぼ》という。この両者の愛情が見事に調和しゆくことが、子どもの教育にとって何よりも大切なことであろう。そのことについて、戸田先生はこうも語っておられた。

「母親は、ガミガミ、年中叱《しか》ってよい。父親は黙っていてもこわいのであるから、友だちのようになってやることだ。決して叱ってはいけない。そして、国家・社会に貢献《こうけん》させることを目標において、わが子を愛していきなさい」

このように戸田先生は、小説のちょっとした場面からも、人生の機微《きび》をとらえた濃《こま》やかな指導をしてくださった。

(『完本』三五二～三五三頁)

軍部政府が支配した日本においても、息子をよき軍人にして国家のために戦わせることが愛情であると考えていた父親が少なからずいた。現在、戦争の熱気が国民感情に強い影響を与えているウクライナやロシアでも、息子や娘《むすめ》を戦場に送ることを愛情と考えている人がいると思う。この人たちは、いずれもブーリバと同じ戦争観に立っている。重要なのはこのような戦争を肯定《こうてい》する価値観から転換することだ。繰り返し強調しておきたいのが、創価学会の「精神の正史」である小説『人間革命』の「黎明《れいめい》」の章の冒頭で定式化された価値観だ。

戦争《せんそう》ほど、残酷《ざんこく》なものはない。
戦争ほど、悲惨《ひさん》なものはない。
だが、その戦争はまだ、つづいていた。
愚《おろ》かな指導者《しどうしゃ》たちに、率《ひき》いられた国民《こくみん》もまた、まことに哀《あわ》れである。

(前掲『人間革命』第一巻、一五頁)

親が子どもに真摯《しんし》な愛情を持っていても、基本的価値観が間違《まちが》っていたら、そこからもたらされるのは哀《あわ》れな結果である。息子のオスタップもアンドリイも、そして父親のブーリバも悲惨《ひさん》な死を遂げることになる。その原因は、戦争を肯定する価値観にあるのだ。

池田氏は、一九八一年十二月十日に発表した長編詩「青年よ　21世紀の広布の山を登れ」（一九九九年三月に加筆）でこう説いている。

我らは　絶対に暴力《ぼうりょく》に反対する！
我らは　絶対に戦争に反対する！
この大仏法を基調《きちょう》として
平和と文化の賛同を得ながら
国境を超え
イデオロギーを超え
共鳴《きょうめい》の華《はな》の輪《わ》を拡《ひろ》げゆくのだ！
人間は誰人たりといえども
幸福になりゆく権利があるからだ！

（『池田大作全集』第四三巻、聖教新聞社、二〇〇二年、三九七頁）

「敗北者の屍を堂々と乗り越えて」

池田氏による『隊長ブーリバ』論の続きを読んでいこう。

さて、舞台は狂乱の戦場へと移る。父ブーリバのもと息子たちは期待どおりの活躍をし、コサック軍団は連戦連勝、ポーランド軍の町を陥落《かんらく》の瀬戸際《せとぎわ》まで追いつめる。タラス・ブーリバは、いよいよ鼻高々である。

しかし、そこに思いがけない事件が起きた。次男アンドリイの裏切りである。初恋の相手が敵の将軍の娘であることを知った彼は、味方を捨て敵の陣中《じんちゅう》へと走っていったのである。裏切りはコサックにとって最も忌《い》むべき悪辣《あくらつ》な行為であった。タラス・ブーリバは声を限りに叫《さけ》ぶ。

「戦友を不幸のどん底に捨て、犬猫をほうり捨てるように、彼らの多数を仇敵《きゅうてき》の手に捨てて顧《かえり》みぬやつが、なんでコサックじゃ?」[*8]

「われら同胞は固く手を取り合って団結したのじゃ!(中略)この団結よりも神聖なものは絶対にない。(中略)ただ血縁によってではなく魂《たましい》によって、固くひとつに結びつく事のできるのは、諸君、人間だけじゃ!」[*9]

何という誇《ほこ》らかな宣言であろうか。いつの時代も、こうした美しき絆《きずな》を破ろうとする人間は必ずいる。戸田先生はつねに、「裏切り者は出るものだ。そんな敗北者の屍《しかばね》を、君たちは堂々と乗り越えて前へ進め」と、私たち青年を叱咤《しった》されたものである。
（『完本』三五三～三五四頁）

広宣流布の過程において、残念なことであるが退転者が出ることがある。そのことを念頭に置いて戸田氏は《裏切り者は出るものだ。そんな敗北者の屍を、君たちは堂々と乗り越えて前へ進め》と檄《げき》を飛ばした。『隊長ブーリバ』という小説を腑分《ふわ》けして、広宣流布に役立つ箇所《かしょ》を戸田氏は見事に取り上げている。

池田氏は先に述べた長編詩「青年よ　21世紀の広布の山を登れ」において、裏切り者、退転者に対する学会員の正しい対応についてこう指導している。

絶対に
卑怯者《ひきょうもの》にはなるな！
臆病《おくびょう》者になるな！
裏切り者になるな！
それは
いかに正義ぶった
論調《ろんちょう》を展開しようとも

もはや　野干《やかん》になりさがった
餓鬼畜生《がきちくしょう》の心であるからだ！
（中略）
詮《せん》ずる所は
不幸と幸福
邪悪《じゃあく》と正義
魔《ま》と仏《ほとけ》との戦いが
仏法の真髄《しんずい》である！
これを　深く強く自覚《じかく》すべきである！

ともあれ　若き君達は
同信退転《どうしんたいてん》の
あわれな友を乗り越え　勝ち越えて
生命の宝塔《ほうとう》たる
求道《きゅうどう》の人々と交《まじ》わりながら
ひたすらに
仏法基調《きちょう》の大運動の繰《く》り返しを
回転しぬいていただきたい

真実の
充実《じゅうじつ》しきった意義《いぎ》ある人生には
必《かなら》ず
大哲学《だいてつがく》と　その信仰が必要となる！
君達の最高の栄光は
太陽の大仏法を持《たも》ち
生き生きと青春を乱舞《らんぶ》していくことだ！
それが青春の真髄であるからだ！

（前掲『池田大作全集』第四三巻、四〇一～四〇三頁）

戸田氏が『隊長ブーリバ』から学んだ事柄《ことがら》を、池田氏はさらに発展させているのだ。

ゼレンスキー政権とポーランド民族主義

父ブーリバは、仲間を裏切った次男のアンドリイを自らの手によって殺《あや》めた。

〰〰　敵の軍服を身にまとったアンドリイは、父ブーリバの手によって銃殺《じゅうさつ》された。父親が　〰〰

息子《むすこ》を殺す――。が、そこには不思議なほど葛藤《かっとう》が描《えが》かれていない。ブーリバは息子の「卑《いや》しい野良犬のように、不名誉きわまる死にかた」*10を嘆《なげ》くのみである。しかし、だからこそより衝撃的なかたちで、厳父《げんぷ》の愛を切々と浮き上がらせずにはおかない。

（『完本』三五四～三五五頁）

一時、コサック側に有利に展開した戦局がポーランド軍によって覆《くつがえ》された。

やがて敵には新たな応援が加わり、戦局は一変する。もう一人の息子オスタップが捕《とら》えられ、父ブーリバの眼前で無残に処刑された。

（『完本』三五五頁）

その後ブーリバに率いられたコサックの軍団は、ポーランド各地で壮絶《そうぜつ》な復讐《ふくしゅう》戦を展開する。

タラス・ブーリバは自分の連隊を引き連れて、ポーランドの全土を荒らし回り、十八個の町村を焼き払い、四十に近いカスチョル（ローン・カトリックの礼拝堂）を焼き払い、そしてもうクラコフにまで達しそうになっていた。彼は多くのポーランド貴族を殺戮《さつりく》し、もっとも富裕な立派な城のかずかずを襲って、略奪をほしいままにした。これらのコサックの一隊は、ポーランドの貴族の家の穴倉深く秘められてあった蜜《みつ》や酒の樽の封を切って、大地へまき捨てた。倉の中に見出される高価なラシャや衣装や家具什器《じゅうき》などを、どんどんと叩き壊し、また焼き捨てた。

「なんにも容赦をするな！」

タラス・ブーリバはこう繰り返すばかりだった。

これらのコサックは黒い眉をしたポーランドの女どもや、雪のように白い胸をふくらませた美しい娘どもをも容赦しなかった。祭壇の前にいる場合でも彼女らは身を救うことができなかった。タラス・ブーリバはそうした女どもをも祭壇といっしょに焼き払ったのである。湿っぽい大地までがそのために動揺し、曠野《こうや》の草も哀憐《あいりん》のあまり面を伏せたであろうと思われるような、悲しい叫び声をともなって、燃えさかる火焔の中から天空に向かって突き出されたのは、雪よりも白いそうした女どもの腕だけではなかった。残忍なコサックは何物にも注意を払わなかった。彼らは往来にいるそうした婦人の子供たちまで、槍の穂先に突っかけて、彼女らの悶《もだ》え苦しんでいる焦熱地獄へ投げこんだのである。

「うぬ、憎いポーランドの仇敵めら、オスタップの供養じゃ、そらどうじゃ？」

タラス・ブーリバは言い添《そ》えるだけだった。

こうしたオスタップの供養を、彼は行く先々の村や町でやってのけた。ついにポーランドの政府は、タラス・ブーリバの行動が普通の山賊の所行以上であるのをさとった。

（ニコライ・ゴーゴリ［原久一郎訳］『隊長ブーリバ』潮出版社、二〇〇〇年、二一二〜二一三頁）

反ロシアという政治的思惑《おもわく》からウクライナのゼレンスキー政権はポーランドに接近した。しかしゼレンスキー政権が民族の英雄《えいゆう》として崇拝《すうはい》しているステパン・バンデラ（一九〇九～五九年）がナチス・ドイツと連携して、ユダヤ人だけでなくポーランド人も虐殺《ぎゃくさつ》した事実をポーランド人は忘れていない。

またウクライナ西部のガリツィア地方はポーランド領だった経緯《けいい》もあり、ポーランド民族主義者は失地回復を考えている。ポーランドとウクライナの関係は潜在的《せんざいてき》な対立要因を抱《かか》えている。

ブーリバの最期の叫び

ゴーゴリ『隊長ブーリバ』の主人公である父ブーリバは、ポーランド軍との戦いで死ぬ。

そして、隊長タラス・ブーリバもついに囚《とら》われの身となり、火あぶりの刑に処せられ壮《そう》烈《れつ》な最期を遂《と》げる。

父が死に、息子たちも死んだ。さらに、身の毛のよだつような殺戮《さつりく》の場面には事欠かない。それでいながら、この小説には潑溂《はつらつ》とした明るさが随所《ずいしょ》にあふれている。それは、ブーリバを炎々《えんえん》たる火につつませながら、作者ゴーゴリが「わがロシアの力に打ちかつような、そのような力、そのような苦痛、そのような火焔《かえん》が、はたしてこの世に見出されうるだろうか?」[*11]と語る段にいたって、人間讃歌《さんか》ともいうべきクライマックスを迎える。

（『完本』三五五頁）

池田氏は、ブーリバの最期《さいご》の叫《さけ》びを人間讃歌と解釈する。『隊長ブーリバ』からこの関連箇所を引用しておく。

「さようなら、戦友のみんな！」こうタラス・ブーリバは彼らに向かって上から叫んだ。「わしのことを思い出してくれい！　そして来春にはまたここへやって来て、思いきりふざけ散らしてやってくれい！　悪魔の子のポーランドのやつら、うぬらはいったい何を得たのじゃ？　われわれコサックの恐れるものが、この世にあると思うのか？　まあ待っているがいい、そのうちに時節が来て、わがロシアの正教の信仰がいかなるものであるかということを、うぬらもやがて知るようになるのじゃ！　もう現在でさえ遠近の諸国民がそれを感じているのじゃ——わがロシアの国土、ロシア国土自身の皇帝が生まれ出る。そしてこの君に征服されぬような力は、この世になくなってしまうのじゃ！」

が、もう火は薪の山の方へ燃え上がって来て、早くも彼の足を襲い、もうもうたる焔《ほのお》となって立木をよじのぼった……しかしながら、わがロシアの力に打ちかつような、そのような力、そのような苦痛、そのような火焔が、はたしてこの世に見出されうるだろうか？

（前掲『隊長ブーリバ』二一七〜二一八頁）

最期の瞬間《しゅんかん》においてもブーリバは、同胞《どうほう》と祖国に対する信頼を失っていない。ここに出てくるロシアを、現在のロシア連邦《れんぽう》と重ね合わせて考えてはならない。ゴーゴリが活躍《かつやく》した十九世紀前半において、ロシア人とウクライナ人の民族意識は分化していなかった。そもそも民族という概念が、この土地に生きる人々のアイデンティティーの根幹には存在していなかった。

その代わりに重要になったのは宗教的帰属意識だ。ロシア正教徒であるということが、ウクライナのコサックにとっては何よりも重要なアイデンティティーだったのだ。ポーランド人もスラブ人で、ウクライナ語、ロシア語と近い言語を話す。食文化も似ている。ただし決定的に異なるのが宗教的帰属意識だ。ポーランド人という意識は、カトリシズムと結びついている。確かにゴーゴリは同胞を信頼する。この意味で、『隊長ブーリバ』が人間讃歌であることは間違いない。しかし、ここでは世界市民主義的発想が見られない。宗教が人間を分断する原因になっている。世界宗教であるはずのキリスト教が人間の分断を作り出している。このようなキリスト教は、イエス・キリストの本来の教えから逸脱《いつだつ》した疎外《そがい》されたキリスト教だ。

現在のロシア・ウクライナ戦争においても、ロシア正教会のトップであるキリル総主教がロシア軍の侵攻を祝福し、カトリック教会の長であるフランシスコ教皇は、言葉を慎重《しんちょう》に選びながらも、ウクライナを支持した。筆者はプロテスタント神学者であるが、このような戦争を正当化するのみでなく煽っているロシア正教会とカトリック教会の姿勢に強い憤《いきどお》りを覚えている。この点でキリスト教徒が創価学会から学ばなくてはならないことが多々ある。創価学会はロシア・ウクライナ戦争に関して、いずれかの側を支援《しえん》し、他方を断罪するような姿勢をとらない。世界市民主義の立場に立って、一刻も早い戦闘の停止を考える。それは創価学会が国家の枠組《わくぐ》みにとらわれず、人間主義に立脚した生命尊重という価値観に基《もと》づいて活動しているからだ。池田氏は『隊長ブーリバ』を批判的に読み解くことを通じて、ゴーゴリの人間讃歌という魂をとらえることに成功したのだ。

人間にとって「笑い」とは

池田氏は、ベリンスキー（一八一一～四八年）の評論を補助線にして、ゴーゴリの思想の根底をとらえようとする。

同時代のロシアの著名な文芸評論家ベリンスキーは、このように述べている。

「『タラス・ブーリバ』は民族生活の偉大な叙事詩の断片、エピソードの集まりである。もし現代に、ホメロスの叙事詩が可能であったら、この作品こそその最高の見本、理想、原型《プロトタイプ》であるだろう」[*12]と。

戸田先生は、「この小説で、ゴーゴリは、文化の開けない時代の生活を描《えが》いたのだ。そして、そこに母親の愛情、父親の愛情を描き、人間性を呼びさまそうとしたのだ」と語っておられたが、そのとおり、ゴーゴリの眼《め》は徹頭徹尾《てっとうてつび》「人間」から離れない。自由の凱歌《がいか》、迸《ほとばし》る熱情、生命の躍動、善と悪の葛藤《かっとう》、そして人間の結びあいが、全篇《ぜんぺん》に生きいきと漲《みなぎ》っている。

彼は、どこまでも誇《ほこ》らかな人間の魂《たましい》を謳《うた》いあげることによって、凍《こお》りついた仮面《かめん》をひきはがしたかった。「このような人間たちがいる」というのでは足りない。「人間とは、このようなものである」という叫《さけ》びを、荒涼《こうりょう》としたロシアの大地に叩《たた》きつけたのである。

(『完本』三五五〜三五六頁)

《人間とは、このようなものである》という現実から出発して、人間革命を実現していくことの重要性を池田氏は説いているのだ。ゴーゴリの人間讃歌は、同人の他の作品にも表れていると池田氏は考える。

「そしてなおゴーゴリ氏は前進を続ける」[13]

『隊長ブーリバ』をむさぼるように読んだ親友プーシキンは、こう語っている。その言に違《たが》わず、ゴーゴリは続けざまに、官僚《かんりょう》社会の悪弊《あくへい》を辛辣《しんらつ》に揶揄《やゆ》した戯曲《ぎきょく》『検察官』を書き上げている。

彼は、この戯曲の題字として「自分の顔が歪《ゆが》んでいるのに鏡を責めて何になる」[14]という言葉を掲《かか》げた。すなわち、歪んだ現実を見つめることなく、それを活写したこの作品をあれこれあげつらっても仕方がない、という人を食ったような挑戦状《ちょうせん》である。案《あん》の定《じょう》わきおこった騒然《そうぜん》たる非難と称賛《しょうさん》の嵐《あらし》のなかで、彼は平然と笑っていた。

ゴーゴリは「笑いの作家」ともいわれる。たしかにゴーゴリの作品には、悲劇をも喜劇に突き抜けさせるような陽気さがある。そして、人間の尊厳を卑《いや》しめるものに対する小気味よい哄笑《こうしょう》がある。
ゴーゴリはみずからの「笑い」を「人間の光り輝《かがや》く本性から流出してくる、物事の底に深く浸透《しんとう》してくる笑い」[*15]と名づけている。すなわち、その奥には、世界を、そして人間を新しい目でとらえようとする瑞々《みずみず》しい探究心《たんきゅうしん》が脈搏《みゃくう》っていた。だからこそ彼の作品は、現実の人間が蔵《ぞう》する限りない可能性を提示するものとなりえたのである。
（『完本』三五六〜三五七頁）

笑いは人間の特徴だ。人間は嬉《うれ》しいとき、おかしいときだけに笑うのではない。悲しいときにも、苦境に遭遇《そうぐう》したときにも人間は思わず笑ってしまう。森三男《もりみつお》氏は、笑いには攻撃衝動《こうげきしょうどう》を発散する役割があると説く。

動物に笑いを認めるかどうかは議論の分かれるところであるが、ヒト以外の動物では、表情筋が発達していないという解剖学《かいぼうがく》上の理由もあって、はっきり人間の笑いと同一視できるものはない。しかし、少なくとも笑いの原形とみなしうるような表情が高等動物、ことにイヌやサル類にみられる。動物行動学者ファン・フーフ J.A.R.A.M.van Hooff は、人間の笑いのうちの smile と laugh が別の起源をもつと主張している（1972）。すなわち smile は高等霊長類《れいちょうるい》の劣位《れつい》の表情に、laugh は威嚇《いかく》の表情に由来するというのである。

劣位の表情は逃走《とうそう》の際、それも退路を断《た》たれたようなときによくみられるもので、耳を倒《たお》し、〈キーキー〉といった声を出すか、あるいは沈黙《ちんもく》したまま唇《くちびる》を引いて歯をむきだす。これは服従ないし防衛、つまり敵対心の放棄《ほうき》の意味をもち、転じてチンパンジーでは親愛の信号としても用いられる。人間の〈ほほ笑《え》み〉が親愛の意思表示としてだけでなく、強者に対する〈へつらい〉や〈おべっか〉という文脈で用いられることとよく符合《ふごう》する。これに対して威嚇の表情は追撃《ついげき》の際などにみられるもので、大きく口を開き、しばしば〈オー〉とか〈アー〉とかいう発声を伴《ともな》う。この表情には攻撃的《こうげきてき》・優越《ゆうえつ》的な意味合いが明白であるが、転じてチンパンジーでは、〈陽気〉な気分の表出として遊びの信号としても用いられる。大声を伴う人間の〈笑い〉がしばしば攻撃的な文脈でみられることとよく符合する。実際にサン〔南アフリカのカラハリ砂漠に住む民族〕では〈笑い〉は悪態と並んで、攻撃衝動《しょうどう》の発散に重要な役割を果たしている。

(『世界大百科事典』平凡社、ジャパンナレッジ版、ルビ・字下げは編集部による、以下同)

「生ける魂であれ、死せる魂となるな」

ゴーゴリが笑いを誘《さそ》う物語を多数書いたのは、社会的矛盾《むじゅん》に対する怒《いか》りが人間の攻撃衝動を蓄《ちく》積《せき》し、暴力的爆発に至ることを、無意識のうちに恐《おそ》れたからかもしれない。また、ゴーゴリの喜劇は近代西欧《せいおう》の笑いの変遷《へんせん》を踏まえたものである。近代西欧の喜劇文学についてはドイツ文学者池内《いけうち》紀氏《おさむ》（一九四〇～二〇一九年）の考察が興味深い。

16世紀の中世的な価値の崩壊《ほうかい》から18世紀の近代社会の確立までの間に、ヨーロッパは3人の偉大《いだい》な〈笑い人間〉を生み出している。ラブレーとセルバンテスとスウィフトである。ラブレーにとって笑いは〈人間の本性《ほんしょう》〉だった。《ガルガンチュアとパンタグリュエルの物語》全5巻（1532‐64）には、ありとあらゆる笑いがあふれている。けた外れのスケールをもった主人公は、この世の古びたもの、固着したもの、窮屈《きゅうくつ》なもの、笑うべき愚《おろ》かしいもののいっさいを笑う。セルバンテスの《ドン・キホーテ》においては、主人公の時代錯誤《さくご》的な〈こわばり〉と同時に、従者サンチョ・パンサとの対比、無垢《むく》な心と世間的処世知《しょせいち》とのコントラストが笑いをさそう。さらに主人公の笑うべき〈高貴な単純さ〉が時代の断層を映し出す鏡の役目を果たしている。スウィフトの場合、笑いと怒《いか》りという相反した感情表現が強引《ごういん》に結びつけられている。食糧《しょくりょう》問題を解決するため人間の赤ん坊《ぼう》の食用化を提案した風刺《ふうし》作品《おだやかな提案》（1729）にみるように、笑いという仮装の下に政治に対する手厳しい怒りが語られており、それはシニカルな笑いに、グロテスクな笑いに、悪魔的《あくまてき》な笑いにまで高まるものであった。ラブレーもセルバンテスもスウィフトも、たえず笑いを通して賢《けん》と愚《ぐ》、正気と狂気《きょうき》、破壊《はかい》と創造といった両義的な価値を問題にした。近代ヨーロッパの大きな過渡期《かとき》は新しい笑いの生まれ出る過程でもあった。

（前掲『世界大百科事典』）

池田氏はゴーゴリの笑いについて、『死せる魂』で、死んだ農奴《のうど》の名簿《めいぼ》を抵当《ていとう》にして銀行から巨《きょ》額《がく》の資金を借り出そうとする詐欺《さぎ》師《し》チチコフの存在に着目する。

ゴーゴリのそうした「笑い」は、不滅の大作『死せる魂』のなかにも躍如《やくじょ》としている。死んだ農奴《のうど》を買いあさる詐欺《さぎ》師《し》の物語という、滑稽《こっけい》かつ奇想天外な世界を創出することで、ゴーゴリはロシアの闇《やみ》を、人間の「悪」を洗いざらい暴《あば》きだそうとした。彼は、生きているはずの人間のなかに、「死せる魂《たましい》」すなわち魂の喪失《そうしつ》を感じとっていたのである。

そして、その鋭《するど》き眼光は、何よりもまず彼自身を貫《つらぬ》いてやまなかった。その苦悩のなかで彼は、「死せる魂」の蘇生《そせい》をも描《えが》こうとしている。残念ながら未完に終わっているが、ダンテの『神曲』のごとく、第二部では主人公の贖罪《しょくざい》を、第三部では人類の救済を意図《いと》していたといわれている。

ゴーゴリは「万物の鍵《かぎ》は魂の内にある」という信念を抱《いだ》いていた。それは、「道路、橋、その他の交通機関を建設することは必要である。しかし、内面のあまたの道を均《なら》すことは遙《はる》かに必要である」[*16]という言葉にも如実《にょじつ》に表れている。だからこそ彼は、一にも二にも、人間の魂の覚醒《かくせい》をめざした。ほかでもないみずからの生活の場で、醜悪《しゅうあく》な現実の闇と格闘したのである。

たしかに、それは途方もなく困難な作業であったにちがいない。評論家の小林秀雄《こばやしひでお》氏は、著書『ドストエフスキイの生活』のなかで、「ゴオゴリを狂死に導いたものは、まさしくまだ世界にないものを創り出す苦痛であった[*17]」と述べている。しかし、彼はあえてその「苦痛」に立ち向かった。「生ける魂であれ、死せる魂となるな[*18]」という彼の遺言は、今なおその光芒《こうぼう》を失っていない。

(『完本』三五七～三五九頁)

この世の悪を見つめ、人間の宿命を転換しようとする道を探求しながら、それが見いだせず、途《と》中《ちゅう》で斃《たお》れてしまったのがゴーゴリの悲劇だ。世界にないものを創り出すためには正しい価値観が必要だということを池田氏はゴーゴリの作品を通じて強く実感したのだと思う。

ロシア文学を生んだ「大いなる精神」

ロシア(この場合のロシアは広義なので、ウクライナやベラルーシ、カザフスタンの北部も含まれる)には、人類の苦悩を引き受けるという宿命があるのだ。この宿命を転換するために必要なのは価値を創り出す、まさに「創価」の力なのだ。池田氏はロシア文学の意義についてこう総括《そうかつ》する。

ロシアの大地から、トルストイやドストエフスキー、ゴーゴリ、プーシキンといった多くの世界的文豪《ぶんごう》が生まれたのはなぜか。以前、あるロシアの友人と語りあったことがある。その友人いわく——「ロシアの歴史的状況が生みだしたさまざまな苦悩や悲哀《ひあい》が、彼らの精神の高揚《こうよう》・飛翔《ひしょう》をもたらしたのではないか」と。

「大いなる苦しみ」こそが「大いなる精神」を生んだ。文豪ゴーゴリも、たしかにその一人であった。

「ゴーゴリは人間の生を一瞬にして照らしだした稲妻《いなずま》である。その作品の放つ光は不滅である」——わが友人アイトマートフ氏の言である。

(『完本』三五九頁)

池田氏の友人であるチンギス・アイトマートフ氏（一九二八〜二〇〇八年）はキルギス人であるが、ロシア語で著作し、現代ロシア文学で重要な位置を占めている。池田氏は、アイトマートフ氏との交友を通じてロシア精神の知的遺産を創価学会の信仰に活《い》かすことに成功したのだ。

＊1・2・15・18　アンリ・トロワイヤ〈村上香住子訳〉『ゴーゴリ伝』（中央公論社、一九八三年）四〇頁（＊1）、五四頁（＊2）、三四五頁（＊15）、四九八頁（＊18）。なお、＊15の「浸透」は同書では「滲透」となっている。

＊3　A・H・ラヂーシチェフ〈渋谷一郎訳〉『ペテルブルグからモスクワへの旅』（東洋経済新報社、一九五八年）三頁。同書では「見まわした――」となっている。

＊4・5・16　青山太郎『ニコライ・ゴーゴリ』（河出書房新社、一九八六年）二三四頁（＊4）、二六〇頁（＊5）、四九七頁（＊16）。

＊6〜11　本書ではニコライ・ゴーゴリ〈原久一郎訳〉『隊長ブーリバ』の潮文庫版（一九七〇年〈以下「文庫」〉）と潮文学ライブラリー版（二〇〇〇年〈以下「ラ」〉）の頁数を記載。文庫八頁／ラ八頁（＊6）、文庫一八頁／ラ一八〜一九頁（＊7）、文庫一三六頁／ラ一三八頁（＊8）、文庫一五〇〜一五一頁／ラ一五三頁（＊9）、文庫一六九頁／ラ一七二頁（＊10）、文庫二一五頁／ラ二一七〜二一八頁（＊11）。

＊12　『世界文学全集』二一　ゴーゴリ　検察官・外套・死せる魂・他（筑摩書房、一九六七年）所収、横田瑞穂「解説」四九六頁。

＊13　А. С. Пушкин: Полное собрание сочинений, том 5. Правда. による。

＊14　ことわざ。ロシア語の原文は"На зеркало неча пенять, коли рожа крива."。

＊17　『小林秀雄全集』第五巻　ドストエフスキイの生活（新潮社、一九六七年）四八頁。現代仮名遣いに改められている。

第5章　信教の自由は民主主義の礎
――ルソー『社会契約論』

人権の思想とは「人間性の発露」

創価学会《そうかがっかい》は仏法に基《もと》づく教団であるが、その価値観の基礎《きそ》には東洋思想だけでなく西洋思想の伝統も含《ふく》まれている。特に西洋で発展した人権思想は創価学会の柱の一つである。二〇一八年一月二十六日の第四三回「SGI（創価学会インタナショナル）の日」に寄せて、池田大作《いけだだいさく》SGI会長（創価学会第三代会長）は、「人権の世紀へ　民衆の大河」と題する提言を発表した。南アフリカ共和国でアパルトヘイト（人種隔離《かくり》）政策と平和的手段で闘《たたか》い、その撤廃《てっぱい》を勝ち取ったネルソン・マンデラ元大統領（一九一八～二〇一三年）の思想を池田氏は仏法の立場から解釈《かいしゃく》する。

私どもが信奉《しんぽう》する仏法にも、マンデラ氏が抱《いだ》いた「人の善良さという炎《ほのお》は、見えなくなることはあっても、消えることはない」との確信と響《ひび》き合う行動を、どこまでも貫《つらぬ》いた菩《ぼ》薩《さつ》の姿が説かれています。

釈尊《しゃくそん》の教えの精髄《せいずい》である法華経《ほけきょう》に描《えが》かれている不軽《ふきょう》菩薩の行動です。

不軽菩薩は周囲から軽《かろ》んじられても、〝自分は絶対に誰《だれ》も軽んじない〟との誓《ちか》いのままに、出会った人々に最大の敬意を示す礼拝を続けました。

悪口を言われ、石を投げつけられても、〝あなたは必ず仏になることができます〟と声をかけることをやめなかった。

マンデラ氏が獄中《ごくちゅう》でひどい仕打ちを受けても、人間性に対する信頼《しんらい》を最後まで曇《くも》らせなかったように、不軽菩薩はどれほど周囲から非難されても、相手に尊極《そんごく》の生命が内在していることを信じ抜《ぬ》いたのです。

〝万人《ばんにん》の尊厳〟を説いた法華経に基《もと》づき、13世紀の日本で仏法を弘《ひろ》めた日蓮大聖人《にちれんだいしょうにん》は、その行動に法華経の精神は凝縮《ぎょうしゅく》しているとし、「不軽菩薩の人を敬いしは・いかなる事ぞ教主釈尊の出世の本懐《ほんかい》は人の振舞《ふるまい》にて候《そうらい》けるぞ」（御書《ごしょ》１１７４ページ）と述べました。（御書新版では１５９７ページ）

「仏」である釈尊の出世の本懐が、「人間」としての振《ふ》る舞《ま》いにあったとは、逆説的に聞こえるかもしれません。

しかし、釈尊が人々の心に希望を灯《とも》したのは、超越的《ちょうえつてき》な力によるものではなく、目の前の人が苦しんでいる状態を何とかしたいという人間性の発露《はつろ》に他なりませんでした。

（創価学会公式サイト「第43回『ＳＧＩの日』記念提言」、ルビは編集部による）

池田氏は仏法を人間主義の言葉で語る。ここに池田氏の偉大《いだい》な業績がある。なぜなら、ガリレオ（一五六四～一六四二年）やコペルニクス（一四七三～一五四三年）による宇宙観の転換《てんかん》以後、近代人は天上にいる神のような超越的《ちょうえつてき》存在を信じられなくなっているからだ。不軽菩薩《ふきょうぼさつ》が実践《じっせん》した目の前の人が苦しんでいる状態を何とかしたいという人間性の発露《はつろ》を、近代西洋の概念《がいねん》で整理すると人権の思想になるのだ。

民衆こそが国家の主権者

近代的な人権思想が成立する上でフランスの思想家ジャン＝ジャック・ルソー（一七一二～七八年）が極《きわ》めて重要な役割を果たしている。ルソーの死後十一年後にフランス革命（一七八九年）が起き、人権が普遍的《ふへんてき》地位を獲得《かくとく》する。池田氏は戸田城聖《とだじょうせい》創価学会第二代会長とフランス革命の思想的背景について論じる過程でルソーに対する理解を深めた。


恩師戸田城聖先生を囲み、フランス革命の時代背景について論じ合ったことがある。

戸田先生は言われた。

「フランス革命には、火つけ役がいた。それが、ルソーである」

フランス革命に先立ち、ルソーらの啓蒙《けいもう》思想家の活躍があったことは、よく知られている。まさに「思想の力」は巨大である。思想は人間を動かし、時代を開き、世界を変える。ルソーの思想に学んだ青年たちが、民衆の自覚を高め、革命のエネルギーに点火したのだ。

恩師は、こうも言われた。

「フランス革命を理解するには、まずルソーを読まなければわからない」と。

私も終戦直後の一時期、ルソーの『エミール』や『社会契約論』『人間不平等起原論』などを一気に読んだ思い出がある。『エミール』については前にもふれたが、そこには、一個の「人間」を育てるために、いかに「自由」と「平等」が大事であるかが説かれている。教育者であった戸田先生、その師である牧口先生も、『エミール』をはじめルソーの書を愛読されていた。

（『完本　若き日の読書』〈以下『完本』〉三〇〇～三〇一頁）

戸田氏と池田氏は、ルソーの思想が民衆を動かす力を持っていることに着目した。自由と平等のバランスをとった人間主義という価値が民衆の魂《たましい》をとらえたのだ。さらにルソーには今日でいう社会学的視点があった。国家は神によって打ち立てられた神聖な秩序《ちつじょ》ではなく、人間が作ったものだ。民衆こそが国家の主体なのである。ルソーの『社会契約論《けいやくろん》』には、宗教としての国家主義を脱《だつ》構築《こうちく》する力がある。

さて、『社会契約論』が出版されたのは、今から二百三十年まえ〔『第三文明』一九九二年七月号掲載当時、以下同〕の一七六二年四月、ルソー四十九歳の時である。『エミール』がこの翌月に刊行されており、歴史に残りゆく大著がほぼ同時期に世に出された。『社会契約論』に先立つ『政治経済論』では、いかにして国家は構成されるかが説かれる。ルソーによれば「国家」は「家族」と違って「契約にもとづいてのみ基礎《きそ》づけられる」[*1]という。「国家主権」は〝頭〟であり、法律と慣習は〝脳髄《のうずい》〟である。商工業と農業は〝口〟と〝胃〟であり、財政は〝血液〟であり、経済は〝心臓〟である。つまり「国家」は、人間の身体にも譬《たと》えられるという、いかにも分かりやすい比喩《ひゆ》で説かれている。

（『完本』三〇一～三〇二頁）

国家という身体は民衆によって形成されている。民衆こそが国家の主権者なのである。国家を担《にな》う官僚《かんりょう》、裁判官、軍人、政治家らは、民衆の上に立つ存在ではない。国家という有機体を運営するなかでの機能を分担しているに過ぎない。人間が生きていく上で国家は必要だ。国家を直ちに廃《はい》絶《ぜつ》すべきであるというアナーキズム（無政府主義）や、共産主義社会が実現すれば国家は消滅《しょうめつ》すると考えるマルクス・レーニン主義（日本共産党の表現では科学的社会主義）のような極論は間違《まちが》いだ。他方、国家に至上の価値を置く国家主義も間違いだ。国家主義は宗教であり、しかもそれは間違った宗教なのである。国家はあくまでも人間によって作られた存在に過ぎない。国家は必要であるが、それを崇拝《すうはい》の対象にしてはならないという中道的価値観に基づいて国家を理解することが重要だ。国家は民衆が監視《かんし》していないと暴走する危険がある。その際に重要なのが、国家が人間の自由を不当に侵害《しんがい》しないことだ。

ルソーは、国家は個人の自由と矛盾《むじゅん》するものであってはならないと説く。彼はいっさいの出発点は「人間の自由」であり、「人間の自由意志に基づく約束」を、すべての権威《けんい》の基礎においている。またルソーは、人間が社会状態のなかで、「自由」と「平等」をどう回復するかの問題を取り上げる。『社会契約論』第一編第一章の冒頭《ぼうとう》、次のような有名な一節がある。

人間は生まれながらにして自由であるが、しかしいたるところで鉄鎖《てっさ》につながれている。ある者は他人の主人であると信じているが、事実は彼ら以上に奴隷《どれい》である。*2

この言葉は、人間が本来、自由であることの宣言として、今なお大きな意義を持っている。

（『完本』三〇二～三〇三頁）

ルソーが偉大なのは、この世界に完全な自由は存在しないという現実主義の立場をとったことだ。

人間は、誰《だれ》もが原初《げんしょ》的には自由な存在であった。しかし、なぜ「鉄鎖」につながれてしまうのか。奴隷的な不自由が生じたのか。いったい、人間にとって「自由」とはなにか。どうすれば人間は、自由を楽しみきっていけるのか。このことは古来、多くの賢人や哲学者たちが、追い求めてきたテーマであった。
『エミール』に、このような一節がある。

自由は、いかなる統治形態のもとにも存在しない。それは自由な人間の心のなかに存在する。自由な人間は、いたるところに自由をもち歩く。卑《いや》しい人間はいたるところに隷属《れいぞく》をもち歩く。ある人はジュネーヴにいても奴隷であり、ある人はパリにいても自由である。*3

ルソーは「真実の自由」を人間の心のなかに見いだすとともに、他に隷属《れいぞく》する人間、また、他を隷属させようとする人間の心の卑《いや》しさを、厳《きび》しく追及する。

彼は、奴隷《どれい》制について論じつつ、次のように強調している。——みずからの意志で自由を放棄《ほうき》するものは、人間としての諸権利も義務も放棄したことになる。自由なきところに、真の人間性の発現もない。まして自分の行為に責任をもつという道徳性もない。故《ゆえ》に自由こそ、人間性の証《あかし》である、と。

（『完本』三〇三〜三〇四頁）

ルソーは《真実の自由》は、国家体制の下ではなく、《人間の心のなか》にあると考えた。ここで自由と宗教が触《ふ》れ合う場が生まれる。しかも自由は闘って、勝ち取らなくてはならないと考えた。

自由とは、座して待つものではない。みずから戦い、勝ちとらなければならない――。

このルソーの心からの叫《さけ》びは、民衆の胸奥《きょうおう》にこだまし、反響を広げていった。やがて彼の没後十一年にして起こったフランス革命は、まさに圧制からの「自由」を渇望《かつぼう》する民衆解放の戦いであった。

（『完本』三〇四頁）

個人的な逆恨みか民主主義の危機か

ルソーが生きていた時代のキリスト教会（カトリック教会）は国家権力と一体化していた。しかし、ルソーは単純な教会否定、宗教否定の姿勢をとらなかった。同志社《どうししゃ》大学神学部で歴史神学を長年教えた藤代泰三《ふじしろたいぞう》氏（一九一七～二〇〇八年）は、ルソーの宗教観についてこう述べている。


彼《かれ》は、単に論理だけでは人間の心情を満足させることはできないとし、理性より重要な感情の役割を説き、神に対する崇敬《すうけい》と人類に対する愛との単純な宗教を主張した。彼は自由、平等、社会契約《けいやく》（人類は初め家族または個人として生活していたが、共同生活の利点を認め、個人の権利を抑制《よくせい》して社会全体の利益の確保に自発的に合意する）を唱えた点において啓蒙《けいもう》主義の立場に立った。

（藤代泰三『キリスト教史』講談社学術文庫、二〇一七年、三六五頁、ルビは編集部による）

ルソーは教会を国家の機関としてではなく、契約《けいやく》共同体として理解した。これはプロテスタント教会の教会観と親和性が高い。契約共同体としての教会で重要なのは、国家から独立して、自主的に活動できることだ。そのために重要なのは、教会が信徒の自発的献金《けんきん》によって運営されることだ。宗教団体への献金が信教の自由の重要な柱であることの認識《にんしき》が日本社会では極めて弱いことに筆者は危惧《きぐ》を覚えている。

二〇二二年七月八日に安倍晋三《あべしんぞう》元首相が銃撃《じゅうげき》され死亡した事件をきっかけに政治と宗教の関係に関心が集まった。《「母親が入信し、教会への献金《けんきん》で生活が苦しくなった。恨《うら》んでいた」。安倍晋《あべしん》三《ぞう》元首相の銃撃《じゅうげき》事件で殺人容疑で送検された山上徹也《やまがみてつや》容疑者（41）は、奈良県警の調べにこう供述し、宗教法人「世界平和統一家庭連合（旧統一教会）」と近いとみた安倍氏を狙《ねら》ったとの趣旨《しゅし》の説明をしている》（「朝日新聞」二〇二二年七月二十四日付朝刊二八面、ルビは編集部による）からだ。

立憲民主党と日本共産党がこんな動きを示している。

立憲民主党の西村智奈美《にしむらちなみ》幹事長は〔7月〕21日、宗教法人「世界平和統一家庭連合（旧統一教会）」をめぐる被害《ひがい》対策本部を設置すると発表した。共産党も同日、旧統一教会と政治との関わりなどを調べる問題追及《ついきゅう》チームを立ち上げた。

立憲は、霊感《れいかん》商法などの消費者被害が「国会としては看過できない問題」（西村氏）として、事情に詳《くわ》しい弁護士らに聞き取りをして対策を検討する。

共産はこうした問題に加えて「政治との癒着《ゆちゃく》の実態、行政をゆがめてきたのではないか

という問題」（小池晃《こいけあきら》書記局長）に着目し、国会審議《しんぎ》でも追及していく考えだ。

（「朝日新聞」二〇二二年七月二十二日付朝刊四面、ルビは編集部による）

政党、企業《きぎょう》、労働組合、宗教団体のいずれであっても、違法行為《いほうこうい》や脱法《だっぽう》行為はもとより社会通念に著《いちじる》しく反するような行為が批判されるのは当然のことだ。報道されているような、山上容疑者の母親が旧統一教会に一億円以上の献金をした結果、破産し、家族が苦しい状況《じょうきょう》に陥《おちい》ったということならば、法的手段（民事訴訟《そしょう》）と言論を通じて、こんな多額の献金は公序良俗《こうじょりょうぞく》に則しておかしいんじゃないかと教団に対して異議申し立てを行うのが通常の手法と思う。山上容疑者は法的手段や言論による解決を最初から視野に入れず、個人的に暴力に訴《うった》えることで問題を解決しようとした。日本の民主主義制度が機能していれば、このような自力救済（そこには恨《うら》みを晴らすことも含まれる）を目的にした殺人事件は起きないはずだ。

その関連で東京大学社会科学研究所教授の宇野重規《うのしげき》氏はこう述べている。

〔宇野氏は〕一方でこの事件は、民主主義の基盤《きばん》を揺《ゆ》るがしている、とも言う。

殺人容疑で送検された山上徹也《やまがみてつや》容疑者（41）は犯行の動機として、宗教法人「世界平和統一家庭連合（旧統一教会）」に「母親が献金《けんきん》して生活が苦しくなり、恨《うら》んでいた」と供述しているという。

この言い分を受けて、事件を個人的な問題として片付けようとする論調に、宇野さんは疑問を呈《てい》する。「個人的な一種の逆恨《さかうら》みであり、アクシデントだから、政治的な問題ではない、民主主義とは関係がないとする考えは、非常に表層的。そうした理解には異議を唱えたい」

宇野さんの目には、山上容疑者の行動がきわめて政治的に見えたという。それは民主主義のプロセスで、政治家と有権者が最も近づく「選挙」というタイミングが狙《ねら》われたから、だけではない。意思表明の手段として暴力が使われたことを重く見ている。「民主主義の敗北だ」と宇野さんは語る。

（「朝日新聞」二〇二二年七月十八日付朝刊一面、ルビは編集部による）

宇野氏の説明には説得力がある。

信教の自由は、何によって担保されるか

他方、日本の宗教団体は財政的には献金に頼《たよ》って運営されている。筆者は日本におけるプロテスタント最大教派の日本基督《キリスト》教団に所属しているが、毎週日曜日の礼拝だけでなく、毎月一定額の献金をしている。またクリスマス、イースター、誕生日などにも特別の献金をしている。私事で恐縮《きょうしゅく》だが、二〇二二年七月下旬《げじゅん》に、十月に予定されていた腎臓《じんぞう》移植の準備で心臓の精密検査をしたところ冠動脈狭窄《かんどうみゃくきょうさく》が見つかった。放置しておくと心筋梗塞《こうそく》で死亡するリスクがあるので、八月三

日から都内の某大学《ぼうだいがく》病院に入院することになった。手術が無事に成功したので、ステント治療《ちりょう》で済んだため、二週間程度で退院できた。筆者は神に感謝して自分の通う教会に特別の献金をした。献金はキリスト教徒としての義務というよりも、信仰《しんこう》の自由を守るための権利であると筆者は考えている。

教会建設のために多額の献金をしたり、土地を寄贈《きぞう》したりする人もいる。信徒が自《みずか》らの意思に基づいて献金する権利が保障されていなくては、信教の自由も宗教団体の自主的運営も実質的には担保されなくなってしまう。一部の有識者が宗教団体への献金に法律で上限額を定めるべきと主張するが、宗教を信じる人々の心情を無視した暴論だ。

日本国憲法第二〇条一項《こう》は《信教の自由は、何人《なんぴと》に対してもこれを保障する。いかなる宗教団体も、国から特権を受け、又は政治上の権力を行使してはならない》と定めている。いわゆる政教分《ぶん》離《り》原則だ。政教分離原則については二つの考え方がある。第一は、旧ソ連、現在の中国や北朝鮮《きたちょうせん》がとっている解釈だ。宗教は内面的信仰に限定され、政治に関与《かんよ》すべきでないという考え方だ。第二は米国や日本などでとられている考え方だ。政教分離原則は国家が特定の宗教や宗教団体を優遇《ゆうぐう》もしくは忌避《きひ》することを禁止したもので、宗教団体が自らの価値観に基づいて政治活動を行うことを認めるという考え方だ。ドイツではキリスト教民主・社会同盟のような宗教的価値観を基盤《きばん》にした政党が強い影響力《えいきょうりょく》を持っている。宗教団体に対する感情的非難が行きすぎると、信教の自由の基盤を崩《くず》し、日本の民主主義体制を弱めることになる。

優れた思想は文化の枠を超える

ジャン＝ジャック・ルソーは、一七七八年にこの世を去った。生前、ルソーの思想が社会に大きな影響《えいきょう》を与《あた》えることはなかった。しかし、ルソーの死から十一年後に起きたフランス革命によって、彼《かれ》の思想が社会的かつ政治的な現実になった。池田氏は、ルソーの思想とフランス革命の関係をこう整理する。

『社会契約論』は、ルソーの生前には、ほとんど注目されることはなかったが、死後、革命家たちの闘争《とうそう》の拠《よ》り所《どころ》となり、デモクラシーの精神を高揚《こうよう》するのに大いなる力となっていった。

一七八九年、フランス革命の渦中《かちゅう》、制定された「人間および市民の権利宣言」(いわゆる「人権宣言」)は、すぐれてルソー的なものである。その第一条には、「人は、自由かつ権利において平等なものとして出生し、かつ生存する。……」[*4]とある。

また一七九一年、国民議会でルソーの像の建設が提案された。一人の議員が演説のなかで、こう語っている。

「諸君は、ジャン＝ジャック＝ルソーの中に、この大革命の先駆《せんく》者をみるだろう」[*5]と。そしてその年、パリ近郊《きんこう》の街に建てられたルソー像の銘《めい》には「われわれの憲法の基礎をつ

くった」[*6]と刻《きざ》まれたのである。（『完本』三〇四〜三〇五頁）

近代的なデモクラシー（民主主義）思想を打ち立てた一人がルソーだ。創価学会は近代的な民主主義思想を仏法に有機的に結合したのである。池田氏は、スイス生まれでフランス語を母語にするルソーの思想が、哲学、教育、文学の分野に、しかもフランス語圏を超《こ》えて、英語《えいご》圏やドイツ語圏、ロシア語圏にも強い影響を与えたことに着目する。

ルソーの影響《えいきょう》性は、フランス革命だけにとどまらず、さらに哲学・教育・文学など、きわめてひろい範囲にわたった。大教育家ペスタロッチは、『エミール』が刊行されたとき六歳だった。のちにこの著に出あい、彼の人生は大きく変わることになる。

ルソーの影響を受けたフランスの作家としては、ロマン主義のスタール夫人、ユゴー、シャトーブリアン、ラマルティーヌ、そしてジョルジュ＝サンドなどがいる。またイギリスでは、バイロン、ワーズワース、ゴールド＝スミス、そしてジョージ＝エリオット。さらにドイツにおいては、ヘルダー、フィヒテ、ヘーゲル、シェリング、ゲーテ、シラー、カントなどがあげられる。

ヘーゲルは、ルソーの肖像《しょうぞう》を書斎《しょさい》に飾《かざ》り、生涯《しょうがい》敬愛した。なかでも、哲学者カントへの影響《えいきょう》は甚大《じんだい》であった。日課であった時間どおりの散歩を、『エミール』を読んだ日だけは遅らせたというエピソードは有名である。

カントは、ルソーから「人間の尊厳」と「人民に対する愛情」を学んだという。彼は「法の上に建てられない国家は無意味な存在である」[*7]としたが、その哲学は『社会契約論』の趣《しゅ》旨《し》にも通ずる。またカントの『永久平和論』の思想は、ルソーが国の内外を問わず、平和の主体を民衆においていたことと相呼応《あいこおう》している。ロシアの文豪《ぶんごう》トルストイが、みずから学校を開き、貧しい農民の子どもの教育に力を注《そそ》いだのもルソーの影響である。

(『完本』三〇五〜三〇六頁)

優《すぐ》れた思想は、言語や文化の枠組《わくぐ》みを超える。それは池田氏の思想についても言えることだ。池田氏は母語である日本語で思考し、表現する。客観的に見れば池田氏は日本文化のなかで育《はぐく》まれた。しかし、池田氏の思想は日本語や日本文化の枠を超えた普遍性《ふへんせい》を獲得している。創価学会が世界宗教に発展することができたのも、池田氏の思想が普遍性を備えているからである。池田氏の思想は、日本だけでなく、米国でもドイツでも、中国でも韓国《かんこく》でも、メキシコでもアルゼンチンでも、ロシアでもウクライナでも受け入れられているのである。それは池田氏に人間主義という確固たる価値観があるからだ。

ルソーの思想にはさまざまな要素がある。ルソーの「一般意志《いっぱんいし》」を国家主義的に解釈して、官僚によるエリート統治を正当化することも可能だ。しかし、池田氏はそのような解釈をしない。あくまでも生命を尊重する人間主義という価値観からルソーを読み解くのだ。古典を学ぶ場合、池田氏のこの方法論を基準にすることが重要なのだ。マルクスの『資本論』を読む場合にも、そこにある唯物論《ゆいぶつろん》的な革命思想に着目するのではなく、資本主義社会が格差を作り出し、貧困《ひんこん》状態に陥った人々が自らの力では這《は》い上がれない状況や構造があることを分析《ぶんせき》した部分から学ぶのである。そして、そのような社会で苦しんでいる一人一人の宿命転換《しゅくめいてんかん》を、正しい仏法に立ち返ることで実現できることを説くのだ。われわれが『若き日の読書』『続　若き日の読書』から学ぶのは、このような人間主義的な読書の仕方である。

創価学会における信仰継承のあり方

池田氏はルソーの思想の意義を日本との文脈で考察し、こう述べる。

日本において、明治十年代に盛りあがった自由民権運動は、ルソーの影響を大きく受けている。『社会契約論』が初めて邦訳《ほうやく》されたのは明治十年(一八七七年)、百十年以上(『第三文明』掲載当時)さかのぼる。当時、『民約論《みんやくろん》』として紹介されたが、恩師戸田先生も、その書名でよく話してくださったのが懐《なつ》かしい。

戸田先生が昭和三十年(一九五五年)一月、初めて高知を訪問されたとき、私もご一緒させていただいた。先生は「自由民権」の旗を掲《かか》げ戦った高知の偉人・板垣退助《いたがきたいすけ》や、「東洋のルソー」といわれた中江兆民《なかえちょうみん》にふれながら講演され、これからの時代の平和革命を展望しながら、新しき人間主義の哲学の可能性を力説しておられた。(『完本』三〇六～三〇七頁)

池田氏は、戸田氏から、自由民権運動との文脈でルソーについて学んだことを回想する。この池田氏の体験を、創価学会は現在も追体験している。

ここで重要な役割を果たしているのが創価学会の機関紙である「聖教新聞」だ。筆者の毎日は、一般紙とともに「聖教新聞」電子版を読むことから始まる。二〇二二年九月九日の「聖教新聞」に、戸田氏と池田氏が一九五五年一月に高知を訪問したときについての興味深い記事が掲載《けいさい》された。少し長くなるが、細部に重要な部分があるので、お付き合い願いたい。

四国に初の学会員が誕生《たんじょう》したのは、53年(同〈昭和〉28年)のこと。この年、高知班《はん》が結成され、翌《よく》54年(同29年)には、四国で初めての地区が高知に誕生《たんじょう》する。

そして、55年(同30年)1月22日、戸田先生が池田先生と共に高知へ。これが池田先生の四国への第一歩である。

戸田先生は地区総会で、高知出身の板垣退助《いたがきたいすけ》や中江兆民《なかえちょうみん》の「自由民権《みんけん》運動」に触《ふ》れつつ、「新時代の平和革命《かくめい》の大思想は、この日蓮大聖人の仏法である」と訴《うった》えた。

それから12年後の四国本部幹部大会で、池田先生は強調した。

「四国の地から、妙法を受持《じゅじ》した坂本龍馬《りょうま》、板垣退助、中江兆民といえる新時代の勇気ある指導者が、陸続と出現することは、絶対に間違《まちが》いないと私は確信するものです」

さらに、交通網《こうつうもう》の発達に伴《ともな》い、四国が広布の戦いの中心地となっていく時が来たと期待を述《の》べ、四国広布の未来を見据《みす》えつつ、「青年部、学生部、高等部、中等部、少年部を大事《だいじ》にして、育てていっていただきたい」と力《ちから》を込《こ》めた。

31分間にわたる渾身《こんしん》のスピーチに続いて、先生は学会歌の指揮《しき》を執《と》った。師匠《ししょう》の舞《まい》に合わせ、青年部は高らかに旗《はた》を振《ふ》った。松岡貞敏《さだとし》さん（高知池田正義県、副県長）も、その一人である。

「55年前のことですが、先生が『楽土《らくど》建設の革命児《かくめいじ》たれ』とのモットーを発表された時の感動は、今でも覚えています」

発電機メーカーに勤務《きんむ》した後、31歳で独立。工業部品の卸売業《おろしうりぎょう》を始めた。経営の浮《う》き沈《しず》みを何度も経験した。苦難《くなん》に直面した時ほど、信心の炎《ほのお》を赤々《あかあか》と燃やし、乗《の》り越《こ》えてきた。

「楽土建設の革命児たれ」を胸《むね》に、地域活動にも率先《そっせん》した。町内会の防災の副会長、高知県の薬物乱用《らんよう》防止推進《すいしん》委員などを歴任。妻の政代《まさよ》さん（同、県女性部主事）と、二人三脚《ににんさんきゃく》で信頼《しんらい》の輪を広げた。

8年前、試練が襲《おそ》う。県婦人部書記長（当時）を務《つと》めていた長女の美智子《みちこ》さんが、くも膜下《まくか》出血で倒《たお》れ、半年後に亡《な》くなった。松岡さん夫婦は、御本尊にしんしんと祈り、〝娘《むすめ》の分まで広布に尽《つ》くし抜《ぬ》こう〟と誓《ちか》った。昨年、夫婦で広宣貢献賞《こうけん》を受賞した。

次女の香織《かおり》さん（同、女性部本部長）、三女の由美《ゆみ》さん（同、支部女性部長）も、父母と同じ思いで、愛する地域の楽土建設に駆《か》け巡《めぐ》っている。

（「聖教新聞」二〇二二年九月九日付三面）

ここで戸田氏は、民衆こそ王者であるとする創価学会の思想の源流には、中江兆民《なかえちょうみん》（一八四七〜一九〇一年）、板垣退助《いたがきたいすけ》（一八三七〜一九一九年）らの自由民権思想の伝統も含まれているという解釈を披露《ひろう》した。そして、その思想を現代においては、《平和革命の大思想》に発展させた。それが創価学会が説く《日蓮大聖人の仏法》なのである。

この戸田氏による信心の指導の十二年後の一九六七年九月に池田氏は四国本部幹部大会で《四国の地から、妙法を受持した坂本龍馬（一八三六〜六七年）、板垣退助、中江兆民といえる新時代の勇気ある指導者が、陸続と出現することは、絶対に間違いないと私は確信するものです》と述べる。「聖教新聞」の記事が説得力を持つのは、池田氏の指導が、松岡貞敏《まつおかさだとし》氏、松岡政代《まさよ》氏、そしてその子どもの美智子《みちこ》氏（故人）、香織《かおり》氏、由美《ゆみ》氏に継承《けいしょう》されている実例が示されていることだ。正しい信仰はこのようにして、家庭内で継承されていくのである。信教の自由において、家庭内で親が子に信仰を継承する権利が保障されることは死活的に重要だ。

ルソーの苦難から何を学ぶか

ルソーの後半生は、現象面から見ると苦難の連続だった。

ルソーが生まれ、若き日を過ごしたのは、スイスのジュネーヴ。当時、ジュネーヴは人口三万ほどの「共和国」であった。各地を転々としたルソーは、みずからの著作の肩書などに故国への愛情をこめ、「ジュネーヴ市民」と謳《うた》うことが多かった。現在、ジュネーヴは「人道と平和の都」として、さまざまな国際機関がおかれている。

私も一九八九年六月、ジュネーヴを訪《おとず》れ、国連難民高等弁務官事務所よりの「人道賞」授賞式に参加した。アルプスを間近《まぢか》に望み、レマン湖畔《こはん》に立ち並ぶ美しい街並みは、今なお心にくっきりと残っている。

ルソーの後半生は、世の無理解、そして既成《きせい》勢力の迫害《はくがい》との連続闘争《とうそう》であった。ジュネーヴも、その戦いの舞台となったのである。

『社会契約論』に続き、『エミール』が出版されると、そのわずか二カ月後、『エミール』は当局によって押収《おうしゅう》される。

ルソーを告発したのは、フランスのカトリック教会、そしてソルボンヌ神学部であった。罪状《ざいじょう》は『エミール』に書かれた教会への鋭《するど》い批判が、既成の宗教権威《けんい》を著《いちじる》しく損《そこ》なったからという。ルソーはパリ高等法院で有罪となり、逮捕《たいほ》されるとの報を聞く。そのとき、彼は叫《さけ》んだ。

「彼らはわたしの生命をうばうことはできるが、わたしの自由をうばうことはできない[*8]」

ルソー自身は入獄《にゅうごく》もいとわなかった。だが病身の彼にとって、牢獄《ろうごく》での生活は〝死〟を意味した。彼は逮捕を逃《のが》れるため、スイスへと赴《おもむ》く。しかし、ジュネーヴ政府は『エミール』とともに『社会契約論』をも焚書《ふんしょ》とし、ルソーの逮捕を決定したのである。両書が「国家の宗教と政府の転覆《てんぷく》をもくろむ危険な書物」*9というのである。この裏には、頑迷《がんめい》なる宗教の権威の暗躍《あんやく》があった。

この不当なる決定は、ルソーにとって青天《せいてん》の霹靂《へきれき》であった。当時、一人の友人に宛《あ》てた手紙に、こう綴《つづ》っている。

「とても信じがたいことだ。取調べもなしに逮捕命令が下された！　いったいどこに違法行為があるのか？　どこに証拠があるのか？」*10

問答無用のやり方は、今も昔も変わらぬ権力者の常套《じょうとう》手段である。権威にすがる人間は「対話」を恐れる。相手を納得《なっとく》させられるだけの「知性」も「人格」も、何ひとつもっていないからである。

（『完本』三〇七〜三〇九頁）

正しい思想を主張する人は、必ず苦難に直面する。本稿を『潮』二〇二二年十二月号に執筆した当時、旧統一教会の問題が政界とマスメディアで大きく扱《あつか》われていた。本件について筆者の立場は『潮』二〇二二年十一月号の「『政治と宗教』をめぐる一問一答」で詳《くわ》しく展開したので、ここでは繰《く》り返さないが、すべての宗教団体がキリスト教的に言えば苦難、仏法的に言えば難に直面している。この状況で創価学会は、この難を現象面のみでなく、教学的にも正確に理解しようと努力している。文永九年（一二七二年）三月、日蓮大聖人《にちれんだいしょうにん》が流罪《るざい》地の佐渡《さど》・塚原《つかはら》から、広く門下一同に向けて与えられた御書《ごしょ》の読み解きがとても興味深い。

佐渡御書
試練《しれん》が生命を鍛《きた》えゆく
〝弘教《ぐきょう》拡大〟〝人材育成〟の秋真《ま》っ盛《さか》り！――今回は、苦難《くなん》を新たな成長への跳躍台《ちょうやくだい》にしていく、宿命転換《しゅくめいてんかん》の法理を学ぶ。

御文
鉄《くろがね》は炎《きた》い打《う》てば剣《つるぎ》となる。賢聖《けんしょう》は罵詈《めり》して試《こころ》みるなるべし。（新1288・全958）

通解
鉄は鍛《きた》え打てば剣《つるぎ》となる。賢人《けんじん》・聖人《しょうにん》は罵《ののし》られて（本物であるかどうかを）試されるものである。

（「聖教新聞」二〇二一年九月二十五日付四面）

旧統一教会問題で、宗教界全体が難に直面している現状でこそ、信仰が磨《みが》かれるのである。「聖教新聞」はこう解説する。

自身がこの世に生《せい》を受けた意味は何か。かけがえのない生命を、何のために使っていくのか。これらの問いは、誰《だれ》にとっても重要な人生の命題であろう。
日蓮大聖人は、本抄の冒頭《ぼうとう》部分で「世間一般《いっぱん》において人が恐《おそ》れるものは、炎《ほのお》に包《つつ》まれること、刀剣《とうけん》によって襲《おそ》われること、自身が死ぬことである」(新1284・全956、通解)と仰《おお》せになり、誰もが命を落とすことを恐れ、自らの身命を大切にしていることを説かれている。

その一方で、餌《えさ》にだまされる魚や鳥の習性に触《ふ》れ、目先の欲望《よくぼう》に突《つ》き動かされたり、狭《せま》い了見《りょうけん》から判断を誤《あやま》ったりして、結果として命を捨《す》ててしまう人が多いと述べ、ゆえに、大聖人は「世間の浅きこと」のためではなく、「大事の仏法」のために、一番大切な身命をなげうつべきであると示されている。

次に、今回の拝読御文《はいどくごもん》の少し前では、不軽菩薩《ふきょうぼさつ》の実践《じっせん》を通して、大難《だいなん》を受けるのは、大聖人御自身《ごじしん》の過去世からの罪業《ざいごう》のゆえであると教えられている。

不軽菩薩とは、法華経《ほけきょう》常不軽菩薩品《じょうふきょうぼさつほん》第20に説かれる釈尊《しゃくそん》の過去世の姿《すがた》を指す。不軽は万人に具《そな》わる仏性を礼拝《らいはい》し、「私は深く、あなた方を敬《うやま》います。決して軽んじたり、侮《あなど》ったりしません。なぜなら、あなた方は皆《みな》、菩薩道の修行をすれば、必ず仏になることができるからです」と敬い続けた。

その言葉を信じられない増上慢《ぞうじょうまん》の人々から、杖《つえ》や木で打たれたり、瓦《かわら》や石を投げられたりと迫害《はくがい》を受けたが、礼拝行《らいはいぎょう》を貫《つらぬ》いた。この実践《じっせん》によって、不軽は過去世の罪障を消《しょう》滅《めつ》し、後に仏になったのである。

(前掲「聖教新聞」)

真の信仰が理解できず、宗教を信じる人々を見下し、揶揄《やゆ》する増上慢《ぞうじょうまん》が政界やマスメディアで無視できない流れを形成しているときに、不軽菩薩の実践から学ぶことがとても重要と思う。

「世の喧騒などに動揺することはない」

池田氏は、政府からの攻撃《こうげき》に対してルソーがあくまでも言論戦で闘ったことを高く評価する。

ルソーは、堂々と言論をもって応戦する。その書『山からの手紙』のなかに、こんな一節がある。

それ（＝政府による有罪の宣告）は私を卑《いや》しめることができるでしょうか。できません。それは逆に私を高め、自由のために苦しんだ人たちの列に私を加えるのです。私の著書は、人が何をしようが、つねにそれ自身の証をみずからたずさえて行くであろうし、また、それらがこうむった処罰《しょばつ》は、それらのあとに焼かれる光栄に浴する書物を、ただその恥辱《ちじょく》から救うことにしかならないでしょう。[*11]

ルソーは敵に包囲《ほうい》され、身の危険にさえさらされていた。しかし、微動《びどう》だにしない。未来の勝利を確信するその胸中《きょうちゅう》には「信念」と「正義」の太陽が輝《かがや》いていた。人生の基準を自身の内面に深く持った人は強い。世の喧騒《けんそう》などに動揺《どうよう》することはない。

（『完本』三〇九〜三一〇頁）

創価学会の牧口常三郎《まきぐちつねさぶろう》初代会長、戸田城聖第二代会長も、軍部政府による権力の濫用《らんよう》で治安維持《いじ》法違反《いはん》、不敬罪の容疑によって逮捕《たいほ》された際、取り調べに対して微動《びどう》だにせず、正々堂々と闘った。牧口氏は獄中《ごくちゅう》で死亡することになった。戸田氏も退転せずに筋を通し続けた。権力の不当な弾圧《だんあつ》に対して、非暴力的手段で徹底的《てっていてき》に闘うという姿勢は創価学会の文化に身体化している。

池田氏は、牧口氏、戸田氏の精神を継承し、発展させた。選挙違反を指示したという作られた容疑で逮捕されたとき（大阪事件）も、池田氏はまさに牧口氏、戸田氏の精神で闘い抜《ぬ》き、裁判で無罪を勝ち取った。池田氏の『人間革命』は牧口氏と戸田氏の、『新・人間革命』は池田氏自身の権力の魔性《ましょう》との闘いの記録でもあるのだ。ルソーは、《私の著書は、人が何をしようが、つねにそれ自身の証をみずからたずさえて行くであろう》と述べたが、池田氏の著作は日蓮仏法を現代に甦《よみがえ》らせた証《あかし》なのである。

現下の日本では、旧統一教会の霊感《れいかん》商法や高額献金による家庭崩壊《ほうかい》などで「政治と宗教」が深刻な問題になっていた。本書で筆者が繰り返し述べたように、本件は「政治と宗教」という土俵で論じる問題ではない。違法行為や、違法行為ではなくても社会通念から著しく逸脱《いつだつ》した行為を継続的《けいぞくてき》に行っている団体が公人である政治家と支持協力関係を持つことの是非《ぜひ》を問う政治倫理《りんり》の問題だ。

しかし、現実には旧統一教会との関係や、旧統一教会の信仰を持つかなどが問われ、信教の自由を侵害しかねない事態に至った。特に悲喜劇的な対応をしたのが日本共産党だ。同党が旧統一教会に対してとっている手法が認められるならば、「あなたは日本共産党関係の行事に出席したことがありますか」「あなたは日本共産党関連のメディアの取材を受けたことがありますか」と尋《たず》ね、その結果を報じることも是認《ぜにん》されることになる。

発言に対して法的責任が追及《ついきゅう》されない国会の審議《しんぎ》で、閣僚《かくりょう》に「あなたは旧統一教会の信者か」と尋ねた議員もいた。これは信教の自由や思想信条の自由を侵害する憲法違反の行為だ。このような質疑が認められるならば、国会で参考人に「あなたは日本共産党員ですか」と尋ねることも認められるということになる。自らの思想信条や信仰を告白することを強要されないという近代的自由権が侵害されかねない深刻な状況が生じたのだ。しかし、この問題に対する危機意識が日本社会では稀薄《きはく》だ。

「宝剣の生命」を鍛え抜くために

「政治と宗教」という切り口が間違っているとしても、社会の大多数が問題の本質を誤認《ごにん》している状況では、誤った土俵で闘うことを余儀《よぎ》なくされることもある。

ここで重要になるのが創価学会の機関紙「聖教新聞」の果たす役割だ。同紙に掲載された、鎌倉《かまくら》時代に日蓮大聖人が大難とどう闘うかを記した佐渡御書《さどごしょ》に関する解説が、時代の危機を読み解き、克服《こくふく》するのにとても重要と筆者は考えている。

つまり、大難の中で戦い抜くからこそ、宿業《しゅくごう》を打開し、成仏できるのである。この宿《しゅく》命転換《めいてんかん》の法理を、譬《たと》えを用いて分かりやすく示されたのが「鉄《くろがね》は炎い打《きた》てば剣《つるぎ》となる」(新1288・全958)との一節である。

鉄は、高温の炎《ほのお》で熱して何度も繰《く》り返《かえ》し打ち続けることで、次第に不純物《ふじゅんぶつ》が取《と》り除《のぞ》かれ、強靱《きょうじん》な剣になっていく。同じように、悪口罵詈《あっくめり》などの迫害にも屈せず、妙法を語り広め抜くことで、自身の宿業をたたき出し、宝剣《ほうけん》のごとく、強靱な生命が鍛《きた》えられていくのである。

人生の途上《とじょう》には予期せぬ試練がつきものである。私たちも試練に直面した時こそ〝自らを鍛える最大のチャンス〟と捉《とら》えて、鉄を何度も打ち鍛えるような「地道な折伏《しゃくぶく》、対話」に挑んでいきたい。

現在、宗教《しゅうきょう》に対して、人々の不安や不信感をあおるような言説が後を絶《た》たない。仏法対話に励《はげ》む中で、無理解から心ない言葉や中傷を浴《あ》びせられることもあるかもしれない。

しかし、初代会長・牧口先生は「戦えば戦うほど、こちらが強くなればなるほど、仏法勝負の実証《じっしょう》は早く出てくる」と語られた。勇気を奮《ふる》い起《お》こして、堂々と語り抜く挑戦によって、自身の生命が鍛えられ、人間革命も成《な》し遂《と》げられることを確信したい。

池田先生は「鍛え抜かれた『宝剣の生命』は、決して朽《く》ちることはありません。この妙法の剣で人々の不幸の根源《こんげん》を断ち切りつつ、確かな平和と希望の連帯を、地域に社会に大きく広げていくのです」とつづっている。

広宣流布大誓堂《だいせいどう》の完成10周年となる明年（２０２３年）11月へ、男子部は今月、新たな布陣《じん》で出発した。みずみずしい生命力と「師子王の心」で率先の弘教に挑み、一人一人が堂々たる人間革命の実証を示しゆく下半期にしたい。
（前掲「聖教新聞」）

池田氏は、ルソーの著作を通じて、鍛《きた》え抜かれた「宝剣の生命」を強化したのである。池田氏にとって読書も広宣流布《こうせんるふ》の闘いの一環《いっかん》に位置付けられる。私たちが池田氏の『若き日の読書』と『続若き日の読書』から学ぶのは、読書を通じて生命を強化する方法なのだ。解説では《現在、宗教に対して、人々の不安や不信感をあおるような言説が後を絶たない》と述べるが、この状況を二十一世紀の現代においても克服することができていないのだ。

その理由の一つは、仏教であれ、キリスト教であれ、伝統教団の生命力が弱ってきているからだ。ルソーも伝統宗教の腐敗《ふはい》、堕落《だらく》を厳しく批判した。

ルソーは、既成《きせい》宗教の堕落《だらく》を痛烈《つうれつ》に攻撃《こうげき》する。彼は言う。

「滑稽《こっけい》なほど尊大《そんだい》な彼ら（＝聖職者たち）の口振《くちぶ》り、あげ足取りと不寛容《かんよう》への彼らの熱狂ぶりからして、彼らにはもはや自分たちがなにを信じ、なにを願い、なにを言っているのかもわかってはいないのです」[*12]と。

狂った聖職者は、あまりに恐ろしい。彼らにとって、みずからの権威《けんい》を傷《きず》つけるものは、いっさいが悪であり、正《ただ》されるべきものなのであった。彼らは外面を気にするあまり、自身の内面に目を向けることを忘れてしまっている。ルソーは民衆の信仰心を利用し、みずからの利己心を満足させるだけの「聖職者」の独善《どくぜん》と傲慢《ごうまん》を許すことはできなかった。
(『完本』三一〇～三一一頁)

創価学会の場合、宗門（日蓮正宗《にちれんしょうしゅう》）との闘いを通じて、僧侶《そうりょ》の権威《けんい》主義と闘った。ルソーは民衆の信仰心《しんこうしん》を利用し、みずからの利己心を満足させるだけの神父や修道士らの独善《どくぜん》と傲慢《ごうまん》を許すことはできなかったのであるが、創価学会員は同じような感覚を宗門僧侶に対して抱《いだ》いたのだ。そして、宗門との闘いに勝利し、創価学会は魂の独立を達成する。

この点に関しては、創価学会の谷川佳樹《たにがわよしき》壮年《そうねん》部長（主任副会長）が田島大樹学生部長（当時）とのやりとりで興味深い証言をしている。

大難を「魂の独立」に転換した創価学会

◆田島　90年12月27日、宗門は突然《とつぜん》、宗規《しゅうき》を改変し、先生の総講頭職を罷免《ひめん》しました。

◇谷川　青年部だった私たちは、すぐに行動を開始しました。男子部・学生部で各地の末寺を訪《おとず》れ、先生に対する不当な処分《しょぶん》の撤回《てっかい》を求めました。大みそかにも、青年部で日顕に宛《あ》てた「質問状」を作成しました。

対話によって、事態の解決を図《はか》ろうとする学会に対して、日顕は「お目通《めどお》りかなわぬ身」と、会うことすら拒絶《きょぜつ》しました。

その後、宗門は、学会の登山会の一方的な廃止《はいし》や、海外での布教方針《ほうしん》を改変するなど、広布破壊《はかい》の謀略を次々と断行します。

そして、91年（同〔平成〕3年）11月、「解散勧告書《かんこくしょ》」「破門通告書」を学会に送り付け、学会員への御本尊下付《かふ》を停止します。

「破門通告書」には、一行《いちぎょう》の御書の引用もありませんでした。つまり、宗門は、学会を破門する仏法上の理由を全く示せなかったのです。

日顕の謀略にも、学会は微動《びどう》だにしませんでした。第1次宗門事件などを通して、宗門の卑劣《ひれつ》さ、権威《けんい》的体質、腐敗《ふはい》・堕落《だらく》の実態を痛感《つうかん》していたからです。

宗門からの「破門」は、学会にとって「魂《たましい》の独立」でした。宗門からの文書が届《とど》いた翌日《よくじつ》（11月30日）、創価ルネサンス大勝利記念幹部会が開催されました。席上、先生は宣言《せんげん》されます。

「これ以上、折伏《しゃくぶく》・弘教《ぐきょう》し、これ以上、世界に正法《しょうほう》を宣揚《せんよう》してきた団体はありません」「未来の経典《きょうてん》に『創価学会仏《ぶつ》』の名が厳然《げんぜん》と記《しる》し残されることは間違《まちが》いないと確信するものであります」

仏とは決して特別な存在《そんざい》ではありません。苦悩《くのう》する人に寄《よ》り添《そ》い、手を差《さ》し伸《の》べ、共に立ち上がる存在です。自他共《じたとも》の幸福のために尽くす学会員こそ、仏の使いです。

その学会員を〝金儲《かねもう》けの道具〟としてしか見なかった日顕宗は、衰退《すいたい》と自壊《じかい》の一途《いっと》をたどっています。まさに、日蓮大聖人から〝破門〟されたのです。

創価の三代会長の闘争は「宗教のための人間」という転倒《てんとう》を正し、日蓮仏法の本義にのっとって、「人間のための宗教」への転換《てんかん》を図る宗教革命《かくめい》でもありました。今、その闘争のバトンは私たちに託《たく》されているのです。

（「聖教新聞」二〇二一年十一月八日付三面）

大難を「魂の独立」に転換した創価学会の生命力に関する貴重な証言だ。

筆者は、池田氏のテキストを読み解くにあたっては、「聖教新聞」の記事とどのような対応関係があるかにつねに注意を払《はら》っている。池田氏の教えを創価学会員がどのように体現しているかを証する重要な情報が「聖教新聞」に掲載されているからだ。日本の現状を分析し、未来を予測する際にも「聖教新聞」は不可欠の資料なのである。ルソーの思想を池田氏が創価学会の信仰体系を強化するために活用し、その結果が創価学会にどう現れているかについて「聖教新聞」の報道で知ることができるのだ。

ルソーが見た日本人の宗教

池田氏は、ルソーが『社会契約論』で言及《げんきゅう》した日本人の宗教に着目する。

さて『社会契約論』に、宗教を論じた一章がある。ルソーはこのなかで、第一の「人間の宗教」、第二の「市民の宗教」のどちらにもあてはまらない第三の宗教のひとつとして、日本人の宗教について記《しる》している。

ルソーによれば、日本人の宗教は「僧侶の宗教[*13]」であり、よくないことはあまりに明白すぎる故《ゆえ》に、それを論証してみせるのは時間の浪費《ろうひ》とまで言っている。さらに、「僧侶の宗教」は「人間を人間自身と矛盾《むじゅん》させる制度[*14]」と斥《しりぞ》けている。

ルソーが、どれほど日本の宗教について知っていたかは定《さだ》かでない（当時、日本は江戸時代中期。葬式仏教化は、いよいよ進んでいた）。だが、じつに本質をついた指摘《してき》といえよう。

あるルソー研究の書に、ルソーの著作のなかからルソーの好きなもの、嫌《きら》いなものを集め、表にまとめたものがあった。宗教の項目で、いくつか列記してみると――。

好き……良心・理性・慈悲・寛容《かんよう》・人類愛・徳など
嫌い……教会・権威《けんい》・神秘《しんぴ》・儀式《ぎしき》・狂信・偏見《へんけん》など[*15]

こうしてみると、ルソーの宗教観が浮かび上がってくる。彼の宗教は「内発的な心胸《しんきょう》の宗教」といわれるとおり、自分の外にあるものは何ら意味を持たない。ただ、自身の「内心の声」を聞くことによってのみ、信仰は深められていくという。

ルソーは書いている。

良い教育とはわれわれがなにを選択《せんたく》すべきかを決定することではなく、むしろわれわれが正しく選択できるように配慮《はいりょ》することでなければなりません。これが宗教改革の真の精神であり、真の土台であります。[*16]

宗教は、人間を盲従《もうじゅう》させるものであっては断じてならない。人間に、よりよき自身を創造していくための力を与え、人生の方向を示す「人間のための宗教」こそ、時代の要請《ようせい》であろう。ルソーの叫《さけ》びは現代に、新たなる宗教革命の精神を呼びおこさずにはおかない。

(『完本』三一一～三一三頁)

池田氏は、仏教を世界宗教に転換するという歴史的偉業《いぎょう》を開始した人物だ。従来、日本人の宗教という狭《せま》い枠でとらえられていた日蓮仏法を創価学会という世界宗教に発展させたのである。この過程でさまざまな難が降りかかってくる。この難と闘うことで信心が鍛えられるとともに、創価学会の生命力が強化されるのだ。旧統一教会問題をめぐる宗教に対する偏見《へんけん》と闘うことで創価学会は一層強くなる。創価学会と信じる宗教は異なるが、一人の日本人のキリスト教徒として、筆者も信教の自由を守る闘いを続けていく勇気を、池田氏のテキストと創価学会員の活動から得ている。

＊1　ルソー〈河野健二訳〉『政治経済論』（岩波文庫、一九五一年）八頁。
＊2　ルソー〈井上幸治訳〉『社会契約論』（『世界の名著』三〇、中央公論社、一九六六年所収）二三三頁。
＊3　ルソー〈戸部松実訳〉『エミール』（前掲『世界の名著』三〇所収）五四二～五四三頁。字下げは引用元による。
＊4　高木八尺・末延三次・宮沢俊義編『人権宣言集』（岩波文庫、一九五七年）一三一頁。
＊5・6　中里良二編著『人と思想』一四　ルソー（清水書院、一九六九年）二五頁。
＊7　平岡昇「ルソーの思想と作品」（前掲『世界の名著』三〇所収）五五頁。
＊8　桑原武夫編『ルソー』（岩波新書、一九六二年）一六二頁。
＊9・10　『ルソー全集』第八巻（白水社、一九七九年所収）川合清隆「解説」（『山からの手紙』）五六四頁（＊9）、五六五頁（＊10）。
＊11・12・16　ルソー〈川合清隆訳〉『山からの手紙』（前掲『ルソー全集』第八巻所収）二二八頁（＊16）、二三一頁（＊12）、三四九～三五〇頁（＊11）。＊11・16の字下げは引用元による。
＊13・14　森口美都男『ルソーの宗教観』（レグルス文庫〈第三文明社〉、一九八〇年）八四頁。
＊15　桑原武夫『ルソー研究』第二版（岩波書店、一九六八年）四九頁参照。

第6章　生死を超えた永遠の師弟
――プラトン『ソクラテスの弁明』

日本社会を覆う宗教蔑視と無理解

日本は宗教に対して寛容《かんよう》な国と見られている。神道《しんとう》、仏教、キリスト教や新宗教の教団がたくさんあり、並存《へいそん》している。また、宗教を信じていない、無神論であると主張する人が社会的に排除《はいじょ》されることもない。しかし、その状況《じょうきょう》が二〇二二年七月に安倍晋三《あべしんぞう》元首相《しゅしょう》が銃撃《じゅうげき》され、死亡した事件後、根本的に変化した。安倍氏を襲撃《しゅうげき》した容疑者の動機が世界平和統一家庭連合（旧統一教会）に対する恨《うら》みであったと報道されたことがきっかけになった。

旧統一教会の具体的な違法行為《いほうこうい》や社会通念から著《いちじる》しく逸脱《いつだつ》する行為に対する批判にとどまらず、宗教的価値観を基準にして生きている人々を蔑視《べっし》し、揶揄《やゆ》する雰囲気《ふんいき》が強まった。特に揶揄は宗教を信じる人々の心を深く傷つける。一部の週刊誌が客観的かつ実証《じっしょう》的な根拠《こんきょ》なしに創価学会《そうかがっかい》に対する攻撃《こうげき》を加えているのも、日本社会の宗教を信じる人たちについての無理解に起因すると筆者は考えている。

特に宗教とマインドコントロールを結びつけた非難に対しては危惧《きぐ》を覚える。カトリック、プロテスタント、正教を問わずキリスト教では、生殖《せいしょく》行為をせずに生まれたイエスが、十字架《じゅうじか》の上で死に、葬《ほうむ》られ、三日後に復活し、天に上げられたと信じている。このようなことは自然科学的にありえない。ある意味、キリスト教徒は処女降誕、死者の復活という非科学的言説によってマインドコントロールされている人々である。

旧ソ連では、このような科学的知見と矛盾《むじゅん》する信仰《しんこう》を親が子に伝えてはならないと、家庭内での宗教教育が禁止された。共産党体制下のソ連では、国家が「宗教二世」を根絶しようとしたのだ。しかし宗教者はさまざまな方策で家庭内での信仰を継承《けいしょう》した。共産党体制が崩壊《ほうかい》するとともに、旧ソ連を構成した一五の共和国で宗教が甦《よみがえ》った。

現下日本のマスメディアにおける宗教観は、旧ソ連の科学的無神論を想起させる。ソ連時代は学校教育で以下のマルクスの言葉を暗記させられた。

宗教上の不幸は、一つには実際の不幸のあらわれであり、一つには実際の不幸にたいする抗議である。宗教は、なやんでいる者のため息であり、また心のない世界の心情であるとともに精神のない状態の精神である。それは、民衆のアヘンである。

（日高晋《ひだかひろし》訳「ヘーゲル法哲学批判」〈『マルクス・エンゲルス選集』第一巻、新潮社、一九五七年所収〉三三頁）

どうもマスメディア関係者や一部の国会議員、弁護士は、マルクス主義の枠組《わくぐ》みで宗教について考えているようだ。宗教は意識の遅《おく》れた人、知識が不十分な人が信じる迷信《めいしん》と考えているのだろう。そして、迷信は個人の心の中にとどめておくべきで、宗教的価値観に基《もと》づいた政治活動は行ってはならないと考えているのだろう。こういう発想がいかに危険で民主主義を破壊《はかい》するものであるかが、宗教信者を蔑視し、揶揄する人たちにはわからないのだ。

日本の宗教信者には二つの形態がある。

第一は、ビジネスでの成功、受験合格、病気治癒《ちゆ》や心の平安を得るため、人生の問題の一部を解決するために宗教を活用するという人々だ。

第二は宗教的信仰を基礎《きそ》にして生活のすべてをその価値観によって律しようとする人たちだ。筆者も創価学会員もこのような宗教観を持つ。この人たちは日本社会の少数派だ。筆者は日本基督教《キリスト》団（日本におけるプロテスタントの最大教派）に属するキリスト教徒で同志社《どうししゃ》大学神学部と大学院で組織神学（キリスト教の理論）を研究した。その後、外交官を経《へ》て作家になったが、神学研究はずっと続けている。

筆者はつねにイエス・キリストの教えに照らして正しい生き方をしているかと自問自答しながら生きている。大学院修了《しゅうりょう》後、牧師やキリスト教主義学校の教師にならず外交官になったのも、二〇〇二年に鈴木宗男《すずきむねお》事件に連座して東京地方検察庁特別捜査《そうさ》部に逮捕《たいほ》されたときに検察の筋書きに抵抗《ていこう》して否認《ひにん》を貫《つらぬ》いたのも、ロシア・ウクライナ戦争に関して論壇《ろんだん》の主流とは異なる即時《そくじ》停戦論を展開している根底にも、筆者のキリスト教的価値観がある。

師のために戦い抜いたプラトン

宗教をめぐる現下日本の言論状況は異常だ。宗教が持つ非合理性、非科学性に対しても日本は寛容な社会であり続けてほしいと思うとともに、一人の言論人として、世の中の誤った潮流に対して闘《たたか》わなくてはならないと考えている。

この闘いにおいて、『続　若き日の読書』に収録された池田大作《いけだだいさく》創価学会第三代会長によるプラトン『ソクラテスの弁明』に関する解釈《かいしゃく》が勇気を与《あた》えてくれる。池田氏は、プラトン（前四二七～前三四七年）とソクラテス（前四七〇頃～前三九九年）の師弟《してい》関係に着目してこのテキストを読み進める。

プラトンの著作なるものも何ひとつ存在しないわけだし、また将来も存在しないでしょう。そして今日プラトンの作と呼ばれているものは、理想化され若返《わかがえ》らされたソクラテスのものに、ほかなりません。[*1]

プラトンの書簡《しょかん》の有名な一節である。厖大《ぼうだい》な著作のなかで、プラトンがみずからの名を使っているのはたったの三度。彼の対話篇には、師ソクラテスがあらゆる場面に登場し、生きいきと語っている。よく知られているように、ソクラテス自身の著作は一つとして存在しない。弟子《でし》プラトンは、みずからは陰に徹《てっ》して、黙々《もくもく》と筆を走らせた。そして見事に「人類の教師」たる大哲学者ソクラテスの姿を結実させ、永遠の歴史にとどめたのである。

ソクラテスなければプラトンがなかったように、プラトンなければソクラテスも、人類の血液に滋養《じよう》を贈ることはできなかったであろう。

（『完本　若き日の読書』〈以下『完本』〉四七二〜四七三頁）

池田氏においても戸田城聖《とだじょうせい》創価学会第二代会長との師弟関係が決定的に重要だ。自《みずか》らと戸田氏の関係とのアナロジー（類比）で、池田氏はプラトンとソクラテスの価値観を読み解いているのだ。池田氏は、アテネのアクロポリスの丘《おか》を訪《おとず》れたときのことを回想してこう述べる。

昭和三十七年（一九六二年）二月、私はアテネを訪問した。何人かの友とともに、アクロポリスの丘《おか》にのぼり、一望したアテネの壮麗なる景観は、今なお忘れられない。ソクラテスとプラトンの師弟《してい》が、行き交《か》ったであろう古代の街並みを思い描《えが》きながら、しばし語りあった。ソクラテスの人生最後の劇ともいうべき裁判も、このアテネが舞台である。

『プラトンの初期対話篇に属する『ソクラテスの弁明《べんめい》』では、いうまでもなくアテネの権力者の一派に告発されたソクラテスが行った弁明が書かれている。

「知りえたかぎりにおいて、まさに当代随一《ずいいち》のひとともいうべく、わけても、その知慧《ちえ》と、正義において、他に比類《ひるい》を絶したひと」[*2]たるソクラテスをアテネはいかに遇《ぐう》したか。それは死刑であった。彼の書簡《しょかん》でみずから綴《つづ》っているように、師の殉難《じゅんなん》はプラトンにとっては、あまりにも大きな衝撃であった。

彼はこの事件を機に、人生のコースを大きく変える。師の教えに殉《じゅん》じ、師のために戦いぬいたプラトンの生涯《しょうがい》の原点は、ここに深く打ち込まれた。その意味で『ソクラテスの弁明《べんめい》』は師の正義を、満天下に示しゆく声明であるとともに、師を殺した悪に対する、弟子《でし》としての大闘争《とうそう》宣言ともいえよう。『弁明』の最後に、ソクラテスはこう語る。

「私を死刑に判決した諸君、諸君には私の死後ただちに、諸君が私を死刑にすることによって私に加えた復讐《ふくしゅう》のようなものよりも(中略)もっとはるかにひどい復讐がやってくるだろう」[*3]と。

ソクラテスには信ずる青年がいた。後事《こうじ》を託《たく》し、何ら心配することのない弟子がいた。そしてこの期待に応《こた》えんと、プラトンは炎《ほのお》の心でペンをふるった。

(『完本』四七三～四七四頁)

人間の社会には悪が存在する。正しいことを主張する者を悪の力が押《お》しつぶそうとする。しかし、正しい価値観に従って生きる者は、いかなる圧力にも屈《くつ》しない。創価学会の歴史では、不当逮捕によって勾留《こうりゅう》中に死亡した牧口常三郎《まきぐちつねさぶろう》初代会長がまさにそのような生き方を貫いた。信じる宗教や思想（哲学）は異なっていても、人生全体を貫く人間の生き方として、牧口氏とソクラテスの生き方は似ているのだ。

信仰においてなぜ「師弟」が大事なのか

池田氏はプラトンの生涯《しょうがい》をアテネの歴史との文脈で解釈する。この解釈に筆者も共感を覚える。人間は歴史的制約のもとで、考え、行動し、生きるのであるから、この文脈の理解に欠けた解釈では、宗教人や思想家の心を摑《つか》むことができない。

八十年にわたるプラトンの生涯は、栄光の都アテネの没落《ぼつらく》の過程と一致している。生誕《せいたん》は紀元前四二七年といわれる。この年は、ギリシアの世界を二分したペロポネソス戦争が始まってから四年目のことである。以後、二十余年間、戦争は続く。野蛮《やばん》と憎悪《ぞうお》の悪循環のなかで、人びとは人間らしさを急速に失っていく。「徳」、「知」はかえりみられず、「力」だけがものをいう社会となっていった。

不幸にも、アテネに蔓延《まんえん》した疫病《えきびょう》は、市の人口の三分の一を奪った。この疫病によって、アテネの黄金時代を築いた英雄ペリクレスも病死する。

プラトンの青春時代――それは、こうした荒廃と苦悩に呻吟《しんぎん》する人びとのなかにあった。多感な青年が、確かなる人生の師を、心から求めていたであろう心情が迫《せま》ってくる。

（『完本』四七五頁）

《多感な青年が、確かなる人生の師を、心から求めていた》のは、太平洋戦争後の池田大作青年も同じであった。池田氏は、戸田氏という生涯の師、正確に言うと生死を超《こ》えた永遠の師匠《ししょう》に出会うのだ。プラトンにとってもソクラテスは永遠の師匠だった。

プラトンがソクラテスと出会ったとき、何歳であったかは諸説あるが、本格的に師事したのは、二十歳《はたち》前後のことであった。ソクラテスの刑死が、プラトン二十八、九歳のことであるから、師弟《してい》の交《まじ》わりは約十年のこととなる。

ソクラテスとプラトン——二人の巨人の語らいが、どのようであったか。『饗宴《きょうえん》』には、一人の登場人物がソクラテスの話を聞いたときのことをこのように語っている。「激《はげ》しく僕の心臓は跳り、またこの人の言葉によって涙は誘い出される。そして他の非常に多くの人々も同一のことを経験するのを見るのである」*4と。

魂《たましい》と魂の轟《とどろ》きわたるような共振《きょうしん》——それは師弟という人間関係のなかにこそあろう。たとえ、いかに名をあげ、功なろうとも、師をもたない人生は寂《さび》しい。先日、中国の古くからの友人も語っていた。「師弟ほど強く美しいものはありません。簡単《かんたん》なようでいちばん峻厳《しゅんげん》です」と。

（『完本』四七五〜四七六頁）

創価学会を理解する場合も、その鍵《かぎ》となる概念《がいねん》が師弟だ。

なぜ「師弟《してい》」が大事なんですか？

信心を貫《つらぬ》く上で、自分を正しく導いてくれる師匠《ししょう》の存在は不可欠です。仏法では、師匠や、仏道修行《しゅぎょう》を励《はげ》ましてくれる同志を「善知識《ぜんちしき》」と呼びます。

人間の心は揺《ゆ》れ動きやすく、仏道修行の途上《とじょう》においても、自身の弱さに負けて信心の実践《じっせん》を怠《おこた》ってしまうことがあるかもしれません。

そこで必要になるのが、常に正しく仏道に導き、信心を触発《しょくはつ》してくれる善知識なのです。

・師匠はどのように定めれば良いのですか？

信仰《しんこう》の正しさ、偉大《いだい》さと言っても、その教えを信じる人の振《ふ》る舞《ま》いにしか現れません。

大聖人《だいしょうにん》は、釈尊《しゃくそん》の真意を説いた法華経《ほけきょう》の題目を末法の世に弘《ひろ》め、経典《きょうてん》に説かれる通りの大難を受けました。また、創価の三代会長もまた、大聖人が残された御書《ごしょ》根本の闘争《とうそう》を貫き、ありとあらゆる迫害《はくがい》を受け、大聖人の思想と行動を、命を賭《と》して現代に蘇《よみがえ》らせ、大聖人の御遺命《ごゆいめい》である世界広宣流布《こうせんるふ》を現実のものとしたのです。

その三代会長、なかんずく池田先生を師匠と定め、御書や学会指導を学びながら広布の活動に励むことこそが、成仏《じょうぶつ》、人間革命の直道《じきどう》なのです。

（創価学会公式サイト「学会活動に関するQ＆A」、ルビ・字下げは編集部による）

プラトンはソクラテスを師匠と定め、哲学的思索《てつがくてきしさく》を展開するとともにその哲学を実践《じっせん》していったのである。

「いちばん正しい人」を告発する社会

池田氏は、プラトンが感化の力を重視したことに着目する。

プラトンは、ソクラテスの感化《かんか》の力を「シビレエイ」にたとえている。「シビレエイが、自分自身がしびれているからこそ、他人もしびれさせる」[*5]とは、ソクラテスが語った有名な一節であるが、まさに青年プラトンの闊達《かったつ》な魂は、ソクラテスに完全に「感電」したといってよい。

アテネの名門の出であったプラトンは、もともと政治家志望であった。身内にも多くの政治家がおり、実際に何度か、政治の場への参加を勧《すす》められたようだ。しかし、当時のアテネの政治家たちは、戦中から戦後の混乱のなかで、私利私欲にこり固まり、腐敗の極《きわ》みにあった。さらに打ち続く内部抗争は、青雲の志に燃える彼に、失望を与えるのみであった。「政治の道」から「哲学の道」へ、進路を変える決定的要因となったのは、いうまでもなく師の刑死である。プラトンは糾弾《きゅうだん》する。

一部の権力者たちが、ソクラテスを、「まったく非道きわまる、誰《だれ》にもましてソクラテスには似つかわしからぬ罪状《ざいじょう》を押しつけ、法廷へと引っぱりだし」[*6]たと。

「いちばん正しい人」を悪人として告発する社会、そして政治。すべてが正反対ではないか。恐るべき転倒《てんとう》ではないか。――その悪の根源に青年は眼を凝《こ》らしていった。悲嘆《ひたん》を力に変え、彼の真剣な思索《しさく》は、いよいよ深まっていったにちがいない。そして、こう結論する。すなわち、すべての正しいあり方というものは、哲学なくしては見極《みきわ》められない、と。

（『完本』四七六～四七七頁）

「いちばん正しい人」を悪人として告発した事例は日本においても少なからずある。日蓮大聖人《にちれんだいしょうにん》は鎌倉幕府《かまくらばくふ》によって命を奪《うば》われる危険にさらされた。諸天の加護で死刑《しけい》を逃《のが》れることができたが、佐渡《さど》に流罪《るざい》にされた。しかし、日蓮大聖人はこの難と立ち向かうことによって仏教を世界宗教とする基盤《きばん》を構築したのだ。

日蓮大聖人の教えを継承した牧口常三郎氏、戸田城聖氏も太平洋戦争中に軍部政府によって不敬罪や治安維持法違反《いじいはん》の容疑によって逮捕、収監《しゅうかん》されるという難に直面する。牧口氏も戸田氏も権力の圧力に屈することはなかった。牧口氏は獄中死《ごくちゅうし》したが、その魂《たましい》は戸田氏に継承された。そして戸田氏は牧口氏の信心を戦後の創価学会の躍進《やくしん》という形で一層発展させた。戸田氏を永遠の師匠とした池田大作氏も、選挙違反容疑で不当逮捕された（大阪事件）が、裁判で無罪を勝ち取った。このように難が降りかかっても、つねに創価学会はそれを克服《こくふく》し、一層強化され、世界宗教形成への道を歩んでいる。創価学会は常勝の教団なのである。

悪に直面したとき信仰者がなすべきこと

本気で宗教を信じ、その教えの実践に努めている人にとって現下の日本社会はとても息苦しく感じる。旧統一教会の問題をきっかけに宗教を信じる人たちを蔑視し、信仰《しんこう》を揶揄しても構わないという雰囲気が一部のマスメディア、有識者の間に広がったからだ。日本国憲法下、信教の自由が保障されているこの社会で、なぜこのような人間の内心に政治やマスメディアが介入《かいにゅう》するような事態が生じてしまったのかを理解するには、歴史学、文化人類学、法律学、社会学、国際関係論（旧統一教会の場合は、韓国《かんこく》、北朝鮮《きたちょうせん》、米国などとの関係も重要な論点になる）、経済学などの学際的な考察が必要とされる。二〇二二年、二三年は日本宗教史における「異常な時代」であったと未来の歴史書には記述されるであろう。しかし、宗教を本気で信じるわれわれの課題ははっきりしている。闘うことだ。

筆者は日本基督教団に属するキリスト教徒だ。同志社大学神学部と大学院で組織神学（キリスト教の理論）を研究した。現在も作家稼業《かぎょう》とともに神学の研究と教育にも従事している。私は創価学会員との交友によって宗教人として大切なことをいくつも学んだが、その一つが悪に直面したとき、それを回避《かいひ》せずに闘うことである。旧統一教会に限らず、企業《きぎょう》、労働組合、ＮＰＯ、学校、宗教団体などの違法行為、社会通念から逸脱する行為については、具体的行為に即《そく》して相応の責任をとらせるのは、民主社会の秩序《ちつじょ》を維持する上でも不可欠だ。同時に信教の自由、内心の自由を侵害《しんがい》する国家や社会の動きに対しても闘わなくてはならないと筆者は考える。現下日本社会において、公権力が個々人の信仰や宗教団体の教義内容に実質的に干渉《かんしょう》し始めていることに危惧を覚えている政治家、有識者、マスメディア関係者は少なからずいる。ただし「これはおかしい」と声をあげる人はほとんどいない。世論、とりわけインターネット空間におけるバッシングを恐《おそ》れるからだ。だが誰《だれ》も声をあげないとこの流れが進んでしまう。

イエス・キリストは《「あなたがたは、『然《しか》り、然り』『否《いな》、否』と言いなさい。それ以上のことは、悪から生じるのだ。」》(「マタイによる福音書《ふくいんしょ》」五章三七節、聖書協会共同訳、ルビは編集部による)と言った。筆者は一人のキリスト教徒として、論壇の主な潮流に反することであっても、自らの信仰的良心に照らして「正しい」と思うことには「然《しか》り」、「間違《まちが》っている」と思うことには「否《いな》」と言うことにしている。

筆者が池田氏を尊敬するのは、池田氏が宗教人として「然り」か「否」かを表明し、悪に直面したときにはそれと闘う姿勢を明確にし、かつ実践しているからだ。

現下日本の閉塞《へいそく》した社会状況を突破《とっぱ》していくためには、強い思想に裏付けられた理論が必要だ。

「正義と真実の人を権力は恐れる」

池田氏の『若き日の読書』『続　若き日の読書』は、古今東西の書物を通じて、世界広宣流布《こうせんるふ》のために闘っていく上での智慧《ちえ》を読書によって体得していく過程を示した重要な作品だ。特に二〇二三年一月二日の奥付《おくづけ》でこの作品の完本が刊行されたことには歴史的な意義がある。

「完本《かんぽん》　若《わか》き日の読書」
池田先生の青春の記録　正編・続編を一冊に／明年〔2023年〕1月中旬に発刊
貴重《きちょう》な「読書ノート」を特別収録《しゅうろく》　未発表原稿《げんこう》16枚《まい》を追加

池田大作先生の青春時代の読書記録である『若《わか》き日の読書』が、正編と続編を合わせた『完本《かんぽん》　若き日の読書』として、明年〔2023年〕の1月中旬に発刊される。

同書の正編は1977年（昭和52年）から月刊誌《し》「第三文明」で連載《れんさい》され、92年（平成4年）には続編がスタート。ユゴーの『レ・ミゼラブル』やホール・ケインの『永遠の都』など、名著《めいちょ》38冊について論《ろん》じられている。

正編のはしがきで先生は「若い人たちには、さらに多くの書物を読んでいただきたい。――そうした願いをこめて、あえて私の読書記録を公《おおやけ》にした」と真情を述べている。

また、発刊される完本では、先生が読んだ名著の中から、その一部を抜《ぬ》き書《が》きした「読書ノート」を特別に収録《しゅうろく》。これは、64年（昭和39年）に「第三文明」で連載された貴重《きちょう》な内容である。

さらに、これまで未発表の「読書ノート」の原稿《げんこう》16枚《まい》も新たに追加。その一部はカラーの口絵《くちえ》として巻頭《かんとう》に収《おさ》められる。

池田先生が「読書ノート」を記し始めた10代後半の頃《ころ》、日本は敗戦後の荒廃《こうはい》した時代であった。戦前の社会の価値観が崩《くず》れ去《さ》り、〝いかに生きるか〟〝信じるに値《あたい》するものは何か〟を真剣《しんけん》に模索《もさく》する中で、その問いの答えを、古今東西の書物に求めていたのである。

その後、池田先生は19歳で戸田城聖先生に師事《しじ》。20歳の時につづった入信1年目の心境には、〝敗戦国日本の建設の全ての根本たる思想を樹立《じゅりつ》したかった〟〝真の生命の実相を実感したかった〟〝全人類に不滅《ふめつ》の文芸作品を送りたかった〟〝大きな意味における正義と善悪《ぜんあく》の基準を知りたかった〟との入信動機が示されている。

恩師の事業が窮地《きゅうち》に陥《おちい》り、その再建のために夜学を断念した青春時代。最大の苦境の中で池田先生は、師の厳愛《げんあい》の薫陶《くんとう》と万般《ばんぱん》にわたる読書によって精神の骨格《こっかく》を築き、入信当時の誓願《せいがん》をいや増して燃やしていった。

小説『人間革命』にはつづられている。

「戸田と伸一という師弟《してい》がつくった、この期間の秘史《ひし》のなかに、その後の創価学会の、発《はっ》展《てん》と存在《そんざい》との根本的な要因があった」（第4巻《かん》「秋霜《しゅうそう》」の章）

『完本　若き日の読書』は、若き池田先生の師子奮迅《ししふんじん》の青春に迫《せま》り、その思索《しさく》の跡《あと》を〝追体験〟できる必読の一書である。

第三文明社刊。1500円（税込み）。2023年1月中旬発売予定〔当時〕。

（「聖教新聞」二〇二二年十二月七日付一面）

池田氏の思索の跡《あと》を追体験することが現下の危機をわれわれが克服するためにとても役に立つ。宗教人にとって『完本　若き日の読書』は究極の実用書でもある。

それでは引き続き、ソクラテスとプラトンの関係について学んでいこう。池田氏は、この二人のあり方に真実の師弟関係を見る。

> プラトンは師の跡《あと》を継《つ》ぎ、真実の哲学の確立《かくりつ》のため、人生を捧《ささ》げるのであった。プラトンは観念の人ではなかった。行動の人であった。正義の社会を築くため、東奔西走《とうほんせいそう》を続けたのである。
>
> 彼は学園アカデメイアの創立者でもある。教育に生涯《しょうがい》を捧《ささ》げるのも、師の志をともに分かち、ともに戦う同志をつくるためであった。
>
> 「その仕事（＝教育）こそ、すべての人が生涯を通じ、力のかぎり、やらなくてはならないもの」[*7]――プラトンの最後の著『法律』の一節は私自身の一貫した信条ともなっている。
>
> （『完本』四七七～四七八頁）

池田氏は、ソクラテスの冤罪《えんざい》の原因についても踏《ふ》み込《こ》んで考察する。

ソクラテスを告発したのは、メレトスという人物である。罪状《ざいじょう》は「国家の認《みと》める神々を認めず」「青年を腐敗させ」[*8]たことであった。まったくの讒訴《ざんそ》であるこの告発の裏には、権力者の悪の画策《かくさく》があった。『弁明《べんめい》』のなかでソクラテスは「嫉妬《しっと》にかられて、中傷のため」[*9]と喝破《かっぱ》する。

正義と真実の人を権力は恐れる。それは権力の前にひれ伏さぬからであり、権力を恐れぬからである。

(『完本』四七八〜四七九頁)

太平洋戦争中に当時の軍部政府が創価学会の牧口常三郎初代会長、戸田城聖第二代会長らを逮捕、拘束《こうそく》したのは、まさに権力に対して牧口氏らがひれ伏《ふ》さなかったからだ。権力を恐れない創価学会の本質は現在もいささかも変化していない。宗教学者や政治学者の一部に、創価学会を支持母体とする公明党が連立与党《よとう》を構成しているため、創価学会も権力の一角を担《にな》っているという見方がある。この見方は間違っている。創価学会は、権力をとらずに世界を変える、すなわち一人一人の人間革命によって、宿命転換《しゅくめいてんかん》を宇宙的規模で行うことを考えているのだ。

これは世界宗教であるキリスト教の考え方とよく似ている。キリスト教的国家、キリスト教的政治は存在しない。しかし、キリスト教徒が担う政治は存在する。同様に創価学会的国家、創価学会的政治も存在しない。しかし、創価学会員が担う政治や国家(司法、立法、行政)は存在する。キリスト教徒でも創価学会員でも、政治や公務を担うときは、その領域でのルールに従う。ただし、価値観の根本には自らの信仰がある。このような人々が、政治や公務を担うことで、権力の濫用《らんよう》を権力の内側から防ぐことができるようになる。

信仰における真理は具体的だ。選挙において、創価学会員が価値観を共有し、それを政治の世界で活《い》かしていこうとする公明党の候補者の応援《おうえん》をすることは、人生の中心に信心を据《す》える創価学会の教えに適合したごく自然な動きである。価値観を共有する候補者が勝利することで、現実の政治においても草の根から社会が変わっていくのである。権力の魔性《ましょう》に溺《おぼ》れることのない価値観を持った政治家が活躍《かつやく》する基盤を整えることも人間革命の一環《いっかん》なのだと思う。選挙の過程においても創価学会に対する誹謗《ひぼう》中傷がインターネット空間を中心に行われることがあると思うが、その原因が嫉妬《しっと》であるということを見定め、このような攻撃に怯《ひる》むことなく闘い、選挙で勝利することが重要と思う。

ソクラテスの信念と創価学会三代会長

さてソクラテスに対する裁判は公正なものではなかった。

裁判の陪審員《ばいしんいん》は五百人（五百一人との説もある）のアテネ市民であったが、数多くが権力側の息のかかった人間たちであり、裁判は、始まる前から公正さを欠いていた。ソクラテスも敗訴を予期せざるを得なかったろう。だが、彼はつねに悠然《ゆうぜん》と主張を続ける。陪審員たちにまったく媚《こ》びへつらわない姿は、逆に大いに反感をかい、罵声《ばせい》のなかで裁判は行われたのであった。

『弁明』は三十三章から成っているが、内容から大きく四段に分けられる。まず第一に訴状に対し、被告としてソクラテスが弁明する。それは告訴自体への弁明というよりも、みずからに向けられた悪感情がどれほど根拠のないものかを主張するものである。

「アテナイ人諸君、いまのこの弁明も、わたし（＝ソクラテス）がわたし自身のためにしているのだと思う人もあるかもしれないが、なかなかどうしてそんなものではないのです。むしろ諸君のためなのだ[*10]」――と。

ここでソクラテスは、自分のことを「アブ」にたとえる。つまり、アブのようにポリスに付着し、人びとの眼を目覚めさせている、というのである。そして、自分は長年の間、自身のことも家族のことも顧《かえり》みることなく、いつもアテネの人びとのことをしていたのだと。

では、その活動とは何であったか。それは、知を愛し求めること＝哲学であり、魂《たましい》をすぐれたよいものにすることであった。そのために徹底《てってい》的に対話を続けたのである。ソクラテスは陪審員《ばいしんいん》に語りかける。

――あなた方が、こうした活動をやめるという条件で、わたしを無罪放免《ほうめん》にするとの提案をしたと仮定《かてい》しよう。私はたとえ何度か殺されたとしても、今の活動以外はしないだろう、と。

そして、「君たちは恥《は》ずかしくないのか」と、逆に陪審員を叱咤《しった》するのである。

（『完本』四七九〜四八〇頁）

《私はたとえ何度か殺されたとしても、今の活動以外はしないだろう》という信念は、ソクラテスだけでなく牧口常三郎、戸田城聖、池田大作の創価学会三代会長に共通している。また創価学会の広宣流布活動も、「わたし（この文脈では創価学会員）がわたし自身のためにしているのだと思う人もあるかもしれないが、なかなかどうしてそんなものではないのです。むしろ諸君のためなのだ」ということだと思う。池田氏が『ソクラテスの弁明』から学んだ内容が創価学会の日々の信仰に活かされているのだ。これが池田流読書術の秘訣《ひけつ》だ。

生死を超えて貫くことができる価値観

さらに重要なのは、池田氏がソクラテスの死を美化していないことだ。

信念に生きる勇者には、死さえも行動を押しとどめることはできない。彼はことさら死を美化していたのではない。そうではなく、いかに生き、いかに死ぬか、その「いかに」こそが最重要であることを知悉《ちしつ》していた。

ソクラテスの強さは、どこにあったか。それは何によっても侵《おか》すことのできない基準をもっていたことにある。『弁明《べんめい》』の一節に「わたしには、死はちっとも（中略）気にならないが、不正不義は決して行なわない」[*11]と。ソクラテスの基準は、みずからの信ずる正義に生きることにあったのである。

（『完本』四八〇～四八一頁）

信仰（信念）を基準にして生きる者にとって死は決して恐怖《きょうふ》ではない。生も歓喜《かんき》、死も歓喜なのである。生死を超えて貫くことができる価値観を持っているかどうかが重要なのだ。この関係で創価学会第一二回本部幹部会への池田氏のメッセージが興味深い。

一、大聖人の御書に満《み》ち溢《あふ》れているものも、「励まし」であります。

熱原《あつはら》の法難《ほうなん》の渦中《かちゅう》に認《したた》められた「聖人御難事《しょうにんごなんじ》」では、「い（言）いはげ（励）ましてお（堕）とすことなかれ」（新1620・全1190）――誰《だれ》一人として不幸の悪道《あくどう》などに堕《お》ちることのないように、よくよく励ましていきなさい――と仰《おお》せです。

〈〔聖教新聞〕編集部注＝近年の研究成果を踏《ふ》まえ、御書新版の編さんに際して、全集の「をどす」が新版では「おとす」と改められた〉

新たな一年、使命深《ふか》き「地域の幸福責任者」たる地区部長、地区女性部長を、これまでにもまして皆で大切に支《ささ》え、守《も》り立《た》てながら、孤立《こりつ》や不安に凍《こご》える社会へ、温《あたた》かな笑顔光《ひか》る創価の励ましを、内外《ないがい》の垣根《かきね》なく桜梅桃李《おうばいとうり》の人華《にんげ》のスクラムで広げていきたい。

そして、我《われ》らの誓願《せいがん》の地域・国土《こくど》を平和と安穏《あんのん》の陽光《ようこう》で照《て》らす「民衆常勝《じょうしょう》の福運城《ふくうんじょう》」を勝《か》ち栄《さか》えさせていこうではありませんか！

「聖人御難事」には、「日蓮が一門《いちもん》は師子《しし》の吼《ほ》うるなり」（同）と宣言《せんげん》なされています。

大聖人とご一緒《いっしょ》に、全世界の宝友《ほうゆう》と共々に、正義と人道《じんどう》の師子吼《ししく》を勇気凜々《りんりん》と放《はな》ち、大宇宙《だいうちゅう》の諸天《しょてん》を大《おお》いに揺《ゆ》り動《うご》かしながら、人間革命の讃歌《さんか》を、そして生命尊厳《せいめいそんげん》の凱歌を轟《とどろ》かせゆくことを決意し合って、私のメッセージとします（大拍手）。

（「聖教新聞」二〇二三年一月八日付三面）

現時点で、もう一度、十三世紀末に熱原地域（静岡県富士市厚原とその周辺）で日蓮大聖人門下が受けた法難について思い起こすことが重要なのだ。宗教を信じる人々に対する蔑視、中傷が繰《く》り返される現下の日本社会において、《誰一人として不幸の悪道などに堕ちることのないように、よくよく励ましていきなさい》という日蓮大聖人の教えは時代を照らす光なのである。

地上で果たすべき使命

筆者はこの原稿《げんこう》を病室で書いていた。

二〇二三年二月四日の晩から五日の明け方にかけて、筆者はチェコのプロテスタント神学者ヨゼフ・ルクル・フロマートカ（一八八九～一九六九年）の著作集『危機の時代の神学』（平凡社《へいぼんしゃ》より刊行）の解説を書いて徹夜《てつや》していた。この神学書はキリスト教と創価学会の宗教対話の基礎となる重要な作品と考えているので、私も力を入れていた。徹夜でひどく疲《つか》れたので、五日日曜日の午後四～六時、四階の寝室《しんしつ》で仮眠《かみん》した。すると飼《か》い猫《ねこ》のタマ（白茶ブチ、一〇キログラムの雄《おす》）とミケ（キジトラの長毛種、八キログラムの雄）が布団《ふとん》に入ってきて、暖かい場所を寄こせという。筆者は猫の要求にはすぐに応じてしまうので、無理な姿勢で寝《ね》ることになった。

起きると寝違《ねちが》えで肩《かた》が痛い。一晩寝れば治ると思ったが、痛みが増してキーボードを叩《たた》けなくなる。作家の仕事に障《さわ》るので、妻に同行してもらい、朝一番（午前九時半）に近所の整形外科《げか》に行った。レントゲンを撮《と》ったところ首と肩の骨には異常がないので、通常の寝違えという診断《しんだん》だった。右肩に痛み止めの注射を打ってもらったら痛みが少し治まり、その日の昼と午後は予定通りに会合を済ませたが、ふたたび肩に激痛が走ったので、家に戻《もど》って床《とこ》に就《つ》いた。一晩中痛さでうなされた。翌七日も妻に同行してもらい、整形外科に行き痛み止めの注射を打ってもらったら、少し痛みが引いた。

当時火曜、木曜、土曜に筆者は都内の大学病院で血液透析《とうせき》を受けていた。一回四時間だ。今回は右肩の痛みで途中《とちゅう》で座り込んで動けなくなるリスクがあるので、妻に同行してもらった。透析を始める際に血液検査を受けた。透析をしているうちに痛みが一層激しくなり、寝返りを打てなくなった。身体が寒い。体温を測ると三四・九度だった。透析で流すときの血液の温度を普段《ふだん》の三六・〇度から三六・五度に上げてもらった。それでも寒気が止まらず、毛布を一枚多く掛《か》けた。

透析終了《しゅうりょう》後、主治医から炎症《えんしょう》反応があると言われた。CRP（C反応性蛋白質《たんぱくしつ》）の値が八・〇もあるという（正常値は〇・三以下）。早速《さっそく》、CT（コンピュータ断層撮影）検査を受けることになった。移動は車椅子《くるまいす》だった（妻が押してくれた）。慢性腎不全《まんせいじんふぜん》なので普段は鎮痛剤《ちんつうざい》としてロキソニンを処方されることはないが、今回は例外的に飲むようにと言われた。CTの結果、右肩の血管に炎症が起きている可能性があるかもしれないということだった。主治医は「念のために血液の培養《ばいよう》検査をしておきましょう」と言った。筆者は質《たち》の悪い寝違えで、数日経てば治るだろうと一安心していたが、この見通しは甘《あま》かった。

八日は予定通りに対談や企画《きかく》打ち合わせの仕事をしていた。すると午後一時半に主治医から「昨日採血した血液を培養した結果、細菌《さいきん》に感染《かんせん》していることが明らかになった。緊急《きんきゅう》入院してほしい」という連絡《れんらく》があった。その後の日程をすべてキャンセルし、大学病院に入院した。菌血症《きんけつしょう》を放置しておくと敗血症《はいけつしょう》になり生命を失う危険がある。菌《きん》も黄色《おうしょく》ブドウ球菌《きゅうきん》であると同定できた。誰の皮膚《ひふ》にもついている菌だが、透析患者《かんじゃ》や免疫力《めんえきりょく》が弱っている高齢者《こうれいしゃ》が感染する場合があるということだ。入院期間は二～三週間の予定だが、延びる可能性も排除されないとのことだった。

九日には右腿《もも》の付け根に血液透析用の短期留置カテーテルを設置する手術を行った。そして透析をした。十日には肩から胸に入れた長期留置カテーテルを抜《ぬ》く手術をした。その後、バンコマイシン塩酸塩（グリコペプチド系抗生物質《こうせいぶっしつ》）の点滴《てんてき》を受けた。ときどき副作用で首筋や掌《てのひら》が痒《かゆ》くなったが、痒み止めを塗《ぬ》って我慢《がまん》した。まず血液を無菌《むきん》状態にして、長期留置カテーテルを再度設置する。それから右腿付け根の短期留置カテーテルを抜去《ばっきょ》する。そうしてようやく退院になったが、カテーテル透析が続く限り、菌血症のリスクを負い続けることになった。

主治医の話だと、寝違えと菌血症の間に関係はないということだが、もし布団の中にタマとミケが入ってこずに寝違えなければ、筆者は身体の不調を訴《うった》えず、敗血症ショックを起こすような状態になったかもしれない。また大学病院で検査環境《かんきょう》が整っていたことと主治医が適確な判断をしてくださったおかげで菌血症を早期に発見することができた。地上的には主治医と猫のおかげで命拾いしたことになる。もっとも宗教的に考えると、私はまだこの地上で果たすべき使命を終えていないのかもしれない。

歴史的な意味を持つ池田ＳＧＩ会長の提言

筆者が池田氏から学んだのは「生も歓喜、死も歓喜」という死生観だ。筆者はプロテスタントのキリスト教徒であるが、命は神より預かったものと考える。いずれ自らの命を神に返すときがくる。神は人間一人一人に具体的な使命を与える。この使命からキリスト教徒は苦難にあるときも病気のときも逃れることができない。神に召《め》される最期《さいご》の瞬間《しゅんかん》まで自分の使命を果たさなくてはならない。それがキリスト教徒の喜びなのである。

キリスト教徒は死からの復活を信じるので、死は恐《こわ》くない。「生も歓喜、死も歓喜」という創価学会の教えを、異なる宗教を信じる筆者も抵抗感なく受け止めることができる。同時に私の健康回復を願って、多くの創価学会員が題目《だいもく》を送ってくださったことも実感している。この事実が私に力を与えてくれた。キリスト教徒の友人たちも私のために祈《いの》ってくれた。筆者のために祈ってくださったすべての人に感謝するとともに、残りの人生では怠惰《たいだ》に陥《おちい》ることなく自らの使命を果たさなくてはならないと決意を新たにした。

人間の使命という観点では、池田氏から筆者はふたたび重要なことを学んだ。

二〇二三年一月下旬《げじゅん》、米国、ドイツ、ポーランド、オランダなどが主力戦車をウクライナに提供することを決定した。ロシアは激しく反発している。二月に入ってから西部ガリツィア地方を含《ふく》むウクライナ全土の発電、変電施設《しせつ》へのミサイル攻撃が激化している。準備や訓練の期間があるので戦車が実際に供与《きょうよ》されるのは春以降になるだろう。戦車はポーランドからガリツィア地方に入り、鉄道で戦闘《せんとう》が行われている東部や南部に移送されることになる。ロシアはこれまで差し控《ひか》えていた鉄道や橋梁《きょうりょう》へのミサイル攻撃を本格化する。状況によっては爆撃機《ばくげきき》による戦略爆撃に踏み込むかもしれない。戦闘員《せんとういん》のみならず一般《いっぱん》住民の犠牲者《ぎせいしゃ》が急増することになる。さらにウクライナの鉄道輸送が麻痺《まひ》するので、食糧《しょくりょう》供給にも支障が生じる。人命を救うために一刻も早く停戦を実現しなくてはならない。

この関連で同年一月十一日、池田大作ＳＧＩ（創価学会インタナショナル）会長が発表した「ウクライナ危機と核問題に関する緊急《きんきゅう》提言『平和の回復《かいふく》へ歴史創造力《そうぞうりょく》の結集《けっしゅう》を』」が歴史的に重要な意味を持つ。連立与党の公明党の支持母体は創価学会だ。したがって、池田氏の緊急提言は現実の政治に影響《えいきょう》を与える。にもかかわらず、マスメディアで大きく扱《あつか》われていないのが不思議だ。

池田氏はロシア・ウクライナ戦争を自らの戦争体験と結びつけている。

昨年〔2022年〕2月に発生したウクライナを巡《めぐ》る危機が、止《や》むことなく続いています。戦火の拡大で人口密集地《みっしゅうち》やインフラ施設《しせつ》での被害も広がる中、子どもや女性を含《ふく》む大勢《おおぜい》の市民の生命が絶《た》えず脅《おびや》かされている状況に胸が痛んでなりません。

避難《ひなん》生活を余儀《よぎ》なくされた人々も国内で約590万人に及《およ》んでおり、ヨーロッパの国々に逃《のが》れざるを得《え》なかった人々は790万人以上にも達しました。

〝戦争ほど残酷《ざんこく》で悲惨《ひさん》なものはない〟というのが、二度にわたる世界大戦が引き起こした惨禍《さんか》を目《ま》の当《あ》たりにした「20世紀の歴史の教訓《きょうくん》」だったはずです。

私も10代の頃《ころ》、第2次世界大戦中に空襲《くうしゅう》に遭《あ》いました。火の海から逃《に》げ惑《まど》う中で家族と離《はな》れ離《ばな》れになり、翌日まで皆の安否《あんぴ》がわからなかった時の記憶《きおく》は、今も鮮烈《せんれつ》です。

また、徴兵《ちょうへい》されて目にした自国の行為《こうい》に胸を痛めていた私の長兄《ちょうけい》が、戦地で命を落としたとの知らせが届《とど》いた時、背中を震《ふる》わせながら泣いていた母の姿《すがた》を一生《いっしょう》忘れることができません。

（「聖教新聞」二〇二三年一月十一日付一面）

「最も幸福な人」とは誰なのか

この緊急提言で重要なのは、池田氏がロシア・ウクライナ戦争についてロシアによる侵略《しんりゃく》という認識《にんしき》を表明していないことだ。停戦を実現することを現実的に考えるならば「お前たちは侵略《しんりゃく》国《こく》だ」と非難されている状況でロシアが交渉《こうしょう》の席に着く可能性はないからだ。池田氏は具体的に以下の提案を行う。

そこで私は、国連が今一度《いまいちど》、仲介《ちゅうかい》する形で、ロシアとウクライナをはじめ主要な関係国による外務大臣会合を早急《さっきゅう》に開催し、停戦《ていせん》の合意を図《はか》ることを強く呼びかけたい。その上で、関係国を交《まじ》えた首脳会合を行《おこな》い、平和の回復《かいふく》に向けた本格的な協議《きょうぎ》を進めるべきではないでしょうか。
（前掲「聖教新聞」）

筆者も池田氏の提言を全面的に支持する。停戦の合意を図《はか》るために関係国が努力してロシアとウクライナの外相《がいしょう》を交渉の席に着かせる努力をすべきだ。専門家（外務省の事務方）レベルの準備交渉ならばすぐに着手できるはずだ。日本は西側連合の一員であるが、ウクライナに殺傷能力を持つ武器を供与していない。この状況を維持することだ。本稿を執筆した当時、外務省の一部勢力が岸《きし》田文雄《だふみお》前首相のウクライナ訪問を画策していたが、そのような訪問でこの戦争に深入りするよりも、停戦に向けたイニシアティブを取る方が国際社会における日本の地位を高めることになる。

いずれにせよ、ロシア・ウクライナ戦争は膠着《こうちゃく》状態に陥る。そのときには池田氏が提唱した方式での停戦が実現する。政治家や国際政治学者にはウクライナ戦争の表層しか見えないが、池田氏は情勢を正確に把握《はあく》するとともに、その背後にある人間の心の動きをとらえることができた。だから時代の先を見通した実現可能性を持つ提言を行うことができたのだ。

それでは池田氏のソクラテス論に戻ろう。プラトンは師のソクラテスから、最も正しい人が最も幸福な人であるという確信を得る。

プラトンの思想のテーマの一つに、「正義と幸福」の問題がある。大著『国家』において、プラトンは〝正しい人は不正な人よりも幸福であるかどうか〟との命題《めいだい》を提起《ていき》する。そして、さまざまな対話を重ねつつ、〝最もすぐれていて最も正しい人間が最も幸福であり、最も劣悪《れつあく》で最も不正な人間が最も不幸である〟との結論を導き出すのである。ここでプラトンは、知において最もすぐれ、最も正しき人ソクラテスこそ、たとえ悲劇の最後であっても、最も幸福な人であったことを証明したかったのかもしれない。

（『完本』四八一頁）

プラトンだけでなく、池田氏もソクラテスは最も幸福な人であると考えている。では、この最も幸福な人が冤罪《えんざい》であるにもかかわらず、死刑という判決を受け入れてしまったのはなぜか。この点についても池田氏は宗教人として優《すぐ》れた読み解きをする。

さて、『弁明《べんめい》』の第二段は、投票により六十票の小差で有罪が確定し、死刑を求刑されたことを受けて行われる。当時のアテネの裁判所では、有罪判決の後、刑量《けいりょう》を決めるために被告からの申し出がなされるのであった。常識的な法廷のかけ引きでは、より軽い刑を申し出、許しを懇願《こんがん》すれば、情状酌量《じょうじょうしゃくりょう》で、死刑だけは避《さ》けられたであろう。しかし、ソクラテスはその常識を無視する。

（『完本』四八二頁）

法廷《ほうてい》に情状酌量《じょうじょうしゃくりょう》を申し出る、あるいはソクラテスに同情する獄吏《ごくり》の助けを借りて逃亡《とうぼう》するなどの手段でソクラテスは死刑を免《まぬか》れる可能性があった。しかし、ソクラテスはその可能性を追求しなかった。なぜなのだろうか。

彼はオリンピア競技の勝利者を、たとえにあげる。つまり、競技の勝利者は「幸福と思われる外観《がいかん》をあたえる」ことはできる。しかし、「わたしは諸君をほんとうに幸福であるようにしようとつとめている」と。自分ほど人びとの真の幸福のために努《つと》めている者はいないのだ、というのである。故《ゆえ》に、自分をいかに迎えるのが適当であるか。それは「国立迎賓館《げいひんかん》における食事」[*12]すなわち、国家あげての最高のもてなしであると、はばかることなく主張するのである。

（『完本』四八二頁）

幸福と思われる外観と、真実の幸福は異なるのだ。太平洋戦争中、軍部政府は天皇の名によって勲章《くんしょう》を与え、天皇の名によって不敬罪や治安維持法違反で被告人《ひこくにん》に有罪を言い渡《わた》した。創価学会の牧口常三郎初代会長、戸田城聖第二代会長は軍部政府によって治安維持法違反と不敬罪の容疑によって捕《と》らえられ、牧口氏は獄中死した。当時、叙勲《じょくん》は最高のもてなしであった。この過去を記憶《きおく》しているから、池田氏自身は日本国家からの叙勲を受けなかったのだと筆者は見ている。池田氏にとっての価値基準は国家ではなく仏法だ。

「愚人による迫害こそ賢人の証」

ソクラテスは死刑判決をどのように受け止めたのであろうか。

判決は、圧倒的多数で死刑。そして、死刑確定を受け第三段階の『弁明』が始まる。ソクラテスは敗訴の原因を「厚顔《こうがん》と無恥《むち》の不足」のためであったと語る。陪審員《ばいしんいん》の聞きたかったこと——それは、ソクラテスが許しをこうために泣いたり、わめいたりすることであった。「死をまぬかれる工夫は、たくさんある」とソクラテスは言う。そして、それはさほどむずかしいことではないだろう。では、むずかしいことは何であるか。それは、「悪化(堕落《だらく》)をまぬかれる」ことである。なぜなら、「その(=堕落)ほうが、死よりも速いからだ[*13]」と。

ソクラテスは、死刑の判決をくだした陪審員にこう断言する。

「この諸君は、真実によって裁かれ、劣悪と不正の刑を負わされて、ここから出て行くのだ[*14]」と。

(『完本』四八二〜四八三頁)

ソクラテスも「生も歓喜、死も歓喜」という価値観を共有しているのだ。むしろ哀《あわ》れなのは不正な判決を言い渡した陪審員《ばいしんいん》なのだ。彼《かれ》らの魂は汚《けが》れてしまったからだ。ソクラテスは正義を貫き無罪を言い渡した陪審員に対してこう述べる。

そして最後の第四段では、無罪の票を投じた数少ない人びとに、ソクラテスはゆったりと話しかける。彼は「死」とは何かを論じる。そこからは、なすべき使命を果たし終えた哲人の澄《す》みきった心境が伝わってくる。彼は『弁明』の最後に、「善《よ》きひとには、生きている時も、死んでからも、悪《あ》しきことはひとつもない」[*15]と。

ソクラテスは、判決を少しも恥《は》じることはない。むしろ、愚人《ぐにん》による迫害《はくがい》こそ賢人《けんじん》の証《あかし》であるとの思いであったにちがいない。

（『完本』四八三頁）

ソクラテスは、不当な死刑を受け入れ、この世の生を終えることで自らの使命を果たすことができると考えたのであろう。事実、ソクラテスの「異常な死」は歴史に記憶されることになったのだ。

創価学会の牧口常三郎氏も捜査当局に迎合《げいごう》し、罪を認める上申書《じょうしんしょ》を書いていれば保釈《ほしゃく》され、獄中死することはなかったかもしれない。しかし、そのような選択《せんたく》は牧口氏にはなかった。特高警察の圧迫《あっぱく》よりも、仏法に従う方がはるかに重要な価値だった。ソクラテスも牧口氏も至上の価値がどのようなものであるかを、文字通り命を賭《と》して示したのだ。

なぜ自分は生かされたのか

前述した菌血症について、その後の経緯《けいい》を若干《じゃっかん》記しておく。抗生剤《こうせいざい》点滴投与《とうよ》の成果が上がり、CRPの値も二・二に下がり（正常値は〇・三以下、入院時は八・〇）、白血球値も低くなったので、二〇二三年二月十九日に都内の大学病院を退院した。右腿の付け根に入れた短期留置カテーテルは、大学病院で十八日に抜いた。二十日に都内の専門病院でふたたび右肩から胸にかけて長期留置カテーテルを入れる手術をした。

そして火曜、木曜、土曜の週三回、一回四時間の血液透析が再開した。二月中は透析にあわせてバンコマイシン塩酸塩の点滴も行ったが、三月からは透析だけになった。

右肩の激痛は入院中も続き、ロキソニンで痛みを抑《おさ》える状態が続いた。大学病院で整形外科医《げかい》とリハビリ専門医（いずれも教授）の診察《しんさつ》を受け、骨には異常がなく、筋肉の問題ということになった。理学療法《りょうほう》士《し》に処置してもらったら痛みが若干引いた。

退院後、整体院に通うと、今までの痛みが嘘《うそ》のようにとれた。作家に転じてから机に十数時間向かう生活が二〇年近く続いているため、筋肉のあちこちが硬《かた》くなり、特に右肩甲骨《けんこうこつ》周辺の筋肉が硬《こう》直《ちょく》して、血流が著しく悪くなっているとのことだった。もっとも、施術《せじゅつ》を受けてから二日くらい経つと右肩の痛みが少し起こったので、整体院通いが続くことになった。

入院期間も退院後も、創価学会員の友人や読者が筆者のために題目を送ってくださった。またキリスト教徒の友人たちは教会でも個人でも祈ってくれた。皆《みな》さんの祈りのおかげで今回は生を得ることができたと思っている。感謝申し上げる。

二〇二二年は透析導入、がん手術、心臓手術と大きな出来事があったが、死ぬ可能性はないと思った。しかし、今回の菌血症は、右肩の激痛と主治医の機転による培養検査がなければ、発見が遅れ、敗血症に発展し、死亡する可能性が十分にあった。透析を行っているのが大学病院で、短時間で検査が可能であり、直ちに入院でき、診療科《しんりょうか》を横断していねいな治療《ちりょう》を受けることができたのも幸運だった。

筆者は、なぜ今回、自分が生かされたかについていろいろ考えた。恐らくは地上で果たさなくてはならない使命がまだ残っているからと思っている。

宿命を使命に変える生き方

この点で、池田氏が願兼於業《がんけんおごう》の法理について解説するなかで「宿命を使命に変える」重要性について強調していることが心に染《し》みた。

苦難に直面しても、信心を貫《つらぬ》いて宿命転換《しゅくめいてんかん》する人にとっては、人生の意味が大きく変わります。

法華経《ほけきょう》には、「願兼於業《がんけんおごう》」の法理が説かれています。願とは願生《がんしょう》、業とは業生《ごうしょう》です。菩《ぼ》薩《さつ》は願いの力で生まれ（願生）、普通《ふつう》の人々は業によって生まれます（業生）。

願兼於業とは、修行《しゅぎょう》によって偉大《いだい》な福徳を積んだ菩薩が、悪世で苦しむ人々を救うために、わざわざ願って、自らの清浄《せいじょう》な業の報《むく》いを捨てて、悪世に生まれることです。

その結果、菩薩は、悪業《あくごう》の人と同じように、悪世の苦しみを受けます。ここから難の意義をとらえ返すと、信心で難を乗り越《のこ》える人にとっては、悪世に生きて苦難を受けるのは、決して宿命ではなく、実は人を救う菩薩の誓願《せいがん》のゆえであり、苦難を共有し、それを乗り越える範《はん》を示すものであることになります。

この願兼於業の法理をふまえた生き方を、池田先生は「宿命を使命に変える」とわかりやすく示しています。

「誰《だれ》しも宿命はある。しかし、宿命を真っ正面から見据《みす》えて、その本質の意味に立ち返れば、いかなる宿命も自身の人生を深めるためのものである。そして、宿命と戦う自分の姿が、万人《ばんにん》の人生の鏡となっていく。

すなわち、宿命を使命に変えた場合、その宿命は、悪から善へと役割を大きく変えていくことになる。

『宿命を使命に変える』人は、誰人《たれびと》も『願兼於業』の人であるといえるでしょう。だから、全てが、自分の使命であると受け止めて、前進し抜《ぬ》く人が、宿命転換のゴールへと向かっていくことができるのです」（『御書《ごしょ》の世界』第2巻）

（創価学会公式サイト「教学入門（教義）」、ルビ・字下げは編集部による）

自らの置かれた状況を言い訳にしない

今回の大病は宿命であるが、そこから使命を見出《みいだ》さなくてはならないのだ。筆者が尊敬するチェコのプロテスタント神学者ヨゼフ・ルクル・フロマートカも人間一人一人に与えられた使命を強調する。

使命は無条件である。召命《しょうめい》を受けた者は、託《たく》された使命を進んで行うための条件を設《もう》けてはならない。自分の使命にいついつまで、という期限も設けてはならない。使命は生涯《しょうがい》続くもので引退も休暇《きゅうか》もない。つまり、信徒は使命を人生のあらゆる状況《じょうきょう》で果たす。使命は健康で体力があるときのみに限られない。病床《びょうしょう》でも死の床《とこ》でも変わりなく果たすものである。重病人や衰弱《すいじゃく》した人が忠実さ、忍耐《にんたい》、我慢《がまん》、愛によって、言葉で表せないほど大きな奉仕《ほうし》をやり遂《と》げたことも何度となくあった。パウロは召命を受けた証人であり続けた。皇帝《こうてい》の囚人《しゅうじん》としても神の国を宣《の》べ伝え、主イエス・キリストのことを教え続けた(使徒言行録28章31節)。パウロは獄中《ごくちゅう》でも何通か手紙を書き、むしろこの境遇《きょうぐう》に陥《おちい》ったからこそ福音《ふくいん》を前に進めることができたと喜んだ(フィリピの信徒への手紙1章12節以下)。こうしたことから私たちが言いたいのはただ、何も口実にはならないこと、自分が置かれた境遇を言いわけにしてはならないということ(ルカ福音書9章59、60節)、そして自らの恵《めぐ》みによって私たちに呼びかけた主は、普通《ふつう》ならば使命を果たすことが困難に思われるような場所や状況でも私たちの使命の絶対性を授《さず》けてくれることである（マタイ福音書10章16―20節）。私たちの生と死の主は、十字架《じゅうじか》にかけられた死の瞬間《しゅんかん》まで忠実であったこと、そう、主の使命はまさに為《な》すすべもない無力の瞬間に陥ったときこそ頂点に達し、成就《じょうじゅ》されたことを忘れてはならない。また、最も困難な瞬間にこそ、使命を果たすことが最も肝心《かんじん》であり、不可欠であったことを忘れないようにしよう。召命を受けた者は、いかなる制限も条件をつけずに主に献身《けんしん》する。

（ヨゼフ・ルクル・フロマートカ〈平野清美《ひらのきよみ》訳／佐藤優監訳〉『人間への途上にある福音　キリスト教信仰論』新教出版社、二〇一四年、二九～三〇頁、ルビは編集部による）

創価学会もキリスト教も世界宗教だ。この二つの世界宗教には使命を大切にし、自らの置かれた状況を言い訳にしないという共通点がある。

慢性腎臓病《じんぞうびょう》は完治しない病であるが、この病という条件の下で、筆者は自分の使命を果たさなくてはならない。創価学会研究と、旧統一教会問題をめぐって宗教を信じる人々に対して逆風が吹《ふ》くなかで、言論を通じて信教の自由のために闘うことも私の使命の一つなのである。

民衆を信じた三代会長

それでは、池田氏のソクラテス論に話を戻す。

プラトンの著作『ゴルギアス』のなかで、ソクラテスが一人の政治家と対話《たいわ》する。その政治家は、アテネの人びとに対しては、「ご機嫌《きげん》とり」をし、「召使《めしつか》い」のように接しなければ、いつか法廷に引っぱりだされることになると脅《おど》すのである。ソクラテスは語る。「ぼくが死刑になるとしても、それは少しも意外なことではない」[*16]。そして、それはすでに予期《よき》していたことであり、その裁判は、「ちょうど医者が料理人に訴《うった》えられて、小さな子供たちの前で裁《さば》かれるのと同じように、裁かれることになるだろう」[*17]と。つまり、医者は子どもたちの健康のために痛い治療もするし、にがい薬も飲ませる。おいしいものばかりを与え喜ばせる料理人と比べれば、医者は悪としか見えないし、いくら子どもたちに説明しても、絶対わかってはもらえないだろう、と。

（『完本』四八三〜四八四頁）

ソクラテスが置かれた状況は、創価学会の牧口常三郎初代会長、戸田城聖第二代会長、池田大作第三代会長が置かれた状況と似ている。

三代会長はそれぞれの社会状況のなかで、社会の医者としての機能を果たした。しかし、牧口氏、戸田氏は不敬罪、治安維持法違反の容疑で逮捕、勾留され、牧口氏は獄中死することになった。池田氏も冤罪である選挙違反容疑で逮捕されたが、裁判で無罪を勝ち取った（大阪事件）。

ただし三代会長とソクラテスには違《ちが》いがある。ソクラテスは、いくら子どもたちに説明しても、絶対わかってはもらえないだろうと考えたのに対して、三代会長は真心で語れば子どもを含め、民衆はわれわれの正しさをわかってくれると確信していたのである。ソクラテスの時代は奴隷制《どれいせい》で、民衆が主人公として活躍することができなかった。現在は異なる。創価学会の強さは民衆に基盤を持った世界宗教であることだ。

師弟の道は「人間の最極の道」

ソクラテスはアテネの人びとにとって、「魂《たましい》の医者」の役割を担《にな》っていた。魂の病《やまい》を癒《い》やすため、つねに覚醒《かくせい》の対話を続けた。彼はその言葉が正しいが故《ゆえ》に、多くの嫉妬《しっと》と中傷をうけたのである。

プラトンは、ソクラテスにこう語らせる。

「迎合《げいごう》としての言論術をもち合わせていないがために（＝自分が）死ぬのだとすれば（中略）ぼくが動ずることなく死の運命に耐《た》えるのを、君は見るだろう」[*18]と。

プラトンは、晴れやかに宣言したい気持ちであったろう。わが師は、最大の苦しみと恥辱《ちじょく》を、なんら動ずることなく受け切った。わが師は、世人が何と評価しようとも、断じて勝利したのだ——と。

（『完本』四八四〜四八五頁）


ソクラテスは刑死《けいし》したが、その記憶は歴史に刻まれた。歴史との闘いにおいてソクラテスは勝利したのだ。

池田氏はソクラテスの生死を超えた価値観を基本にした生き方を、牧口氏、戸田氏との比較《ひかく》で論じる。


私どもの先師牧口常三郎初代会長は、第二次世界大戦のさなか、治安維持《いじ》法違反ならびに不敬罪《ふけいざい》の容疑で逮捕《たいほ》された。そこには、牧口先生の行動を敵視していた人間たちの画策《かくさく》があった。権力に迎合し、みずからの保身と私利に汲々《きゅうきゅう》とする悪僧らである。牧口先生は暴力をも辞《じ》さない特高《とっこう》警察の厳《きび》しい訊問《じんもん》に、少しも恐れることなく正義を主張した。しかし、過酷《かこく》な取り調べと獄中《ごくちゅう》生活は、七十三歳の高齢の先生の体《からだ》を蝕《むしば》み、ついに牢獄《ろうごく》において生涯《しょうがい》を終えられた。

師とともに投獄《とうごく》された戸田先生は、獄中で師の死を聞かされたときの悲しみを語っている。

「あれほど悲しいことは、私の一生涯《しょうがい》になかった。そのとき、私は『よし、いまにみよ！先生が正しいか、正しくないか、証明してやる。もし自分が別名を使ったなら、巌窟王《がんくつおう》の名を使って、なにか大仕事をして、先生にお返ししよう』と決心した。(中略)かならずや一生を通《とお》して、先生の行動が正しいか正しくないか、その証明をする覚悟です」[*19]と。

戸田先生は出獄より亡《な》くなるまでの十三年の間、ただひたすら、師の思想を世にひろめ、わが身をいとうことなき行動の連続であった。この崇高《すうこう》なる師弟《してい》の魂《たましい》は、私どもの永遠の誇《ほこ》りであり、不動の規範《きはん》であるといえよう。

一九九三年四月二日、戸田先生の三十五回目の命日を迎えた。この日、私は小説『人間革命』の最終巻を発刊することができた。起稿《きこう》より二十八年、長い道のりであった。後世の歴史の審判《しんぱん》をあおぐ民衆の叙事詩として、師の真実を残し、その偉業を世界に宣揚《せんよう》することは、若き日よりの私の誓《ちか》いであり、弟子《でし》としての使命であると心に決めていた。

「プラトンは書きながら死んだ」[*20]といわれる。二十歳《はたち》前後から八十歳まで約六十年の間、プラトンは書き続け、人材を育て続けた。

「(=西欧)哲学の伝統全体がプラトンに対する一連の脚注《きゃくちゅう》から成り立っている」[*21]——イギリスの哲学者ホワイトヘッドの言葉である。のちの西洋、さらに全世界にこれほどまでに影響《えいきょう》をおよぼしたプラトンの著作も、師との誓いを果たさんとした弟子の果敢《かかん》なる挑戦《ちょうせん》の結晶《けっしょう》であった。

「師弟の道」は、生死をも超《こ》えた人間の最極《さいごく》の道である。そして、万有流転《ばんゆうるてん》の世界にあって、ただ一つ、理想の松明《たいまつ》を受け継《つ》ぎ、永遠化させゆく道である。

〰〰〰〰

（『完本』四八五～四八七頁）

〰〰〰〰

池田氏は、ソクラテスとプラトンの関係から「師弟の道」を見出し、それを創価学会の信仰に活かしたのである。

※ロシア・ウクライナ戦争の状況は、雑誌掲載時のものです。

＊1　長坂公一訳「書簡集」(『プラトン全集』一四、岩波書店、一九八七年〔第三刷〕所収※第一刷は一九七五年)八二頁。

＊2　松永雄二訳『パイドン』(『プラトン全集』一、岩波書店、一九八六年〔第三刷〕所収※第一刷は一九七五年)三四九頁。

＊3　山本光雄訳『ソクラテスの弁明』(『プラトン全集』一、角川書店、一九七三年所収)八七頁。

＊4　山本光雄訳『饗宴』(『プラトン全集』三、角川書店、一九七三年所収)二二六頁。

＊5　藤沢令夫訳『メノン』(『世界古典文学全集』第一四巻　プラトンⅠ、筑摩書房、一九六四年所収)二四九頁。

＊6・21　山川偉也『哲学と科学の源流―ギリシア思想家群像―』(世界思想社、一九八七年)一七七頁(＊6)、二〇三頁(＊21)。

＊7　森進一・池田美恵・加来彰俊訳『法律』(『プラトン全集』一三、岩波書店、一九八七年〔第三刷〕所収※第一刷は一九七六年)一〇〇頁。

＊8～15　田中美知太郎訳『ソクラテスの弁明』(前掲＊2『プラトン全集』一〔岩波書店〕所収)五三頁(＊9)、六八頁(＊8)、八六頁(＊10)、九〇頁(＊11)、一〇二頁(＊12)、一〇七頁(＊13)、一〇七～一〇八頁(＊14)、一一二頁(＊15)。

＊16～18　加来彰俊訳『ゴルギアス』(『プラトン全集』九、岩波書店、一九八七年〔第三刷〕所収※第一刷は一九七四年)二二六頁(＊16)、二二七頁(＊17)、二二九頁(＊18)。

＊19　『戸田城聖全集』第四巻　講演編(聖教新聞社、一九八四年)二三〇頁。

＊20　前掲＊3『プラトン全集』一(角川書店)所収、山本光雄「解説」五一一頁。

第7章　二重の「難」と闘ったダンテ
――ダンテ『神曲』

友を励ますための詩と歌

池田《いけだ》大作《だいさく》創価《そうか》学会《がっかい》第三代会長は、詩人としても世界的に有名だ。

昭和56年（１９８１年）、世界芸術文化アカデミーから、池田大作先生に「桂冠《けいかん》詩人」の称《しょう》号《ごう》が授与《じゅよ》された。

さらに、平成７年（１９９５年）には「世界桂冠詩人」賞、平成19年（２００７年）には「世界民衆詩人」の称号、平成22年（２０１０年）には、「世界平和詩人」賞が贈《おく》られている。

受章を「身に余る栄誉《えいよ》」としつつ、池田先生は詩作について述懐《じゅっかい》する。

「私の思いは、自身の喜び、楽しみはともかく、まず『いかに友を励《はげ》ませるか』――この一点にあった」（『大道を歩む』）

その「友」とは、多くは市井《しせい》に生きる創価学会の同志であり、時に、国家を代表し、社会で活躍《かつやく》する指導者たちでもある。

寸暇《すんか》を惜《お》しんで、移動の車中で口述で行われることもある詩作。短歌や俳句などの短い詩形に思いを託《たく》すこともある。

「なぜ、これほど多くの詩を詠《よ》むことができるのですか」と問われ、池田先生は答えた。

「特別なことは何もありません。その人を何とか励ましてあげたいと思うからでしょうか」

ただ目の前の人のために――。そのやむにやまれぬ思いのほとばしりが、言葉の奔流《ほんりゅう》となって、詩となり、歌となる。

（創価学会公式サイト「行動する詩人」、ルビ・字下げは編集部による）

池田氏の詩作は、いかに目の前にいる友を励《はげ》ませるかという観点から作られたものだ。広宣流布《こうせんるふ》においても池田氏の詩、歌が重要な役割を果たしている。

池田氏の詩作は、イタリアの都市国家フィレンツェ出身の詩人ダンテ・アリギエーリ（一二六五～一三二一年）の影響《えいきょう》を受けている。

ダンテの作品に初めて接した頃《ころ》について、池田氏はこう回想する。

〈青年時代――私はダンテの詩を、こよなく愛した。詩は、人間精神を限りなくひろげ、ゆたかにするものだ。

「ダンテを知る者は文学の秘鑰《ひやく》（秘密のかぎ）を握る」ともいわれるが、その作品に初めて接したのは、敗戦後まもないころである。当時まだ十代の私は青年同士の読書サークルに参加し、新生日本の行方を模索《もさく》した。ダンテの『神曲』は、そこで取り上げられ、この作品を素材にして、イタリア「ルネサンス」（人間復興）の精神を友人たちと語り合ったものだ。

テキストは、たしか大正時代に警醒社《けいせいしゃ》書店から出版され、名訳との評判が高かった山《やま》川丙三郎《かわへいざぶろう》訳である。難解ではあったが、人生の道を求めていた私は「どうしても解《わか》りたい」との一心から、それこそ毎晩のように読みかえした憶《おぼ》えがある。

（『完本　若き日の読書』〈以下『完本』〉二二三～二二四頁）

生涯の師との出会いとダンテ『神曲』

太平洋戦争により焦土《しょうど》となった東京の地で、池田氏は青年による読書サークルを組織した。その目的は日本の復興と日本人の再生だった。ダンテの『神曲』を通じて、復興と再生の精神を学ぼうとしたのだ。

『神曲』は、中世と近世のハイブリッド性を持ったユニークな作品だ（筆者も、『教養としてのダンテ「神曲」〈地獄篇〉』〔青春新書インテリジェンス、二〇二二年〕で読み解きを試みたことがある）。地獄《じごく》、煉獄《れんごく》、天国というような表象は中世的だが、その表現は近代的で人間の内面心理を描《えが》いている。さらにラテン語ではなくトスカーナ地方の世俗語《せぞく》（この言葉を基《もと》に標準イタリア語が作られた）で書かれていることも、ダンテが近代的な民衆文学を志向していたことを示すものだ。

池田氏は、『神曲』を読んだ頃に戸田城聖《とだじょうせい》創価学会第二代会長と出会ったことを懐《なつ》かしく回想する。

私にとって生涯《しょうがい》の恩師となる戸田城聖先生に出会ったのは、ちょうどそのころ、忘れもしない十九歳のとき──昭和二十二年（一九四七年）八月十四日、二度目の終戦記念日の前日だった。その三日後の十七日、ダンテ『神曲』の翻訳《ほんやく》者・山川丙三郎氏が急逝《きゅうせい》されている。

（『完本』二二四頁）

池田氏は、過去の読書を自《みずか》らの信仰《しんこう》の発展過程と対照させながら考察している。ダンテについても日蓮《にちれん》仏法との文脈で考える。

イタリアの詩聖と仰《あお》がれるダンテ・アリギエリは、花の都フィレンツェ（フローレンス）に生まれた。日本でいえば鎌倉時代の文永《ぶんえい》二年（一二六五年）──日蓮大聖人が伊豆流罪《いずるざい》から故郷安房《あわ》（今の千葉県南部）に戻られたころ──すなわちダンテは、大聖人より四十三年後に生まれた人である。

（『完本』二二四頁）

日蓮大聖人《だいしょうにん》もダンテもほぼ同時期の人で、難を克服《こくふく》することによって、人類史に偉大《いだい》な貢献《こうけん》をしたという共通点がある。

トインビー博士が敬愛した人物

池田氏は、イギリスの歴史学者アーノルド・J・トインビー博士（一八八九〜一九七五年）と対談した際に、同博士が好きな作家としてダンテをあげたことを披瀝《ひれき》する。

そのダンテの生涯と『神曲』について、私は今から二十年近く前に対談したトインビー博士の言葉が忘れられない。談たまたま「好きな作家は誰《だれ》ですか」と私がうかがったところ、博士は真っ先にダンテを挙《あ》げられた。

「ダンテは二つの点で、とても不運な人間でした。一つは愛する人と別れねばならなかった。一つは愛する故郷フィレンツェを不当な理由で追放された。しかしダンテがもしこの二重苦を味わわなかったとしたら、あの『神曲』は決して生まれなかったでしょう。ダンテは、偉大な芸術を生みだすことによって、みずからの私的な不幸を世界の多くの人びとの僥倖《ぎょうこう》へと転換《てんかん》しました。だから私は、ダンテの人格を敬愛してやまないのです」

たしかにダンテは、その生涯において二つの不運を経験した。しかし彼は、みずからの不運と悲哀《ひあい》を発条《ばね》として、不朽《ふきゅう》の名作『神曲』を残すことになったのである。
（『完本』二二五頁）

ダンテを襲った最初の悲劇

池田氏は、ダンテの不運について踏《ふ》み込《こ》んで解説する。

ダンテの生涯における第一の不運とは――永遠の恋人ベアトリーチェとの出会いと別れである。二人の出会いは一二七四年春、フィレンツェの花祭りの日だった。その日、ダンテは父親と一緒に、ある銀行の重役の家に招かれた。その家には、少年ダンテと同じ年ごろの娘で、通称「ビーチェ」と呼ばれる令嬢がいた。初めて見る彼女は、この世の人とも思えないほど清純で美しく、白い服を着て客の接待をしていた。

九年後、ダンテ十八歳のとき、近くのアルノー河の聖トリニタ橋のたもとで、二人の友達にはさまれて歩いてくるビーチェ（ベアトリーチェ）に再会した。彼女は、ダンテを見ると懐《なつ》かしそうに微笑《ほほえ》んだ。ダンテは天にも昇った気分で帰宅すると、すぐに「新生」と題する詩を書いた。

その後もダンテは、しばしば彼女を主題とする詩を書いた。だが二人の恋はプラトニックなものに終わり、ついに結ばれることはなかった。両家が経済的にあまりにもかけ離れていたからである。その後、彼女は銀行家シモーネ・デ・バルディの一族に嫁《か》し、二十四歳の若さで病死してしまった。心の恋人が死んだのを知ったとき、ダンテは精神的に大きな打撃を受けた。その悲哀《ひあい》に打ちかつために、ひたすら哲学書を読み耽《ふけ》ったという。

　そんなとき、悲しみに沈むダンテに同情する女性が現れた。彼女は『新生』第三十五章に描《えが》かれる「窓辺の貴婦人」とされている。恋人を失い、失意の底にいたダンテの姿を見て、慈愛深く同情してくれたという。

（『完本』二二五〜二二七頁）


　当時は、結婚《けっこん》は家と家の間でなされるもので、本人同士の意思で自由に結婚することはできなかった。『神曲』においても、真実の愛を体現した理想的人物としてベアトリーチェが登場する。この失恋《しつれん》は、ダンテの個人的な悲劇だった。

　ダンテは、ベアトリーチェを失った悲しみを克服して、公的世界で政治家として活躍《かつやく》した。一時期はフィレンツェ国家の幹部になる。しかし、そこで政争に巻《ま》き込まれた。

腐敗したカトリック教会との戦い

　ダンテは、こうしてベアトリーチェの死という悲哀から立ち直った。ボローニャ大学に留学し、やがて祖国フィレンツェのために働く政治家となった。彼は富裕な市民に支持された平和愛好の「白党員」となって活躍。

だが皮肉《ひにく》なことに、ダンテ三十歳のとき、彼の妻となったジェンマ・ドナーティの一族は、古い封建《ほうけん》貴族に支えられた「黒党員」である。この黒白両党は以後、骨肉相食《あいは》む血みどろの抗争を繰《く》りかえすことになる。

ダンテは三十五歳のとき、他の四人の政治家とともにフィレンツェの最高責任者である「統領」の一人に選出された。このとき彼が戦ったのは、ローマ教皇《きょうこう》ボニファチオ八世。野心家の教皇はフィレンツェを自己の支配下に置こうと圧力をかけ、さまざまに画策《かくさく》した。聖職者にあるまじき策謀家《さくぼうか》である。剛勇《ごうゆう》の人ダンテは、その矢面《やおもて》に立って教皇の圧力をはねかえそうとする。

（『完本』二二七頁）


『神曲』でダンテは、腐敗《ふはい》したカトリック教会の状況《じょうきょう》を厳しく批判する。『神曲』の地獄篇《へん》では、教皇や枢機卿《すうききょう》（教皇を選出することができる高位聖職者）が地獄で厳しい罰《ばつ》を受けている姿が描かれている。地上では、教皇ボニファチオ（ボニファティウス）八世（一二三五頃～一三〇三年）や黒党が勝利者となったので、死後の世界においてダンテは復讐《ふくしゅう》しているのだ。

しかし、当時の教会権力は絶大だった。腹黒い教皇と結ぶ黒党の勢力が増し、ダンテはやむをえず和解のためローマ教皇《きょうこう》のもとへ向かった。ところがダンテらが旅立った直後、教皇の息がかかったフランス王弟が軍を率《ひき》い、フィレンツェに入城したのである。白党員は総崩《くず》れになり、ダンテ自身もまた欠席裁判で有罪となってしまった。
公金横領、教皇庁への陰謀《いんぼう》、フランス王の弟への妨害《ぼうがい》運動など、ダンテにとっては身に覚えのない罪である。判決は多額の罰金と国外追放、さらには見つけしだい「火あぶり」に処すという厳《きび》しいものだった。財産は没収され、フィレンツェに残された妻子も狙《ねら》われた。ダンテにとって第二の不運である。
（『完本』二二七～二二八頁）

ダンテは、公的地位、財産だけでなく家族も失ってしまった。しかし、腐《くさ》らずに作品を書き続けたのである。

人生の半ばで遭遇した「難」

ダンテは「何もかも失った男」となった。若き日には恋人を失い、今また地位と名声を失い、天涯《てんがい》孤独の身となってしまった。人生半ばの三十七歳にして、何よりも美しき故郷までも失った。彼は以後十九年間、五十六歳でその波瀾《はらん》の生涯《しょうがい》を終えるまで、放浪《ほうろう》の旅を続けざるをえなかった。

われ正路を失ひ、人生の羇《き》旅半《りょなかば》にあたりてとある暗き林のなかにありき
あゝ荒れあらびわけ入りがたきこの林のさま語ることいかに難いかな、恐れを追思

にあらたにし
いたみをあたふること死に劣らじ、されどわがかしこに享《う》けし幸《さいはひ》をあげつらはんため、わがかしこにみし凡ての事を語らん＊1

このように『神曲』地獄篇の冒頭《ぼうとう》に歌われている。人生の旅の半ばにして光なき「暗闇《くらやみ》の森」に迷いこんでしまったダンテ。彼は、そこで出会った師のヴィルジリオ（ローマの詩人ヴェルギリウス）に導かれ、死後の世界ともいうべき彼岸《ひがん》へと旅立っていく。

（『完本』二二八〜二二九頁）

当時、子どもの死亡率は高かったが、成人になればかなりの年まで生きた。旧約聖書の詩編九〇篇一〇節に《私たちのよわいは七十年》（聖書協会共同訳）と記されていることから考えると羈旅《きりょ》半《なかば》（人生の半ば）とは三十五歳《さい》のことだ。中世では三十五歳で人間のさまざまな力は頂点に達すると考えられていた。そのときにダンテは難に遭遇《そうぐう》したのだ。

『神曲』の「神」は何を指すのか

ダンテの『神曲』の原題は「コメディア」すなわち喜劇だ。喜劇というと、現代では「お笑い」を思い浮《う》かべるが、ここで言う喜劇はそういう意味とはかなりニュアンスを異にする。

「コメディア」の反対語が「トラジェディア」すなわち悲劇だ。悲劇は、最後に主人公が不幸になる。対して、喜劇では主人公が最後に幸福になる。人間の幸福を説く物語が喜劇なのである。この点について、池田氏はこのように説明する。

さて『神曲』の題名は本来「コメディア」、すなわち「喜劇」もしくは「喜曲」といったものだった。その構成は第一部「地獄篇」に始まり、第二部は罪を浄化するという意味の「浄火篇」(浄罪篇、煉獄《れんごく》篇とも訳される)、そして第三部は浄《きよ》められた生命のいたる「天堂篇」(天国篇とも)となっている。このように、地底の闇《やみ》から天上へと昇って最後がハッピーエンドで終わるので、ダンテは題名を「喜曲」としたのだという。

(『完本』二二九〜二三〇頁)

中世の人々にとって、最大の幸福は天国に入ることだ。だから『神曲』では、主人公(ダンテ)が地獄から煉獄を経て天国に上昇《じょうしょう》するという物語になっている。池田氏は『神曲』をキリスト教の文脈で狭《せま》く解釈《かいしゃく》すべきでないと主張する。

「神聖なる喜曲」という意味の『神曲』の書名は、後世の人が敬称として付けたもの。ちなみに『神曲』が最初に出版されたのは、ダンテ死後百五十年も経《た》った一四七二年のことだ。なお、ここにいう「神」は、必ずしもキリスト教の「神」のみを指すのではない。

『神曲』を読めば明らかなように、そこにはギリシア・ローマの古典やアラビアの自然科学、インドや砂漠《さばく》の風物など、当時のありとあらゆる知識が盛りこまれている。いわば『神曲』は、一種の百科全書的な長篇叙事詩であるとの見方もなされている。

(『完本』二三〇頁)

この指摘《してき》は正しい。当時の神学的基準からすれば、異端《いたん》とみなされる内容、忌避《きひ》されるべき異教の伝統もダンテは大胆《だいたん》に取り入れている。人間的観点から、重要と思うことについては、権威《けんい》や因習にとらわれずダンテは採用している。ここにダンテの人間主義が表れている。

民衆の不幸を熟知していたダンテ

『神曲』でダンテが意図した事柄《ことがら》について池田氏はこう考える。

ダンテが長篇詩『神曲』で意図《いと》したものは何か。彼は、ある書簡《しょかん》(カン・グランデ・デルラ・スカーラに宛《あ》てたもの)のなかで、その目的を次のように書いている。

「この世に生きている人々を、みじめな状態から幸福な状態に導こうとするのであります」[*2]と。また「喜曲ははじめ悲惨《ひさん》な状態ではじまりますが幸福な終局で終ります。私の作品も地獄ではじまり天堂で終る(大意)」[*3]という。文体も勿体《もったい》ぶらず、婦女子も用いる俗語で書かれているから「喜曲」と命名するに相応《ふさわ》しいとも書いている。
悩める人を、いかにして幸福へと導くか。中世暗黒の地獄の苦しみにある民衆を、いかにして幸福の天上へと誘《いざな》うか。——ここにダンテの透徹《とうてつ》した視点があり、後世まで人びとの心を魅了《みりょう》した秘密があるといえよう。
（『完本』二三〇～二三一頁）

ダンテは、戦乱の時代に生き、政争と戦争に巻き込まれるなかで生涯《しょうがい》を送った。戦争に巻き込まれた民衆の不幸をダンテは熟知していた。

人々を幸福にすることは、観念の上での天国を紹介《しょうかい》することではない。天国を現実の世界に作り出すことが重要である。ダンテにとっても平和は重要な価値だった。戦争が地獄と類比的関係にあるとすれば、平和は天国に対応するからだ。

池田氏はダンテの精神を二十一世紀に継承《けいしょう》している。その表れの一つが、二〇二三年五月十九～二十一日に広島市で開催《かいさい》されたG7サミット（主要七カ国首脳会議）に向けて、池田氏が四月二十七日にSGI（創価学会インタナショナル）会長名で発表した「危機を打開《だかい》する〝希望への処方《しょほう》箋《せん》〟を」と題する提言だ。

池田氏は二月の国連総会におけるウクライナ問題に関する決議を重視する。

具体的な項目《こうもく》の一つとして、「重要インフラに対する攻撃《こうげき》や、住宅、学校、病院を含《ふく》む民間施設《しせつ》への意図的《いとてき》な攻撃の即時《そくじ》停止」が盛《も》り込《こ》まれましたが、何よりもまず、この項目を実現させることが、市民への被害拡大《ひがいかくだい》を防《ふせ》ぐために不可欠《ふかけつ》です。その上で、「戦闘《せんとう》の全面停止」に向けた協議《きょうぎ》の場を設《もう》けるべきであり、関係国の協力を得《え》ながら一連の交渉《こうしょう》を進める際《さい》には、人々の生命と未来を守り育《はぐく》む病院や学校で働《はたら》く医師や教育者などの市民社会の代表を、オブザーバーとして加《くわ》えることを提唱したい。

（「聖教新聞」二〇二三年四月二十七日付三面）

生命尊重という共通の価値観を軸に

ロシアもウクライナも相手国の電力インフラ、住宅、学校、病院などを攻撃《こうげき》し、非戦闘《せんとう》員に死傷者が発生している。人道的観点から直ちにこのような攻撃を停止させる必要がある。

現時点（本稿執筆当時）では、ロシアもウクライナも協議に応じないであろうが、いずれかの時点で戦闘が膠着《こうちゃく》状態になる。そのときに備えて停戦に向けたメカニズムについて今から考えておく必要がある。

この関連で池田氏は、同年三月二十一日の中ロ共同声明に着目する。

3月に行われたロシアと中国の首脳《しゅのう》会談の共同声明でも、「緊張《きんちょう》や戦闘の長期化につながる一切《いっさい》の行動をやめ、危機が悪化《あっか》し、さらには制御不能《せいぎょふのう》になることを回避《かいひ》する」との呼《よ》びかけがなされていました。

この認識《にんしき》は国連の決議とも重《かさ》なる面があり、広島サミットでは、民間施設への攻撃の即時停止とともに、〝希望への処方箋《しょほうせん》〟として、停戦に向けた交渉の具体的な設置案を提《てい》示《じ》することを求めたいのです。
（前掲「聖教新聞」）

池田氏は、西側諸国と中ロ両国の間でも人間の生命を尊重するという共通の価値観に基づいて平和が実現できるという希望を捨てていない。すべての人には仏性《ぶっしょう》（衆生《しゅじょう》が仏になることができる原因）が備わっているという仏教の根本原理を現実の世界に実現しようとしたのだ。

闇が深ければ深いほど暁は近い

さらに二〇二二年十一月、インドネシアのバリで行われたG20サミット（主要二〇カ国・地域首脳会議）首脳宣言で「今日の時代は戦争の時代であってはならない」と明記されたことを踏《ふ》まえ、池田氏はこう強調する。

その上で、G7の首脳が被爆《ひばく》の実相《じっそう》と核時代の教訓《きょうくん》を見つめ直す機会を通《つう》じて、「核兵器の使用又はその威嚇は許されない」との認識を政策転換《てんかん》につなげるために、「核兵器の先制不使用」の誓約について真摯《しんし》に討議《とうぎ》するよう呼びかけたい。
（前掲「聖教新聞」）

池田氏は核兵器《かくへいき》の先制不使用を核保有国《かくほゆう》が約束することが焦眉《しょうび》の課題と考えている。現下の国際情勢は緊迫《きんぱく》していて、ロシア・ウクライナ戦争が第三次世界大戦に発展する危険がある。こういう状況だからこそ「希望への処方箋」が重要と池田氏は説く。

〝闇《やみ》が深ければ深いほど暁《あかつき》は近い〟との言葉がありますが、冷戦の終結は、不屈《ふくつ》の精神に立った人間の連帯がどれほどの力を生み出すかを示したものだったと言えましょう。「新冷戦」という言葉さえ叫《さけ》ばれる現在、広島でのG7サミットで〝希望への処方箋〟を生み出す建設的な議論《ぎろん》が行われることを切《せつ》に願うとともに、今再《いまふたた》び、民衆の力で「歴史のコース」を変え、「核兵器のない世界」、そして「戦争のない世界」への道を切り開くことを、私は強く呼びかけたいのです。

(前掲「聖教新聞」)

今こそ必要な世界宗教の価値観

ダンテが『神曲』で説いた地獄から天国への道筋を、ロシア・ウクライナ戦争と核軍拡《かくぐんかく》競争の再発という二十一世紀の現状を踏まえ、《希望への処方箋》という形で示せと訴《うった》えているのだ。

ウクライナに平和をもたらすためには国家の枠組《わくぐ》みを超《こ》えた世界宗教の価値観が重要になる。公明党は創価学会を支持母体とする。創価学会は人類益を考えながら行動する団体だ。公明党は創価学会と価値観を共有する。ただし、日本の政党なので、人類的価値観を踏まえつつ日本で生活する大衆（日本国籍《こくせき》を持つ者に限らない）と日本国家の利益も考慮《こうりょ》しながら活動する。公明党にとっても平和という価値観は絶対的重要性を持つ。

筆者はこの原稿《げんこう》をG7広島サミット前の二〇二三年五月十五日に書いた。当時、自民党の一部に殺傷能力を持つ兵器をウクライナに送ろうとする動きがあったようだが、公明党は慎重《しんちょう》だった。最終的に公明党の立場が政府に影響を与《あた》え、日本がウクライナに殺傷能力を持つ兵器を送ることにはならなかった。むしろ日本はG7で唯一《ゆいいつ》、殺傷兵器をウクライナに供与《きょうよ》していないという事実が将来のウクライナ停戦交渉《こうしょう》において日本が仲介国《ちゅうかいこく》となるための重要な要因となる。この可能性を活《い》かした方が日本の国益に貢献すると思う。

いずれにせよ池田氏のこの提言がG7広島サミットを含《ふく》む日本外交に与えた影響は大きい。池田氏の価値観の源泉を理解する上でも『完本　若き日の読書』を精読することには大きな意味があると筆者は考える。

教皇すら恐れなかったダンテ

それでは話を『神曲』に戻《もど》す。

ところで『神曲』地獄篇には、大きく九つの地獄が描《えが》かれている。それぞれ「肉欲者」「浪《ろう》費者《ひ》」「憤怒者《ふんぬ》」「暴力者」「汚職者《おしょく》」「反逆者《はんぎゃく》」などが地獄に堕《お》ちて苦しむ姿が、きわめてリアルに表現される。その生々しい描写《びょうしゃ》は、洋の東西を問わず読者に激《はげ》しい衝撃を与えたほどである。

ダンテは、地上の最高権威《けんい》とされたローマ教皇《きょうこう》すら恐れなかった。聖職者であっても、酒飲みで美食に耽《ふけ》り、あるいは陰険な策謀《さくぼう》をめぐらしたりする教皇を、ダンテは「人間正義」の立場から容赦《ようしゃ》なく断罪した。永遠の高みから見るならば、現世の地位や肩書など幻《まぼろし》にすぎず、死後にはしかるべき報《むく》いがあることを示したのである。ために『神曲』のなかでは、教皇《きょうこう》をも地獄に堕《お》とし、敵味方を問わず公正に死後の「居場所」を定めた。

（『完本』二三一～二三二頁）

ダンテが活躍した十三世紀末から十四世紀初頭において、カトリック教会、特にその最高責任者である教皇の堕落《だらく》は著《いちじる》しかった。

キリスト教の世界では、イングランドのジョン・ウィクリフ（一三二〇頃～八四年）やボヘミア（チェコ）のヤン・フス（一三六九頃～一四一五年）らが、教皇や高位聖職者の腐敗を批判する一〇〇年以上前から、世俗的《せぞくてき》立場から教皇を批判していたのである。

キリスト教でも仏教でも宗教指導者が増上慢《ぞうじょうまん》に取り憑《つ》かれることがある。教団の権威ではなく、当該《とうがい》宗教の正しい信仰に従って、正しい事柄には正しい、間違《まちが》った事柄には間違っていると指摘することの重要性を、池田氏は『神曲』を通じても理解している。池田氏には宗教改革者としての視点が備わっている。

公明党の決断の真意はどこにあるか

ここまで、宗教（中世カトリック教会）の世界における増上慢について説明した。増上慢は政治の世界においても見られる。今回はそのことについて記したい。

二〇二三年当時、自民党と公明党の東京での選挙協力関係に深刻な問題が生じていた。同年五月二十五日、公明党は常任役員会で、次期衆院選の東京28区（練馬区東部）での候補者擁立《ようりつ》を断念し、都内の自民党候補に推薦《すいせん》を出さないことを正式決定し、自民党に伝えた。本件に関する新聞報道のほとんどは自民党側の見解を中心に紹介していたので、なぜ公明党がこのような決断に至ったかがわからない。政治記者たちは、この報道に接しても、選挙区調整で公明党がおれて、五月三十日の自公幹事長の再協議では円満解決に至るという見方をしていたが、筆者はそれはないと考えていた。

事実、公明党は三十日の再協議でも当初方針を貫《つらぬ》いた。公明党は不退転の決意で東京における選挙協力解消を伝えたのだ。その理由についても石井啓一《いしいけいいち》幹事長（当時）はきちんと説明している。

自民の対応、大変心外／誠実な協議と言えず

石井幹事長が25日、党会合などで説明した、次期衆院選小選挙区の候補者を巡《めぐ》る自公間の交渉《こうしょう》の経緯《けいい》は大要、次の通り。

一、公明党は、衆院小選挙区の「10増10減」に伴《ともな》い、新たに選挙区が増える地域での積

極的な擁立《ようりつ》をめざし、東京、埼玉、千葉、愛知に絞《しぼ》って、自民党と交渉を重ねてきた。
一、（東京29区について）まず公明党現職がいる旧東京12区が割れたため、公明党はそのうちの東京29区での擁立を選択《せんたく》した。自民党との協議を丁寧《ていねい》に進めるべきとの判断から、事前に自民党の茂木《もてぎ》幹事長らに伝え、了解《りょうかい》を得た上で、1月25日に公認《こうにん》を発表した。その際、自民党からは「地元の反発があっても、しっかり説得していく」と話があった。
一、しかし、5月の連休明けに公明党の予定候補者が自民党都連幹事長にあいさつしたところ、「今回の公明党のやり方は強引《ごういん》だ」「自民党の現場は応援《おうえん》しない」「自民党の公認がなくても出馬したい人がいる。その人を応援する」と発言があった。とんでもないことだ。今月23日になっても自民党から「強い反発が残る」と伝えられ、いまだに調整がついていないのが実態だ。
一、（東京28区について）千葉5区の補欠選挙で与党《よとう》として勝利するため、自民党から千葉での擁立を諦《あきら》めるよう強く求められた。これを受け「東京でもう一つの選挙区での擁立」ということで交渉を進めてきた。自民党は5月までに結論を出す方針だった。
一、西田選対委員長も自民党の候補者がいないことを確認《かくにん》し、東京28区での公明党の擁立を「自民党本部としても最大限努力する」との話もあった。しかし、23日には自民党から「東京都連として既《すで》に候補者を決定していることもあり、党本部が地元を説得して全面的に協力することが困難」と伝えられた。初耳だ。
一、代替案《だいたいあん》として、自民党の支部長が決定していない東京12区、東京15区での擁立が示されたが、公明党は、両選挙区での擁立を求めたことはない。また、両選挙区ともすでに自民党の現職がいることから対象としていない。状況《じょうきょう》も異なり、受け入れることはできない。
一、半年近くにわたる交渉だったが、残念ながら、誠実な協議とは言えないことがあった。事ここに至って、自民党から応援できないと言われたことは大変心外だ。
（「公明新聞」二〇二三年五月二十六日付一面、ルビは編集部による）

政治の世界における増上慢

当時、自公の関係がここまで崩《くず》れてしまった原因はどこにあったのだろうか。筆者は権力の魔《ま》性《しょう》にはらわたを食われた一部自民党政治家の増上慢にあると考えている。東京29区の岡本三成《おかもとみつなり》衆議院議員に対して「公明党のやり方は強引《ごういん》だ」「自民党の現場は応援《おうえん》しない」「自民党の公認《こうにん》がなくても出馬したい人がいる。その人を応援する」との無礼な発言をした当時の自民党東京都連幹事長髙島直樹《たかしまなおき》氏（元都議会議員）の事例は氷山の一角に過ぎないと筆者は見ている。

最近の自民党の国会議員は、若手のみならず中堅《ちゅうけん》でも自分の後援会《こうえんかい》をきちんと作らない。選挙になれば、公明党の支持母体である創価学会が、動くのが当たり前だと思っている自民党の国会議員があまりに多い。政策的にも、公明党の平和主義や福祉《ふくし》政策を真面目に学ぼうとしない。公明党員、さらに同党の支持母体である創価学会員からすれば、東京の自民党国会議員の態度は傲慢《ごうまん》なのである。「権力を持っているのはわれわれだから、ブツブツ言っても最終的に公明党は俺《おれ》たちについてくるしかない」という一部の国会議員の認識《にんしき》を改めさせるためには、選挙協力の解消まで踏み込む必要があると公明党と創価学会が腹を括《くく》ったのだ。

政治における増上慢は悪だ。悪を放置しておくことは創価学会の基本的価値観に反する。また創価学会と基本的価値観を共有する公明党もこのような事態を看過することはできない。次期衆議院議員選挙における東京29区は、政治だけでなく創価学会の価値観が問われる重要な戦いの主戦場になる。筆者は公明党員でも創価学会員でもないが、岡本三成氏のような、生命を尊重し、人間主義の価値観を持った人に国政で活躍し続けてほしいと考える（追記　岡本氏は見事に当選した。自公の選挙協力も成立した。公明党の道理を自民党が認めたのだ）。

われわれが池田氏の『若き日の読書』を読んで学ぶことの一つが、悪と戦うことだ。政治における増上慢との戦いにおいても池田氏は正しい指針を示してくれる。

信仰に裏付けられた楽観主義

それでは話をダンテ『神曲』に戻す。増上慢に陥《おちい》った教会指導者が、死後、どのようになったかをダンテは次のように描く。

> 軽い罪から重い罪へ、ダンテは師とともに地獄の下方へ進む。愛欲や浪費《ろうひ》など不節制

の罪、自分に対する暴力(自殺)の罪、汚職《おしょく》や金儲《かねもう》け目当ての聖職者の罪など具体的に名を挙《あ》げて断罪する。なかでも恩ある主人に反逆《はんぎゃく》した罪は重く、彼らは地獄の最低の場所で、極寒《ごっかん》の氷の中に永遠に閉《と》じこめられ、魔王に食べられ続けていた。

この世では正義の人が罪に陥《おちい》り、なぜ悪人が栄えるのか。その迷いを晴らすためダンテは『神曲』の完成に精魂を傾《かたむ》けた。「書くこと、語ること、そして歌うこと」――それは、ダンテにとって全生命を賭《か》けた戦いでもあった。彼は亡命の悲哀《ひあい》の最中、死の直前に執念《しゅうねん》の書『神曲』を完成させる。

ミネルヴァの木葉《このは》に巻かれし面帕《かほおほひ》その首《かうべ》より垂るゝがゆゑに、我さだかに彼を見るをえざりしかど
凜々《りゝ》しく、気色《けしき》なほもおごそかに、あたかも語りつゝいと熱《あつ》き言《ことば》をばしばし控《ひか》ふる人の如《ごと》く、彼続いていひけるは
よく我を視《み》よ、げに我は我はげにベアトリーチェなり、汝如何《なんじいかに》してこの山に近づくことをえしや汝は人が福《さいはひ》をこゝに受くるを知らざりしや。*4

『神曲』浄火篇の第三十曲――地上の楽園の花の雲の中から天使ベアトリーチェが現れ、十数年ぶりに再会したダンテに語りかける条《くだり》である。『神曲』はイタリア語で書かれた、もっとも美しい叙事詩だといわれるが、このあたり私も若き日に愛誦《あいしょう》した一節であった。

（『完本』二三二～二三三頁）

この世においては、正義が敗れ、悪が勝利することがある。しかし、それは一時的現象に過ぎない。信仰を持つ者は、自らが対峙《たいじ》する悪がいかに強力なものであっても、それは正義によって必ず打ち破られるという楽観主義を持っている。池田氏は、ダンテの『神曲』のテキストに信仰に裏付けられた楽観主義を見出《みいだ》したのである。

作者自身が予告しているように、このあと第三部「天堂篇」では、彼が九歳のときからずっと心の恋人としてきたベアトリーチェの魂《たましい》に導かれ、至高《しこう》の天へと昇っていく様子が描《えが》かれる。いかにもハッピーエンドで終わるところに救いがある。おそらくダンテは、人間復興への愛と正義の讃歌《さんか》を書こうとしたに相違ない。

（『完本』二三三～二三四頁）

ダンテが描いた人間復興への愛と正義の讃歌を池田氏は二十～二十一世紀のこの地球において発展させているのだ。創価学会は日本で生まれた世界宗教であるが、そこには池田氏を通じ『神曲』をはじめとする西洋文化の伝統も包摂《ほうせつ》されているのである。

暗黒時代からルネサンスへ

ダンテの生きた十三世紀末から十四世紀にかけて、フィレンツェでは市民が教養としての学問や芸術を修道僧から取り戻し、自分たち独自のものを創造しはじめた。とくに詩人たちは、権威《けんい》主義的な教会の改革運動に熱心だった。これがのちにイタリア全土での「人文主義」(ヒューマニズム)によるルネサンスへと発展していった。

それフィオレンツァはその昔の城壁――今もかしこより第三時と第九時との鐘聞ゆ
――の内にて平和を保ち、かつ節《ひか》へかつ慎《つつし》めり
かしこに索《くさり》も冠もなく、飾れる沓《くつ》を穿《は》く女も、締むる人よりなほ目立つべき帯もなかりき
まだその頃《ころ》は女子《によし》生るとも父の恐れとならざりき、その婚《とき》期その聘礼《おくりもの》いづれも度《のり》を超《こ》えざりければなり*5

『神曲』天堂篇の第十五曲で、ダンテは故郷フィレンツェの平和な風俗を歌っている。その美しくも平和なフィレンツェの街を、私は一九八一年六月に訪《おとず》れた。そのときダンテの生家を訪問し、かの偉大なる生涯《しょうがい》を偲《しの》んだものである。

思えば——緑なすフィレンツェの天地は、私にとって青年時代からの憧《あこが》れの地だった。その地は「神」に縛《しば》られた中世の暗黒時代から、光輝《ひかりかがや》く人間復興のルネサンスへの波をつくった震源地であったからである。
(『完本』二三四〜二三五頁)

軍部政府により日本も暗黒時代を経験した。創価(教育)学会の牧口常三郎《つねさぶろう》初代会長、戸田城聖第二代会長は文字通り生命を賭《と》して軍部政府による宗教弾圧《だんあつ》と戦った。その過程で牧口初代会長は殉教《じゅんきょう》した。戸田第二代会長は、戦後、一人で創価学会の再建に努力した。池田第三代会長は創価学会を飛躍的《ひやくてき》に拡大するとともに、質的にも世界宗教への発展を成し遂《な》げ《と》た。その過程で宗門との訣別《けつべつ》が必然になった。創価学会三代会長の歩み自体が暗黒時代から人間復興へのルネサンスを人格的に体現しているのである。

フランス語で「再生」を意味する「ルネサンス」は、イタリアで生まれたものである。その淵源《えんげん》を遡《さかのぼ》れば、イタリア語で「再生」を意味する「リナッシタ」に由来《ゆらい》するという。すでにダンテの『新生』や『神曲』にも現れていた語である。しかも彼は、イタリアでも最初の人文主義者といわれる。いわばダンテは、名実ともにルネサンスの「生みの親」ともいうべき詩人であった。

ダンテの時代、書物は主としてラテン語で書かれた。教会や学問の世界でもラテン語が用いられた時代である。むろん庶民《しょみん》は、イタリア各地の俗語で話したが、それも無数の方言《ほうげん》に分かれ、統一した形はなかった。

そうしたなかでダンテは、あえて当時の俗語である「トスカナ語」(今のイタリア語)で『神曲』など多くの著作を記《しる》した。より広く、より大勢の民衆に理解できるように願ってのことであろう。いわゆる「象牙《ぞうげ》の塔」に閉《と》じこもるのではなく、彼は「権威《けんい》の世界」よりも「庶民の人間性」を愛した。

(『完本』二三五〜二三六頁)

戦うヒューマニズムの人

池田氏は、『神曲』が世界文学となった背景に《庶民の人間性》が主流となる時代への転換《てんかん》があると考えた。


祖国の政治的統一をも願っていたダンテ。その統一が果たされた十九世紀(イタリアが統一されたのは一八七〇年のこと)に、ある思想家は「ダンテが蒔《ま》いた種子は実った」「イタリアの各都市は彼の彫像を建つべきである」[*6]と叫《さけ》んだという。はたして今、イタリア各地の都市には「ダンテ通り」があり、また主要都市には彼の銅像がある。

ともあれダンテは、私にとって忘れられない詩人である。青春時代に出あった一書は、生涯《しょうがい》にわたって胸に深く刻《きざ》まれゆくものだ。とくに『神曲』を繰《く》りかえし読んだ私にとって、ダンテは今なお親しい詩人である。

(『完本』二三六〜二三七頁)

ダンテは戦うヒューマニズムの人だった。ダンテの思想は、宗教的、政治的増上慢とわれわれが戦う際も指針を示してくれる。

＊1～5　ダンテ〈山川丙三郎訳〉『神曲』上・中・下（岩波文庫、一九五二年～一九五八年）。上巻一三頁（＊1）、中巻一九〇頁（＊4）、下巻一〇〇～一〇一頁（＊5）、三九七頁（＊2）、四〇一頁（＊3）。漢字は新字体に改められている。

＊6　マッツィーニ〈大類伸訳〉『人間義務論　他二篇』（岩波文庫、一九五二年）八六頁。漢字は新字体に改められている。

第8章　真の思想は祖国を超える
――ペスタロッチ『隠者の夕暮・シュタンツだより』

腎移植を終えて

筆者は、二〇二三年六月二十七日に東京女子医科大学附属《ふぞく》病院（以下、女子医大）で腎臓移植《じんぞういしょく》手術を受けた。手術は成功した。腎移植には、健康な親族または配偶者《はいぐうしゃ》が腎臓を提供する生体腎移植と、脳死または心肺停止後の他人からの献腎《けんじん》移植がある。筆者の場合は生体腎移植でドナーは妻だ。術後の妻の状態も良好だ。

女子医大の優《すぐ》れた医療《いりょう》チームが同伴《どうはん》してくれなければ、ここまで辿《たど》り着くことはできなかったと思う。二〇一九年十一月頃《ごろ》から急速に腎機能《きのう》が低下し始めた。原因は過食と不摂生《ふせっせい》な生活なので、自己責任だと思った。

当初は、腎移植について、まったく考えていなかった。しかし、妻が筆者に内緒《ないしょ》で主治医（女子医大腎臓内科）の片岡浩史《かたおかひろし》先生と連絡《れんらく》を取り、自《みずか》らの生体腎を提供したいという話をした（この経《けい》緯《い》については筆者と女子医大の腎臓内科医・片岡浩史先生との共著『教養としての病』〈集英社インターナショナル新書、二〇二三年〉に詳《くわ》しく記したので、興味のある読者は手に取っていただきたい）。

女子医大は腎移植において圧倒的《あっとうてき》優位を維持《いじ》している。二〇二一年度の腎移植実績は、日本全体で一七七三（生体腎一六四八、献腎一二五）であるが、そのうち女子医大の泌尿器科《ひにょうきか》が一四五（生体腎一三九、献腎六）、腎臓小児科《しょうにか》四（生体腎三、献腎一）を実施《じっし》した。

これまでの当院で行われた生体腎移植《じんいしょく》における5年生着率《せいちゃくりつ》は約90％です。つまりわれわれの施設《しせつ》で腎移植した１００人のうち90人の腎臓《じんぞう》が5年以上働いていることになります。

さらに、最近10年間に移植を受けた方に限れば、5年生着率は95％以上とはるかによい値になっています。

（東京女子医科大学附属病院公式サイト、ルビは編集部による）

筆者の執刀《しっとう》にあたったのは泌尿器科移植管理科の石田英樹《いしだひでき》教授をトップとする九人の医師（阪野《ばんの》太郎《たろう》先生、清水朋一《しみずともかず》先生、木島佑《きじまゆう》先生、平井敏仁《ひらいとしひと》先生、中山貴之《なかやまたかゆき》先生、松下純《まつしたじゅん》先生、立木彩音《たちきあやね》先生、菊地《きくち》萌衣《めい》先生）、三人の看護師（佐々木恵美氏、加藤紫氏、知念香菜氏）のチームだった。

石田先生は三十年以上、腎移植に従事しているこの道での第一人者だ。事前に手術のリスクを含《ふく》め、詳しい説明があった。その説明も形式的に文章を読むのではなく、筆者とのコミュニケーションを重視するというスタイルで、とても満足した。

手術中に見た情景

腎移植手術は全身麻酔《ますい》で行われる。二〇二二年三月十日に前立腺全摘《ぜんりつせんぜんてき》手術をしたときに続いて二回目だ。前回は麻酔のガスを吸った瞬間《しゅんかん》にブラックアウト（意識を失うこと）して、手術の間の記憶《きおく》はまったくない。今回は違《ちが》う。数回深呼吸して、手術室の時計が午前九時二十二分を指すところまでは明確に記憶がある。その後、「佐藤《さとう》さん、終わりましたよ」と声をかけられたので目を覚ますと、時計は午後三時七分を指していた。

その間、筆者は別の世界を旅していた。過去の人生であったすべての出来事の記憶が解凍《かいとう》されて甦《よみがえ》ってきた。幼稚園《ようちえん》の頃、両親と妹と家の側《そば》の見沼代用水西縁《みぬまだいようすいにしべり》（埼玉県さいたま市）に遊びに行ったこと、同志社《どうししゃ》大学神学部でのゼミや学生運動の記憶、モスクワでエリツィン（一九三一～二〇〇七年）側近のブルブリス元国務長官（一九四五～二〇二二年）と秘密の話をしたときの情景が浮《う》かんできた。浮かんできた登場人物が話し始めるのである。その内容がいずれもはっきり記憶に残っている。

さらに宗教的にも不思議なことがあった。キリスト教の「主の祈《いの》り」が聞こえてきた。

天にまします我らの父よ。
ねがわくは御名〔みな〕をあがめさせたまえ。

御国〔みくに〕を来たらせたまえ。
みこころの天になるごとく、
地にもなさせたまえ。
我らの日用の糧〔かて〕を、今日〔きょう〕も与えたまえ。
我らに罪をおかす者を、我らがゆるすごとく、
我らの罪をもゆるしたまえ。
我らをこころみにあわせず、
悪より救い出〔いだ〕したまえ。
国と力と栄えとは、
限りなくなんじのものなればなり。
アーメン

筆者はプロテスタントのキリスト教徒だから、大きな手術のときに「主の祈り」が聞こえてくるのは想定内だ。ただし、その直後に実に不思議なことがあった。

「南無妙法蓮華経《なんみょうほうれんげきょう》」

「南無妙法蓮華経」

「南無妙法蓮華経」

という題目がゆっくりした声で三度聞こえてきた。男性の低い声だ。筆者の手術中、多くの創価《そうか》

学会員《がっかいいん》が題目を送ってくださった。その誠意が筆者の心に感応《かんのう》したのだと思う。

題目が聞こえてきた後、知り合いの創価学会の人たちがたくさん出てきた。大阪の女性部の方から「佐藤さん、あんたは今世はキリスト教徒でいいよ。いずれ私たちの仲間になるのはわかっているんだから」と言われたことを思い出した。筆者はその女性部の方に「私はキリスト教から改宗することはないと思います。私は他宗の信者ですが、創価学会の価値観、生命観、人間主義は正しいと考えています。創価学会の広宣流布《こうせんるふ》、世界広宣流布を妨害《ぼうがい》する勢力とは私は戦います。それに私は池田大作《いけだだいさく》創価学会第三代会長を心の底から尊敬しています。だから朝日新聞出版から『池田大作研究』を上梓《じょうし》したのです」などと詳しく説明している。

手術後は一晩（二十七日午後三時半から二十八日午前十時まで）、ＩＣＵ（集中治療室《ちりょうしつ》）で過ごした。そこでは三人の看護師（梶里美氏、山元和香氏、平菜々海氏）にお世話になった。手術後の不安な心理を抱《かか》えている患者《かんじゃ》をＩＣＵの看護師たちが見事にケアしてくれる。

今回は、術後の痛みがまったくなかった。麻酔医《ますいい》の菊地先生の見事なケアのおかげだ。と同時に、痛みがないようにと同志社大学神学部の友人たちと創価学会の友人たちが祈ってくれたことが、大きな効果をあげたと考えている。

筆者はプロテスタントのキリスト教徒なので、命は神から預かったものであると考える。腎移植手術が成功し、筆者の寿命《じゅみょう》が延びたのも、この世でやるべき使命がまだあるからと受け止めている。やりたいことはいくつもあるので、少し時間をかけて整理したい。

驚《おどろ》いたのは、手術後二日目に、体感が透析《とうせき》を導入する三年前に戻《もど》ったことだ。筆者の生命力を創価学会の友人たちが強めてくれたと思う。この恩義に報《むく》いることも筆者にとって重要な課題だ。その思いから、現在、日蓮大聖人《にちれんだいしょうにん》の「報恩抄《ほうおんしょう》」を勉強している。

ペスタロッチの強い使命感

本章では、池田大作『完本　若き日の読書』に収録された「教育に賭《か》ける情熱　ペスタロッチ『隠者《いんじゃ》の夕暮・シュタンツだより』」を扱《あつか》う。ペスタロッチ（一七四六〜一八二七）は使命感を強く持っていたので、腎臓移植によって筆者が新たな人生を歩む際の使命感について考えてみたいと思うからだ。

池田氏は、ペスタロッチの特徴《とくちょう》についてこう記す。

> つねに貧民とともに生き、孤児とともに泣き、そして生涯《しょうがい》、弱者の味方となって人類に奉仕した教育者――ペスタロッチの碑《ひ》は、アルプスの山々に抱《いだ》かれた平和な国スイスに立つ。その塑像《そぞう》の台下に刻《きざ》まれた銘文には、このように記《しる》されている。
>
> ハインリヒ・ペスタロッチーここに眠る。
> 一七四六年一月十二日チューリヒに生まれ、
> 一八二七年二月十七日ブルックに歿す。

ノイホーフにおいては貧しき者の救助者。
『リーンハルトとゲルトルート』の中では人民に説き教えし人。
シュタンツにおいては孤児の父。
ブルクドルフとミュンヒェンブーフゼーとにおいては国民学校の創設者。
イヴェルドンにおいては人類の教育者。
人間！　キリスト者！　市民！
すべてを他人のためにし、
己《おの》れには何ものも。
恵みあれ彼が名に！[*1]

（『完本　若き日の読書』〈以下『完本』〉一〇〇～一〇一頁）

ペスタロッチは、農業、社会福祉《ふくし》、教育などさまざまな分野で活躍《かつやく》した。ペスタロッチの本を読むと、どの作品も強い使命感によって書かれていることがわかる。若き日の池田氏もペスタロッチに惹《ひ》かれた。

少年少女に希望を与えた『少年日本』

今は懐《なつ》かしい少年雑誌――『少年日本』の昭和二十四年十月号をあけてみると、そこに

「大教育家ペスタロッチ」と題した一文がある。最初に右の碑銘《ひめい》を掲《かか》げ、未来からの使者である少年読者に対して、この偉人の苦闘の生涯を簡潔《かんけつ》に、わずか十枚にも満たない枚数で紹介した筆者は、山本伸一郎とある。（『完本』一〇一頁）

山本伸一郎《やまもとしんいちろう》とは、池田氏のペンネームだ。太平洋戦争後の混乱期に、池田氏は少年雑誌でペスタロッチについて伝えることで、日本の未来を担《にな》う少年、少女に希望を与《あた》えようとしたのだ。池田氏の教育者としての優れた姿勢がこのエピソードにも表れている。

池田氏は、ペンネームの由来について説明する。

この筆者名《ペンネーム》が、二十一歳のときの私のものであることを説明するまえに、若干の経緯《けいい》を記《しる》しておかなければなるまい。

当時、私は戸田先生の経営する日本正学館という小さな出版社に勤めていた。入社して半年も経《た》たないうちに、まだ『冒険少年』と称していた雑誌の編集を、まかされることになってしまった。

前にも書いたように、雑誌の編集者となるのは、私の少年時代からの夢であった。その夢を図らずも実現してくれた戸田先生のもとで、私は思う存分《ぞんぶん》に働き、日本一の少年雑誌をつくろうと決意したのである。

しかし戦後の出版界は、このころから大手資本による雑誌が続々と復刊し、新興の雑誌群はたちまち押され気味となった。敗戦直後の一時期を画《かく》した新生の雑誌も、次々と廃刊を余儀《よぎ》なくされ、消えている。

戸田先生の出版社も、そうした時代の波をもろにかぶって、悪戦苦闘の真っ最中であった。私が担当した『冒険少年』も、誌名さえほとんど知られていなかった。「冒険……」という名前がどうしても限定的になってしまうことも考慮し、親しみやすく、明るい名前をという観点から検討された結果、十月号からは『少年日本』と改題されたのである。

表紙には「面白く為《ため》になる」「大躍進号」などと刷り込まれ、起死回生の意気込みが窺《うかが》われる。だが、予定していた作家の原稿が締め切りに間に合わないときには、編集者の私自身が筆をとることも多くなっていた。

（『完本』一〇二～一〇三頁）

池田氏は編集者として優れた才能を持っていたが、それにとどまらず必要に迫《せま》られて作家としての活動もしたのだ。書くことが自らの使命であると池田氏が考えたからだ。

手術後の異変と幸運

筆者は二〇二三年六月二十七日に生体腎移植をし（ドナーは妻、全身麻酔での手術時間は六時間）、成功した。手術中にキリスト教の「主の祈り」に続いて「南無妙法蓮華経」という題目が、ゆっくりした低い男性の声で三度聞こえてきた。筆者の手術中、多くの創価学会員が題目を送ってくださった。その誠意が筆者の心に感応したのだと思うという話までは、前述の通りである。

その後、ちょっとした異変があったので読者に報告したい。七月三日にCT（コンピューター断層撮影《さつえい》）検査をしたところ、手術で腹膜《ふくまく》と縫合《ほうごう》した部分が破れていることが判明した。主治医によると、肥満や透析で尿毒素が溜《た》まっている人の腹膜は弱く、また正常な腹膜でも縫合部がくしゃみや咳《せき》、あるいは便通時に力を入れた際に破れることがあるので、原因は特定できないということだった。

その時点での切れ目は短かったが、身体を動かすうちに半年、一年経《た》つと十数センチの縫合部がすべて切れ、ときどき小腸が飛び出すヘルニアになる可能性がある（ならない可能性もある）ということだった。ヘルニア自体は命や健康に影響《えいきょう》を与えないので、放置しておくのが通常の対応だが、見た目が気になる場合、少なくとも半年経って移植腎の状態が安定してから、手術を行い腹膜を縫《ぬ》うことも可能という話だった。その際、主治医より「極《きわ》めて稀《まれ》なケースですが、ヘルニアから腸閉塞《へいそく》が発生することがあります。そのときは耐《た》えられない激痛が走ることになるので、直ちに病院に駆《か》け込《こ》み処置を受けることになるでしょう」という話があった。

また七月三日の血液検査の結果、菌血症《きんけつしょう》（放置しておくと敗血症《はいけつしょう》になる）が見つかった。培養《ばいよう》結果が出る前に、どのような菌《きん》に感染《かんせん》しているか見込みで抗生剤投与《こうせいざいとうよ》（点滴《てんてき》）が始まった。ベテランの医師たちなので、経験知がある。医師たちが見立てた抗生剤が菌とあっていたので、何の自覚症《しょう》状《じょう》もなく、菌血症は完治した。菌血症のため、当初七月十一日予定の退院が十五日に延びた。今になって思うと、退院日が延びたことで、筆者は命拾いしたのだ。

筆者は病室でも原稿を書いていた。資料として持ち込んだ本や辞書が四〇冊ほどあった。七月十三日午後にそれらを自宅に郵送し、退院準備をほぼ済ませた。ところがこの日の夜から体調が急変した。胃の痛みと吐《は》き気《け》が中心だった。

翌十四日朝、CTを撮《と》ると、腹膜の切れた部分から小腸が飛び出し、嵌頓《かんとん》し、腸閉塞になっていた（ただし七転八倒《しちてんばっとう》の痛みはなかった）。十四日夕に、全身麻酔の開腹手術（傷口二〇センチメートル、手術時間三時間）を行い、一命を取り留めた。腸も壊死《えし》していなかった。主治医は「腸はとてもきれいな色だった」と言っていた。東京女子医大の医療チームが傑出《けっしゅつ》して優秀《ゆうしゅう》なので、こういう良い結果になった。

それにしても予定通り十一日に退院していたら、自宅で発症《はっしょう》していた可能性が高かった。筆者の性格を考えるとかなり我慢《がまん》するであろうから取り返しの付かないことになっていた可能性がある。閉塞を起こした箇所《かしょ》の小腸が壊死し、重篤《じゅうとく》な後遺症《こういしょう》が残ったかもしれない。筆者はほんとうに運が良かった。

二度の死線を越えて

菌血症（敗血症）も腸閉塞もそれなりに死亡リスクのある病気なので、今回は死線を二回越《こ》えたことになる。ここでもキリスト教徒の仲間が筆者のために祈ってくれたことと、創価学会の友人たちが「南無妙法蓮華経」と題目を筆者に送ってくれたことが大きく影響したと筆者は確信している。

その中には『潮』誌の読者もたくさんいる。ほんとうにありがとうございます。

さらに筆者は、七月二十八日に長期留置カテーテルを抜《ぬ》く手術（局所麻酔による簡単なもの）を受けた。透析のために必要で、たいへんお世話になった長期留置カテーテルだが移植腎が拒絶《きょぜつ》反応を起こさないように免疫抑制剤《めんえきよくせいざい》を服用している関係で、筆者の免疫力は落ちている。

この状態でカテーテルのような異物を体内に入れていると、感染のリスクが高まる。皮膚《ひふ》に通常ある菌に感染し、重篤化することもある。菌に感染しても初期の菌血症の段階は無症状《むしょうじょう》なので、自覚症状が出たときは敗血症になっているので死に直結する。だから医師と相談し、今回の入院中に抜くことにした。手術は二〇分程度で無事に終わった。

自身に与えられた重要な使命

入院期間は六月二十日から七月二十九日までの足かけ四〇日間だった。短期間に全身麻酔の開腹手術を二回した関係で、体力をかなり消耗《しょうもう》したようだ。脚《あし》もかなり弱っていた（四〇日間、ほぼ病室内で過ごしたので、不思議ではない）。退院日には、息切れしながら、ようやく家に辿り着いたという感じだった。

腎移植後は、三つのステージがある。まずは急性拒絶が出る可能性で、これは手術直後から二、三日間だ。次のステージは、三カ月の免疫抑制剤の調整期で、極端《きょくたん》に免疫が落ちる。そのため、普段《ふだん》は罹《かか》らないような感染症《かんせんしょう》になり、しかも重篤化することがあるということだ。

免疫抑制剤の副反応に関して、筆者の場合、一時期ひどい下痢《げり》に悩《なや》まされたが、治まった。その後、週一回、腎移植後のケアを専門にするクリニックに通院し、免疫抑制剤の投与量《とうよりょう》を調整した。この三カ月が過ぎると次のステージである安定期に入り、通院も月一度になり普通《ふつう》に仕事ができるようになる。

腎移植で余命が延びたといっても、もう六十三歳《さい》で人生の持ち時間には限りがある。だから、どの仕事にどれだけの力を注ぐかについては慎重《しんちょう》に検討する必要があると思っている。

筆者はキリスト教徒なので、こうして生きながらえたのは、神がまだ私に地上で行う使命があると考えているからなのだと受け止めている。創価学会の内在的論理を理解し、世の中に伝えていくことも、筆者に与えられた重要な使命と考えている。

「山本伸一郎」の筆名を初めて使う

それでは、池田氏のペスタロッチ解釈《かいしゃく》について、話を進めていく。池田氏が『少年日本』一九四九年十月号に寄稿《きこう》した「大教育家ペスタロッチ」のペンネーム（筆名）が山本伸一郎だった。この筆名を戸田城聖《とだじょうせい》創価学会第二代会長が高く評価した。

たまたまペスタロッチの伝記を書くときに使ったのが、山本伸一郎の筆名である。それを見て戸田先生が、微笑しながら認《みと》めてくださった言葉を、つい昨日のことのように思い出す。
「山に一本の大樹が、一直線に、天に向かって伸びてゆく——。なかなか、いいじゃないか」
（『完本』一〇三頁）

後に池田氏は山本伸一という筆名を用いるようになった。創価学会の「精神の正史」である『人間革命』とその続編である『新・人間革命』において、池田大作氏は山本伸一という名で活躍していくのである。戸田氏の《山に一本の大樹が、一直線に、天に向かって伸びてゆく》という表現は、池田氏の生き方を示すとともに世界広宣流布《こうせんるふ》によって発展している創価学会の特徴を見事に表現している。

池田氏は、ペスタロッチの作品に触《ふ》れたときを回想し、こう述べる。

ペスタロッチの『隠者の夕暮・シュタンツだより』を最初に岩波文庫版で読んだのは、たしか自宅近くの読書サークルに参加していたときのことである。新生日本の民主教育のあり方について、友人と夜を徹《てっ》して議論した記憶もある。
そのときの「読書ノート」や、友人たちとの議論をもとにして、私はペスタロッチの生涯《しょうがい》をスケッチしたのである。なにしろ校了間際《まぎわ》の短時間のうちに、一気に書き上げてしまったものだ。今では到底、公《おおやけ》にはできない出来ばえであるが、これが活字となった初期の短文として、私には思い出深いものとなっている。

（『完本』一〇三〜一〇四頁）

《公にはできない出来ばえ》と池田氏は謙遜《けんそん》するが、この論考には長い戦争が終わり、新生日本を建設する上で、民主主義的な教育が何よりも重要であるとの池田氏の思いが漲《みなぎ》っていることが容易に想像できる。

ペスタロッチの人間教育の理想とは

池田氏は、貧しい人々と共にあるというペスタロッチの思想と生き方に強い共感を示す。

さて『隠者の夕暮』は、作家としてのペスタロッチの処女作である。彼はノイホーフにおける貧民教育の実践を裏づけにして、崇高《すうこう》な教育理念へと昇華《しょうか》させていった。

人間よ、汝自身、汝の本質と汝の諸力との内的感情こそ陶冶《とうや》する自然の第一の主題である。

併し汝は地上において自分一人のために生きてゐるのではない。だから自然は汝を外部との関係のために、また外部との関係に依つて陶冶する。

人間よ！　此等の関係は汝に近ければ近いだけ汝の使命を達するやう汝の本質を

陶冶するのに大切である。[*2]

ペスタロッチによれば「人間の本質をなすもの、彼になくてはならないもの、彼を高めるもの」[*3]を明らかにしていくことが、教育の第一の主題である。貧富の差を問わず、貴賤《きせん》上下の別なく、すべての人びとに平等な「人間性の内部に秘められている純粋の智慧《ちえ》」[*4]を見いだし、向上させ、それをもって普遍《ふへん》的教育の理念として確立《かくりつ》することが、彼の人間教育の理想であった。そのために彼は、みずから貧民となって、弱者の苦しみを自分の苦しみとしていったのである。

（『完本』一〇四～一〇五頁）

思想と実践を一致させる生き方

《人間性の内部に秘められている純粋の智慧》を見出《みいだ》し、向上させるという発想は、一切《いっさい》の衆生《しゅじょう》に仏性《ぶっしょう》が具《そな》わっているという日蓮仏法の教えに繋《つな》がる。日蓮仏法の普遍性《ふへんせい》（それは創価学会が世界宗教として発展していく根拠《こんきょ》になる）と通底する思想を池田氏はペスタロッチに見出したのである。

またペスタロッチにとって、思想と実践《じっせん》は一致《いっち》していた。この点も信心即《そく》生活であるとする創価学会の価値観と通底するものがある。信心即生活について、創価学会公式サイトはこう説明する。

一般《いっぱん》に、信仰《しんこう》とは日常の生活から離《はな》れた特別な世界の事柄《ことがら》であると考えたり、日常生活の中でも信仰の時間と生活の時間とは別なものであるとする見方があります。

しかし、日蓮大聖人《にちれんだいしょうにん》の仏法においては、信仰と生活とは、そのように切り離《はな》して捉《とら》えるものではありません。

御書《ごしょ》には、「御《おん》みや《宮》づか《仕》いを法華経とおぼ《思》しめせ」（御書新版1719ページ・御書全集1295ページ）とあります。この「御みやづかい」とは、主君などに仕えることですが、今日の私たちの立場にあてはめれば、なすべきこと、果たすべき役割であり、職業・仕事・生活にあたります。

したがって、この御文《ごもん》は、日々の生活が、そのまま仏道修行《ぶつどうしゅぎょう》の場であり、信心を根本とした自身の生き方を示す場であることを教えられているのです。

生活は、私たちの生命活動そのものにほかなりません。そして、信心は、私たちの生命を変革し、充実《じゅうじつ》させていく力となります。

生活の場で直面するさまざまな課題に対して、御本尊《ごほんぞん》への唱題を根本に真剣《しんけん》な努力を重ねていった時に、その現実との戦いそのものが、私たちの仏界の生命を涌現させる機《き》縁《えん》となり、自身の生命変革の舞台《ぶたい》ともなるのです。

また、信心で開拓《かいたく》した生命力、豊かな境涯《きょうがい》を土台にして、生活の場に勇んで出ていった時、生活そのものも、おのずから変革されていくのです。

信心を草木の根に譬《たと》えれば、生活は、豊かな果実を実らせる幹や枝に譬えることができます。信心を根本に置かない生活は、環境《かんきょう》に流されてしまう根無し草になりがちです。

信心の根が深ければ深いほど、盤石《ばんじゃく》な生活を築いていけると説くのが日蓮大聖人の仏法です。
以上のように、大聖人の仏法においては、信心と生活は一体です。ゆえに、創価学会の指導には、「信心即生活」といって、生活はその人の信心の表れであるととらえて、信《しん》頼《らい》される社会人として、生活に勝利していくべきことを教えています。

（創価学会公式サイト「信心即生活」、ルビ・字下げは編集部による）

ここで展開されている考え方に筆者も全面的な共感を覚える。筆者はプロテスタントのキリスト教徒だ。プロテスタンティズムにおける「信仰《しんこう》のみ」とは、信仰があればそれは必ず生活においても行為《こうい》として実行されるという意味だ。
信心即生活という表現は創価学会が生きた宗教であることを端的《たんてき》に示すものだ。

全ヨーロッパに波及した感動の波

池田氏の教育論に、ペスタロッチが大きな影響を与えている。

続いて三十五歳のときに著《あらわ》した『リーンハルトとゲルトルート』は、碑銘《ひめい》にもあったように、彼がいだく教育理念を平易《へいい》に物語化して説いたものである。これを書くとき、彼は無一文であった。道端に捨てられた紙きれを拾っては、その裏に人間教育の情熱の文字を、石に刻《きざ》む思いで書きつけていったこともあるという。

はたして、この書の読者の感動の波は、たちまちにして全ヨーロッパに波及し、洛陽《らくよう》の紙価を一時に高めることになった。王侯貴族、富豪の賛辞も相次ぎ、わざわざ使者が向けられてきた。

ドイツの哲学者フィヒテは、この書を一読して感激さめやらず、夜も眠られなかったという。彼の獅子吼《ししく》『ドイツ国民に告ぐ』のなかには「余はペスタロッチー自身の書を読みかつ熟慮して、そこから教育上の全概念《がいねん》を構成した」[*5]と語られている。

また、ゲーテと並び称される文学者ヘルダーも、「余はペスタロッチーにおいてドイツ的な哲学的天才の誕生をみる」と称賛《しょうさん》した。彼は、『リーンハルトとゲルトルート』を評して「その内面力においておそらく第一の書」[*6]とまで述べている。

私は彼等と共に泣き、彼等と共に笑つた。彼等は世界も忘れ、シュタンツも忘れて、私と共にをり、私は彼等と共にをつた。彼等の食べ物は私の食べ物であり、彼等の飲み物は私の飲み物であつた。私は何ものも有《も》たなかつた。私は私の周囲に家庭も有たず、友もなく、召使もなく、ただ彼等だけを有つてゐた。彼等が達者な時も私は彼等の中にゐたが、彼等が病気の時も私は彼等の傍にゐた。私は彼等の真中にはいつて寝た。夜は私が一番後で床に就《つ》き、朝は一番早く起きた。[*7]

ここに「彼等」というのは、シュタンツの孤児院に学ぶ児童たちのことである。ときに五十二歳のペスタロッチは、一切の名声を抛《なげう》って貧しい孤児の父親となった。
（『完本』一〇五～一〇七頁）

ロマン主義の意義と限界

ここで興味深いのは、ペスタロッチがドイツのフィヒテやヘルダーなどロマン主義的な思想家に与えた影響に池田氏が注目していることだ。

近代の教育は、理性を基本とする啓蒙《けいもう》主義を基調にしている。しかし、理性だけで人間を理解することは危険だ。なぜなら人間は理性だけで割り切れる存在ではないからだ。人間の感情や、本人自身が言語化できない無意識の部分をも含めて教育の対象としなくてはならない。

このことを、ペスタロッチは十分に言語化することには成功していないが、自らの教育的実践を通じて明らかにした。この実践のなかにこそ人間の感情や情念を解放する要因があるとドイツのロマン主義者は考えたのである。

二十一世紀の国際情勢を理解する上でもロマン主義は重要な問題だ。ヨーロッパ人、ウクライナ人、ロシア人、イスラエル人、そして日本人もロマン主義の影響を受けている。対してアメリカ人にとってロマン主義は疎遠《そえん》な思想だ。なぜならロマン主義が流行した十八世紀末から十九世紀にかけて、米国ではフロンティア開拓《かいたく》が進められていた。

あえて言い換《か》えるとフロンティア開拓はロマンだ。ただし、ロマン主義の特徴は、現実の壁《かべ》に突《つ》き当たり、ロマンが実現しないことだ。このことがニヒリズム（虚無《きょむ》主義）の起源の一つになる。米国の場合、フロンティア開拓というロマンが実現してしまった。それゆえにロマン主義が成立しなかったと筆者は見ている。

その意味で、米国の思想的特徴は、ロマン主義を欠いた啓蒙主義を基調とするのである。啓蒙主義的な楽観的人間論から生まれたのは、自由や民主主義を拡張していけば世界は平和になり、人々も幸せになるという米国型の単純な普遍《ふへん》主義だ。

池田氏は、ロマン主義の意義と限界を正確に理解している。ロマンは実現しない。自分の全生命を賭《と》してロマンを追求した人が壁に突き当たるとニヒリズムに陥《おちい》る。ところで、創価学会員はニヒリズムに陥らない。なぜなら創価学会の信仰にはニヒリズムを超克《ちょうこく》する力があるからだ。

ニヒリズムの革命がドイツのナチズムだった。ニヒリズムに陥ってしまった人間は、宿命《しゅくめい》を転《てん》換《かん》する力が自らの生命の中に宿っていることに気付かない。人間革命を実現し、宿命転換を遂《と》げるにはニヒリズムを克服《こくふく》しなくてはならない。池田氏はペスタロッチ研究を通じて、ニヒリズムを克服する重要性に気付いたのである。なぜなら、ペスタロッチは何度も挫折《ざせつ》しながら、決してニヒリズムに陥ることがなかったからだ。

国家から独立した中間団体

池田氏は、闘《たたか》い続けたペスタロッチの後半生についてこう総括《そうかつ》する。

だが、その孤児院は、開院後わずか半年にして世間の非難の集中砲火を浴び、閉鎖のやむなきにいたっている。その半歳の経験のなかに昇華《しょうか》した教育方針を、彼は一友人に宛《あ》てた手紙として執筆《しっぴつ》した。それが『シュタンツだより』となったのである。

その後、ペスタロッチは八十一歳の生涯《しょうがい》を閉じる日まで、各地を転々としながら、著作と学園経営に没頭《ぼっとう》している。彼は教育の理想のみを追究したのではない。みずから泥にまみれ、ときには農夫となって田園を耕し、生活の糧《かて》を得た。

著作によって得た印税は、すべて学園の経営に注ぎこんだ。理想と現実の葛藤《かっとう》の茨《いばら》を切りひらいて進んだが、幾度となく失敗を繰《く》りかえしている。そのつど非難中傷の矢は雨のように浴びせられたが、己《おのれ》の信ずる道を決して曲げることはなかった。

(『完本』一〇七頁)

ここで重要なのは、ペスタロッチが教育の理想を追究し、学園を経営したのみならず、《みずから泥にまみれ、ときには農夫となって田園を耕し、生活の糧を得た》という事実だ。

ペスタロッチが経営した孤児院《こじいん》や学園は私的営利を追求する企業《きぎょう》ではない。また国家に委託《いたく》された事業を遂行《すいこう》する機関でもない。ペスタロッチが主宰《しゅさい》した法人は、私的機関でも国家機関でもない中間団体なのである。

現実的に考えて、国家の暴走を現実的に止めることができるのは中間団体だけと筆者は考えている。中間団体にとって重要なのは財政的に自立していることだ。ペスタロッチは寄付を集めるだけではなく、自らが農民として働くことによっても、学園の財政基盤《きばん》を担保したのである。

創価学会も中間団体だ。創価学会の強さは、財政的にも人事的にも、国家から完全に独立していることだ。

故郷では歓迎されなかったイエス

ところで新しい時代を切り開く偉人《いじん》は、自らの国では存命中にその価値を正当に評価されないことが多い。

イエス・キリストもその一人だった。イエスが故郷であるナザレを訪《おとず》れたときのことだ。

それから、イエスはご自分の育ったナザレに行き、いつものとおり安息日に会堂に入り、朗読しようとしてお立ちになった。預言者イザヤの巻物が手渡《てわた》されたので、それを開いて、こう書いてある箇所《かしょ》を見つけられた。

「主《しゅ》の霊《れい》が私に臨《のぞ》んだ。
貧しい人に福音《ふくいん》を告げ知らせるために
主が私に油を注がれたからである。
主が私を遣《つか》わされたのは
捕《と》らわれている人に解放を
目の見えない人に視力の回復を告げ
打ちひしがれている人を自由にし
主の恵《めぐ》みの年を告げるためである。」

イエスは巻物を巻き、係の者に返して座《すわ》られた。会堂にいる皆《みな》の目がイエスに注がれた。そこでイエスは、「この聖書の言葉は、今日、あなたがたが耳にしたとき、実現した」と話し始められた。皆はイエスを褒《ほ》め、その口から出て来る恵みの言葉に驚《おどろ》いて言った。「この人はヨセフの子ではないか。」イエスは言われた。「きっと、あなたがたは、『医者よ、自分を治せ』ということわざを引いて、『カファルナウムでいろいろなことをしたと聞いたが、郷里のここでもしてくれ』と言うに違《ちが》いない。」そして、言われた。「よく言っておく。預言者は、自分の故郷では歓迎《かんげい》されないものだ。

（「ルカによる福音書《ふくいんしょ》」四章一六～二四節、聖書協会共同訳、ルビは編集部による）

国際社会において評価される池田思想

池田氏や創価学会が「故郷」である日本において、偏見《へんけん》による不当な攻撃《こうげき》を受けることがあるのも、世界宗教に発展する過程における過渡的《かとてき》現象なのだと思う。しかし、心配する必要はない。創価学会は必ず勝利するからだ。

現在も国際社会において池田思想が高く評価されているように、ペスタロッチの思想も同時代においてはスイス以外の外国でより高く評価された。

しかし存命中は、祖国スイスでは冷遇されたようだ。むしろ、この国を訪《おとず》れる幾千の人士がペスタロッチの学園に殺到するのを見て、人びとは不思議に思いさえした。彼の教育理念は、まず隣国のプロシア、すなわち今日《こんにち》のドイツにおいて重く用いられる。近世以来、ドイツは教育立国をもって国是《こくぜ》としてきたからである。

やがてオランダ、デンマーク、スウェーデン、フランス、そしてイギリスの多くの都市からも、はるばるペスタロッチの学園に学ぶ教育志望者がやってくる。彼らは何カ月も学園に滞在し、新教育を研究して帰っていった。

こうして祖国スイスの厳《きび》しい風雪に耐《た》えた一粒の種子は、まずプロシアの大地に移植され、そこから全ヨーロッパの各地に広がっていった。ペスタロッチの学園に学んだ弟《で》子《し》の一人は、その種子をアメリカの新大陸の地にも運び、近代教育の発芽としていったのである。

（『完本』一〇七〜一〇八頁）

教育における自立性と自律性

池田氏は、司法、立法、行政の権力分立との関係で、教育を行政から切り離《はな》して四権とすべきであると主張している。筆者もその考えに賛成する。

教育こそ一国の死命を制するほどの大事業である。戦前の日本は、皇国史観による軍国主義教育によって、大きく道を踏みはずしてしまった。それによる犠牲《ぎせい》――失われた多くの若い生命は、決して取り返すことはできまい。

第二次大戦によって、ドイツもまた日本と同様に、敗戦国の憂《う》き目をみた。だが、教育制度に関しては、占領軍によって押しつけられた政策を、きっぱりと拒絶《きょぜつ》したといわれている。

「ドイツは、自分の国の教育は、自分たちでやるといって突っぱねた。えらい、このくらいの襟度《きんど》があってしかるべきだ」

かつて教育者でもあった戸田先生は、当時の青年たちと懇談《こんだん》の折、よくこのような話をされたものである。

未来社会を担《にな》うものは、いうまでもなく青年であり、その後に陸続《りくぞく》と続くであろう少年少女であることはまちがいない。生涯《しょうがい》、苦難のなかを、誰《だれ》よりも青年を愛し、人間教育の得がたい財宝を残してくださった戸田先生のなかに、ペスタロッチのイメージがつねにダブって私の脳裡《のうり》に泛《うか》ぶのである。

（『完本』一〇八～一〇九頁）

教育における自立性と自律性を重視する創価学会の価値観の根底には、ペスタロッチによって体現されたヨーロッパにおける最良の教育の伝統がある。

＊1・3〜6　長田新「ペスタロッチーの生涯と思想」（『ペスタロッチー全集』第一巻、平凡社、一九五九年所収）三二頁（＊3・4）、三六頁（＊5）、四七頁（＊6）、一六〇〜一六一頁（＊1）。
＊2、7　ペスタロッチー〈長田新訳〉『隠者の夕暮・シュタンツだより』（岩波文庫、一九四三年）一八頁（＊2）、五六頁（＊7）。漢字は新字体に改められている。

第9章　優れた精神は時空を超える
――パスカル『パンセ』

病苦は人間を高めていく力に

池田《いけだ》大作《だいさく》創価学会《そうかがっかい》第三代会長には、西洋の思想を正確に理解した上で、それを日本の文脈において土着化させ、創価学会の信仰《しんこう》に活《い》かす類《たぐ》い稀《まれ》な才能がある。

キリスト教神学にも西洋哲学《てつがく》にも無視できない神学者、哲学者《てつがくしゃ》で数学者、物理学者、さらに現代的に言うとエッセイストでもあるブレーズ・パスカル（一六二三〜六二年）についても池田氏は独自の解釈《かいしゃく》を提示する。まず、池田氏は病《やまい》と信仰の関係について考察する。

「病《やまい》によって道心は起こる」と、仏典に説かれている。
病苦は時として人間を高めゆく力となる。とくに多感な青年期の闘病《とうびょう》は、生死を見つめ、自己の魂《たましい》を鋭《するど》く研《と》ぎすます機会となるであろう。このことを身をもって示してくれるのが、パスカルの生涯《しょうがい》である。

（『完本　若き日の読書』〈以下『完本』〉三六一頁）

末期腎《じん》不《ふ》全《ぜん》が進行し、腎臓《じんぞう》の機能が五パーセント以下に低下してしまったために、二〇二二年一月に筆者は血液透析《とうせき》（週三回、一回四時間）を導入することになった。その際に余命八年くらいしかない可能性もあると医師から言われた。この一年十カ月、《病苦は時として人間を高めゆく力となる》という言葉に、筆者は何度も励《はげ》まされた。

透析の末期には骨が弱り、寝《ね》たきりになることもある。筆者は作家としての活動ができるのは、五年程度であろうという見当を付けて、仕事を整理し始めた。ラジオのレギュラー出演や大学の講義を止《や》めた（大学に関しては、筆者が指導していた学生が修士号を取るまでは責任があると考えたので、論文指導は二三年一月まで続けた）。さらに講演も遠慮《えんりょ》させていただくことにした。連載《れんさい》についても縮小することにしたが、『潮』誌で展開している創価学会についての研究は（読者と編集部のお許しがあるという前提であるが）、最後まで続けようと思っている。私の人生にとって優先度の高い仕事だからだ。

既《すで》に述べたが、その後、二二年三月に前立腺《ぜんりつせん》がんのため前立腺全摘《ぜんてき》手術（全身麻酔《ますい》）、また心臓の冠動脈狭窄《かんどうみゃくきょうさく》（九〇パーセント）が見つかったので、冠動脈にステント（金属の輪）を挿入《そうにゅう》する手術（局所麻酔）も行った。こういう手術を繰《く》り返すと、自分のこの世における持ち時間が限られていることを否応《いやおう》なしに認識《にんしき》させられる。二三年二月には菌血症《きんけつしょう》（放置しておくと敗血症《はいけつしょう》になる。敗血症は死亡リスクが高い）で一二日間、入院した。

その後、六月に生体腎移植手術《じんいしょく》（全身麻酔、ドナーは妻）を受け、成功し、余命が倍以上に延びた。もっとも腎移植手術後も、腹膜《ふくまく》の縫合《ほうごう》部が破れたために菌血症になり、その後、破れた箇所《かしょ》から小腸が飛び出し、腸閉塞《へいそく》となり七月に開腹手術（全身麻酔）を受けた。腎臓移植を除けば、いずれも死亡するリスクのある事態だった。この一年十カ月で、死との境界線に数回触《ふ》れたことになる。最終的には腎臓移植の成功によって余命が延びたのだが、この命を自分だけのためでなく、どうすれば社会のために役立つ使い方ができるかについて毎日考えている。そのとき池田氏の著作が筆者にとって重要な対話相手になるのだ。

夭逝の天才パスカルの軌跡

このパスカルに関する池田氏の論考も現在の筆者に勇気を与《あた》えてくれる。


フランスの偉大な数学者・物理学者にして哲学者・宗教者――。この「恐るべき天才」[*1]（シャトーブリアン）は、早くから病弱に悩み続けた。神経的な過敏や四肢《しし》の衰弱《すいじゃく》、頭痛などの症状に襲《おそ》われ、十八歳のときからは苦痛なしに過ごした日はないというほどであった。

わずか三十九年というパスカルの一生は、迫《せま》りくる死の深淵《しんえん》との絶え間ない闘争《とうそう》であった。だが、それ故《ゆえ》にこそ彼の生涯《しょうがい》の軌跡《きせき》は、かくも鮮烈《せんれつ》な光彩《こうさい》を放ちえたのだと私は思う。

（『完本』三六一～三六二頁）

筆者も死について真剣《しんけん》に考えることによって、自《みずか》らの著作の内容を充実《じゅうじつ》させていきたいと考えている。青年期に病と闘《たたか》っていた池田氏は、自らの状況《じょうきょう》と重ね合わせて『パンセ』を読んだ。

彼の苦闘を思うとき、やはり生来の病弱に悩み、死魔《しま》の影と闘《たたか》いながら歩んだ私自身の青春時代が、二重うつしになって脳裏《のうり》に甦《よみがえ》ってくる。

私が『パンセ』を手にしたのは、昭和二十四年（一九四九年）六月十三日のことである。当時の「日記」には、こう記《しる》してある。

「神田《かんだ》にて『パスカル冥想録《めいそうろく》』『情熱の書』他一冊、計三冊購入。合計、百二十円也《なり》」

その同じ日、こうも書いている。

「朝から頭が痛む。身体を大事にせねばならぬ。

変遷《へんせん》に変遷を重ねゆく心境。目的を凝視《ぎょうし》していながら、ふらふらしている自己の悲しさ。勇躍《ゆうやく》し、はち切れそうな青春時を実感したかと思うと、魔に流され、断崖《だんがい》に立つ思いをなす、自己。

宗教革命と、大理想を、思惟《しゆい》したかと思うと、現実の嵐《あらし》に、境遇に、戦《おのの》く、淋《さび》しき自己。

青年よ起《た》ち上がれ。前進だ。それ以外に、人間革命はないのだ。

現実の渦中《かちゅう》に、飛び込んで戦え。恐るるな。大使命を痛感せば！」

――二十一歳であった。出版事業が苦境にあった恩師のもとで、少年誌の編集責任者として、心身ともに極限の力をふりしぼって奔走《ほんそう》する日々であった。胸を患《わずら》い、微熱《びねつ》に見舞われながら激務にひた走る私の身体を、恩師は深く案じてくださった。

宗教革命への決心を日記に記したとき、私の胸中《きょうちゅう》には、この夭逝《ようせい》の天才への特別な感《かん》慨《がい》があったのかもしれない。

（『完本』三六二～三六三頁）

病を克服する信仰の力

《宗教革命と、大理想を、思惟したかと思うと、現実の嵐に、境遇に、戦く、淋しき自己》という言葉に、創価学会の信仰を広めることが自らの使命であるという強い意識と、自分の健康状態がそれを許してくれるかという不安の中で揺《ゆ》れ動く池田青年の内面世界が見事に表現されている。

既に戸田城聖《とだじょうせい》創価学会第二代会長という師を得た池田氏は、このような状況を信仰的楽観によって乗り越《こ》えようとしている。

それは人間革命に向けて前進することだ。大使命を実現する池田氏に仏が働きかけて健康を保障するのだ。池田氏は広宣流布《こうせんるふ》に向けた闘いに命懸《いのちが》けで取り組むことによって、健康を回復したのだ。信仰には病を克服《こくふく》する力があることの実例だ。

パスカルの教育と「戸田大学」

パスカルが制度化された学校教育を受けていないことに池田氏は着目する。

ブレーズ・パスカルは一六二三年六月十九日、フランスのクレルモンに生まれた。母アントワネットは優《やさ》しく聡明《そうめい》な女性であったが、パスカルが三歳のときに他界している。父のエティエンヌは再婚することなく、パスカルと姉のジルベルト、妹のジャクリーヌの三人の子どもを養育した。

父はパスカルを学校に通わせず、みずから独自の方法で教育する。むやみに知識をつめこむのではなく、息子《むすこ》が自発的に独力で学べるように努《つと》めた。少年は早くから抜群の想像力や記憶力を発揮《はっき》し、あらゆる物事の仕組みを知ろうと熱心に求めた。大人のいいかげんな説明には、食いさがって質問を浴びせたという。

(『完本』三六三〜三六四頁)

この箇所を書きながら、池田氏は戸田氏からマンツーマンで学んだ「戸田大学」のことを思い出したであろう。

1949（昭和24）年1月、21歳《さい》の池田青年は、戸田先生が経営する出版社に入社します。しかし、戦後の厳しい経済事情のなかで、会社の経営は悪化。多くの社員が戸田先生のもとを去っていきました。池田青年は師を支え、師の事業の再建に全力を傾《かたむ》けることを決意し、大《たい》世《せい》学院（現東京富士大学）への通学を断念します。

学業を断念して一心不乱に仕事に打ち込《こ》む弟子《でし》に、戸田先生は「俺《おれ》が、全部教えてやるからな」と、毎朝、会社の始業前の時間をさいて個人授業を開始します。政治、経済、法律、歴史、漢文、化学、物理など万般《ばんぱん》の学問、さらには教学の研さん――個人授業は、戸田先生逝去《せいきょ》の直前まで続けられ、「大作は、〝戸田大学〟の最優秀の学生である」と弟子の奮闘《ふんとう》を称《たた》えたのです。

「学ぶ戦いは絶対にやめなかった。そして、わが師の個人授業『戸田大学』という稀有《けう》の大学で学び通した。一点の悔《く》いもない、最高に幸福な青春だった」

（創価学会公式サイト「6月の広布史」、ルビ・字下げは編集部による）

パスカルとデカルト二人の科学者の対話

ここには記されていないが、パスカルも幼年時代、少年時代に優《すぐ》れた大人と出会う経験を積んだのであろう。

パスカル少年は数学に強い興味を抱《いだ》くようになる。

少年は、やがて数学に強い興味《きょうみ》を抱《いだ》く。父は息子が十五、六歳になるまでは数学を教えないつもりでいたが、当人は早々と、自分で円を「丸」、線を「棒」と呼んで、いろいろな計算や証明を試《こころ》みだした。

彼は十二歳にしてユークリッド幾何《きか》学の第三十二命題「三角形の内角の和は二直角に等しい」の証明を成し遂《と》げ、以降、「円錐《えんすい》曲線試論」の著述(十六歳)や「計算器」の発明(十九歳)、有名な「パスカルの定理」、「真空」の存在についての実験(二十三歳)など、驚嘆《きょうたん》すべき業績をあげ、注目を浴びていく。帰納《きのう》法や確率論、積分法の確立《かくりつ》など、研究の手はついにやむことがなかった。

ことに「真空」の証明については、当時すでにすぐれた哲学者・科学者として知られていたデカルトが、この二十七歳年下の青年科学者を訪《おとず》れ、意見を交換している。デカルトは真空の存在に否定的であったから、二人の対話は知性と自負《じふ》の火花を散らし、真理への探究《たんきゅう》心に燃えたものであったにちがいない。

(『完本』三六四~三六五頁)

不滅の著作『パンセ』

パスカルはカトリック教会に属する。しかし、カトリック教会の主流派ではなく、オランダのカトリック神学者コルネリウス・ヤンセン（一五八五～一六三八年）の影響《えいきょう》を受けた人々に共感を抱くようになる。一言で言うと、ヤンセンの考え方はプロテスタントのカルヴァンに近く、人間の行《こう》為《い》よりも神の恩寵《おんちょう》を強調し、救いに選ばれる人は予《あらかじ》め決まっていると考えた。

一六四六年、パスカルはジャンセニストたちとの出会いを契機《けいき》に、信仰に心を向けていく。ジャンセニスムとは、宗教革命に対抗してカトリック内部で進められていた改革（反宗教改革）の流れに属するグループで、修道院ポール・ロワイヤルをその拠点とした。彼は家族を熱心に説き、同じ信仰の道に入らせた。

三年間にわたる社交界での生活を経験し、「人間の研究」に関心をもちはじめたパスカルは、信仰心の高揚《こうよう》とともに、懐疑《かいぎ》的な人びとを導くための「キリスト教弁証《べんしょう》論」を構想し、準備に取りかかった。彼の死で未完に終わったこの仕事こそ、不滅の著作『パンセ』である。

パスカルが書き留めた断章を、近親者や友人たちが集めて出版したのは、彼の死後八年を経《へ》た一六七〇年のことである。ポール・ロワイヤル版と呼ばれる初版の原題は『死後遺文中に発見された宗教その他の問題に関するパスカル氏の思想《パンセ》』*2であった。

（『完本』三六五～三六六頁）

ジャンセニスムの影響を受けているため、パスカルの神学的、哲学的《てつがくてき》影響はカトリック教徒にとどまらずプロテスタント教徒にも強く及《およ》ぶようになった。さらに宗教を信じない人々もパスカルの思想から学ぼうとした。

包括《ほうかつ》的な世界観を形成していた中世のスコラ哲学の崩壊《ほうかい》したあと、カオス（混沌《こんとん》）をどうコスモス（秩序《ちつじょ》）へと転じていくかは、当時のヨーロッパ社会が直面していた普遍《ふへん》的な課題であったといってよい。デカルトもパスカルも、天才的な科学者であると同時に、外なる世界と内なる世界との調和・バランスを、生涯《しょうがい》にわたり希求《ききゅう》しぬいた。

（『完本』三六六頁）

要するに時代の危機を超克《ちょうこく》することをパスカルは真剣に考えていたので、ヨーロッパ社会全体に彼《かれ》の思想が強い影響を与えるようになったのだ。

学問が信仰をより深くする

池田氏は、パスカルが哲学と科学を対立的にとらえず、その親和性を指摘《してき》している点に着目する。

哲学と科学の親近ということは、近年のベルクソンに見られるように、フランス哲学の伝統的美質でもあるのだが、『パンセ』冒頭《ぼうとう》の「幾何《きか》学の精神」と「繊細《せんさい》の精神」との対比は、この問題を、いかにもパスカルらしく、優美ささえ帯びた勁《つよ》い筆致《ひっち》で、読者につきつけている。

私の恩師は、よく「信は理を求め、求めたる理は信を深からしむ」と語っていた。理性と信仰が車の両輪のごとく、人間の心を豊かに耕していくものであることを教えてくださった。それは科学の探究《たんきゅう》から信仰に目覚め、「幾何学の精神」と「繊細の精神」との調和を説くにいたったパスカルの思策《しさく》と、深く響《ひび》きあうものであろう。

（『完本』三六六頁）

中世のキリスト教神学者カンタベリーのアンセルムス（一〇三三～一一〇九年）は「知解（インテリジェンス：中世においては知ることによって信仰に対する理解を深めるという意味で用いられた）を求める信仰」という考え方を主張した。この信仰と知性の関係についての弁証法的理解は、二十一世紀の今日においても有効性を喪失《そうしつ》していない。アンセルムスにとっては、信仰が知性に先行する。信じている事柄《ことがら》を知的にもっと深めたいと考え、学問に従事する。学問に従事した結果、信仰がより深くなる。

この発想と戸田氏の《信は理を求め、求めたる理は信を深からしむ》という発想は共通している。創価学会員で学術研究に熱心に取り組んでいる人も少なからずいる。その人たちは自らの信仰を深めようとして研究しているのだ。そして、その研究の成果が自らの信仰を深める。科学によって宗教を否定するというような増上慢《ぞうじょうまん》に陥《おちい》らないことが重要だ。

池田氏は、『パンセ』を貫《つらぬ》く精神が、「偉大《いだい》なる者」に向かう魂《たましい》の希求であると考える。この考え方はパスカルの内在的論理を正確にとらえている。

『パンセ』の全篇に脈搏《みゃくう》っているもの――それは「偉大なる者」へのあくなき魂《たましい》の希求である。

たとえばパスカルは、「私には、呻《うめ》きつつ求める人たちしか是認できない」[*3]（四二一）と語っている。「呻きつつ求める人」とは、魂の探究者として生きぬいた彼自身の「自画像」そのものであった。

彼にとって人間は、偉大さと悲惨《ひさん》さ、神と自然のはざ間に流離《さすら》う「中間者」の存在である。「宇宙の栄誉にして屑者《くずもの》！」[*4]（四三四）と、彼は人間存在を慨嘆《がいたん》する。故《ゆえ》に「人間の魂の偉大さは、いかにして中間に身を持するかを知る点にある」[*5]（三七八）。人間が真に人間らしく生きる道は、この自己の実相を凝視《ぎょうし》し、「偉大なる者」を求めぬくこと以外にないとパスカルは説くのである。

「中間者」としての人間とは、いわば「求道者」の異名《いみょう》にほかならなかった。

（『完本』三六七頁）

「不可能の可能性」に挑み続ける人間

キリスト教では、神は自らに似せて人間を創ったと考える。神は自らの意志で人間を創ったのであるから、人間にも自由意志を与えた。しかし、その自由意志を人間は誤用して、罪を犯《おか》した。罪が形をとると悪になる。したがって、人間が生きているこの世界には悪が存在している。自己の実相とは、悪が内在しているということだ。悪は「偉大なる者」であるイエス・キリストに服従することによってのみ克服される。

もっとも、罪のある人間が、いくら「偉大なる者」であるイエス・キリストに完全に服従しようとしても、それを完全に達成することはできない。言い換《か》えるとイエス・キリストに完全に服従することは「不可能の可能性」に挑《いど》むことになる。したがって、人間は「不可能の可能性」に生涯《しょうがい》挑み続ける「求道者」なのである。こういう人間観を持つ人は、つねに緊張《きんちょう》していなくてはならなくなる。

こうした人間観が、パスカル自身の精神に極度の「緊張」と「集中」を強《し》いたことは、想像に難《かた》くないであろう。

「イエスは世の終りにいたるまで苦悶《くもん》し給《たも》うであろう。そのあいだ、われわれは眠ってはならない」*6（五五三）と彼は言う。

自身、まんじりともせぬ魂《たましい》の「覚醒者《かくせい》」であったパスカルの眼《め》には、たとえばデカルトのいわゆる「方法的懐疑《かいぎ》」にみられる不敵な自信は、神の存在の必然性を語っているようでいて、むしろ神を蔑《なみ》する倨傲《きょごう》以外のなにものでもなかったはずだ。

「私はデカルトを許すことができない。彼はその全哲学のなかで、できれば神なしに済ませたいと思った。だが、彼は世界に運動を与えるために、神に最初のひと弾きをさせないわけにいかなかった。それがすめば、もはや彼は神を必要としない」[*7]（七七）

（『完本』三六八頁）

眠ってしまった弟子たち

イエスも「眠《ねむ》ってはならない」と言った。しかし、弟子《でし》たちは眠ってしまった。

それから、イエスは弟子《でし》たちと一緒《いっしょ》にゲッセマネという所に来て、「私が向こうへ行って祈《いの》っている間、ここに座《すわ》っていなさい」と言われた。ペトロとゼベダイの子二人とを伴《ともな》われたが、苦しみ悩《なや》み始められた。そして、彼《かれ》らに言われた。「私は死ぬほど苦しい。ここを離《はな》れず、私と共に目を覚《さ》ましていなさい。」少し先に進んでうつ伏《ぶ》せになり、祈って言われた。「父よ、できることなら、この杯《さかずき》を私から過ぎ去らせてください。しかし、私の望むようにではなく、御心《みこころ》のままに。」それから、弟子たちのところへ戻《もど》って御覧《ごらん》になると、彼らは眠《ねむ》っていたので、ペトロに言われた。「あなたがたはこのように、一時《ひととき》も私と共に目を覚ましていられなかったのか。誘惑《ゆうわく》に陥《おちい》らぬよう、目を覚まして祈っていなさい。心ははやっても、肉体は弱い。」さらに、二度目に向こうへ行って祈られた。「父よ、私が飲まないかぎりこの杯が過ぎ去らないのでしたら、御心が行われますように。」再び戻って御覧になると、弟子たちは眠っていた。まぶたが重くなっていたのである。そこで、彼らを離れ、また向こうへ行って、三度目も同じ言葉で祈られた。それから、弟子たちのところに戻って来て言われた。「まだ眠っているのか。休んでいるのか。時が近づいた。人の子は罪人《つみびと》たちの手に渡《わた》される。立て、行こう。見よ、私を裏切る者が近づいて来た。」

（「マタイによる福音書《ふくいんしょ》」二六章三六～四六節、聖書協会共同訳、ルビは編集部による）

パスカルに言わせれば、弟子たちは《私と共に目を覚ましていなさい》とイエス・キリストから言われても、それを守ることができなかった。創価学会の用語で譬《たと》えるならば、師弟《してい》不二を実現できなかったのである。

その原因が人間に内在する罪であるとパスカルが考えていることは明白だ。パスカルもデカルト（一五九六～一六五〇年）も熱心なカトリック教徒だった。にもかかわらず、パスカルがデカルトを認めないのは、デカルトの体系では人間の罪が占《し》める位置が稀薄《きはく》になってしまうからだ。

池田氏は、パスカルとデカルトとの関係についてこう考える。

デカルトとパスカルと、どちらが正しかったかを論議しても、あまり生産的ではないだろう。両者ともに、容易に追随《ついずい》を許さぬ、比類《ひるい》なき生と思索《しさく》のスタイルを残している。ただ、デカルトを「父」とする近代哲学を機軸《きじく》としたヨーロッパ近代文明が、理性に過度に依存するあまり、重大な行きづまりを招き寄せてしまったことは、世紀末の現代、否定しようのない事実である。

（『完本』三六八～三六九頁）

筆者も池田氏のこの評価に賛成する。デカルトは近代的理性（合理）を尊重しつつ、真剣に信仰生活を送った人だ。パスカルは、古代、中世の信仰を近代の文脈において再解釈しようとしたのだ。

「自力」と「他力」、あるいは「自律」と「他律」という近代文明のジレンマを一身に背負いながら、徹頭徹尾《てっとうてつび》、一つのものを見つめ続けたパスカルの魂。そこには「一」もって貫《つらぬ》くという人間の本然的《ほんねん》欲求が脈搏《みゃくう》ち、人びとの散漫《さんまん》な心を圧倒するのである。

燃えあがる宗教的情熱で綴《つづ》った彼の「弁神論《べんしん》」は、絶対の一者――至高《しこう》のものとしての「真理」、至善のものとしての「正義」――へと人間を回帰《かいき》させていく、壮大な、今もって未完の挑戦《ちょうせん》であったといってよい。

幾多の狂信の歴史が示しているように、こうした一者への希求《ききゅう》は、金剛《こんごう》のごとき人格の「核」をつくる大きな力となる反面、自己以外の存在を許容しない「独善《どくぜん》」の罠《わな》に陥《おちい》る危険性をはらんでいることも否定できない。

（『完本』三六九頁）

強い信仰を持つ人は独善に陥らない

パスカルは一者を希求しつつも独善を排除《はいじょ》しようとした。人間一人一人が、一者である神に真摯《しんし》に向かい合い、神の声を聞くことに集中すれば、自分が他者より優れているとか、他者の見解を否定しなくてはならないというような発想にはならない。問題は神に自分が忠実に従っているか否《いな》かということになるからだ。神の意志に従って、隣人《りんじん》を愛することを実践《じっせん》するのがほんとうのキリスト教徒なのである。そこには独善が付け入る隙《すき》がない。

筆者は、創価学会員で信心がしっかりしていて、しかも寛容《かんよう》である人を何人も知っている。そういう人は、つねに池田大作創価学会第三代会長の教えに忠実な生活をしているかと自己を省《かえり》みている。そういう人に独善が付け入る隙はないのだ。なぜなら自らの師匠《ししょう》である池田氏に独善という要素がいささかもないからだ。強い信仰を持つ者は、他者に対して寛容になるのだ。

池田氏は、パスカルが独善に陥らなかった要因の一つとして、科学者としての批判精神をあげる。

パスカルが、その信念の強靭《きょうじん》さにもかかわらず、独善《どくぜん》の魔性《ましょう》にとらわれることがなかったのは、その謙虚《けんきょ》な稟質《ひんしつ》とともに、すぐれた科学者としての批判精神があずかっていたのかもしれない。彼は真理の側に立って他を裁《さば》く専制者とは、つねに正反対の位置にあり続けた。問者《もんしゃ》パスカルの問いは、偏狭《へんきょう》な独善に安住してしまうにはあまりにも深刻《しんこく》で、切実であったのだ。

「真理と正義はきわめて微妙な二つの尖端《せんたん》であって、われわれの道具はそれにぴったり触《ふ》れるにはあまりに磨滅《まめつ》しすぎている。かりに届いたにしても、尖端をつぶして、そのまわりに、真よりもむしろ偽に、ぶつかる」*8(八二)

「誰《だれ》しも、一つの真理を追求すればするほどいよいよ危険な誤《あやま》りに迷い入る。彼らの誤りは一つの誤謬《ごびゅう》を追求することにあるのではなく、反《かえ》って、もう一つの真理を追求しないことにある」*9(八六三)

そう語るパスカルにとって、「真理」とは、万人が求めうる「開かれた真理」であった。「神」とは、独善的な聖職者の占有物ではなく、開かれた真理によって「証明」し、「説得《せっとく》」すべき存在であった。

(『完本』三七〇頁)

科学に反する言説を強要するような宗教は危険だ。キリスト教は古代に生まれた宗教であるので、聖書は古代的世界像の制約条件のなかで書かれている。この神話的な世界像を科学的アプローチによって脱神話化《だつしんわ》することで、キリスト教の本質が近代人により理解可能な形態で明らかになるとプロテスタント神学者は考える。

池田氏はつねに仏法を現代に活かす方策を考えている。この文脈で、キリスト教を中世的文脈から切り離《はな》し、信仰を近代人に理解可能な表現に転換《てんかん》する努力を続けたパスカルの思想が仏法の現代的解釈を構築する上でも役立つと考えているのだと思う。

モラリストの良質の精神性を内面化

池田氏は、人間を押《お》しつぶす権威《けんい》と闘ったパスカルに対して最大限の共感を示す。

だからこそ、真理と人間の間に立ちはだかり、人間の魂《たましい》を外側から束縛《そくばく》する権威《けんい》に対しては、彼は妥協《だきょう》することなく戦った。

「法王は、誓いをもって服従することをせぬ賢者《けんじゃ》たちを憎みおそれる」[*10]（八七三）

「教会が破門とか異端とかいうような語をつくったのは、むだである。人はそれらを用いて教会に反抗している」[*11]（八九六）

「私は真理をまもる。それが私の力のすべてである。もし私が真理を失うならば、私は失われる。私には誹謗《ひぼう》と迫害《はくがい》がたえずつきまとうであろう。だが、私は真理をもっている。いずれが勝つかは、やがてわかるであろう」[*12]（九二一）

法王や教会すら、呵責《かしゃく》なき批判対象の例外ではなかったのである。

（『完本』三七一頁）

日蓮正宗宗門と闘った池田氏と、カトリック教会の教皇（法王）とその官僚群《かんりょうぐん》と闘ったパスカルは、時空を超えて共通の精神で繋《つな》がっている。
池田氏にとって道徳は重要だ。だから道徳を大切な価値観としたパスカルに共感を覚えるのだ。

真摯《しんし》にして闊達《かったつ》、謙虚にして自在な精神の闘士パスカルに、私は、真率《しんそつ》のモラリストとしての横顔を見る。どこまでも権威や独善と闘《たたか》い、内なる良心の問いかけに耳を傾《かたむ》け続けた彼の生き方は、たとえば、対立していたとはいえ彼が深い影響《えいきょう》を受けた、あのモンテーニュの流れを汲《く》むものであろう。それはフランスのモラリストたちに脈々と流れている良質の精神性《メンタリティ》なのである。

（『完本』三七一〜三七二頁）

モラリストの良質の精神性は、創価学会の信仰にも組み込《こ》まれている。創価学会は日本起源の日蓮大聖人の仏法を基点とする宗教であるが、世界宗教に発展する過程で、パスカルを含《ふく》む人類の良質の知的遺産を内面化することに成功している。

信仰における「内発の力」

池田氏は、世界宗教に発展しつつある創価学会の論理を世界の人々に理解可能な表現で説明している。

一九九一年（平成三年）九月、私はアメリカのハーバード大学の招聘《しょうへい》で、「ソフト・パワーの時代と哲学」と題して講演する機会を得た。

その折、異端の断罪を受けんとするジャンセニスムを熱烈に擁護《ようご》したパスカルの書簡《しょかん》『プロヴァンシアル』（田舎《いなか》の友への手紙）の内容に言及した。

書簡のなかでパスカルは、ジェスイットの定めた「良心例学」——事にあたっての良心のあり方を、あらかじめ判例として決めておくこと——を激《はげ》しく攻撃《こうげき》している。内なる魂《たましい》のあり方を重視する立場から、彼らの外面的規範《きはん》や戒律《かいりつ》が、信仰をいかに歪曲《わいきょく》するかを訴《うった》えてやまないのである。

本来、信仰は良心の内発的な働きによるものである。だから行為の選択《せんたく》の基準を判例として外発的に与えることは、良心の働きを麻痺《まひ》させ、堕落《だらく》させてしまうことになる。「良心例学」とは、パスカルにとって良心の自殺的行為であった。私はここに、たんにジェスイットとジャンセニスムの論争という次元を超え、人間の普遍的《ふへんてき》な良心のあり方への重要な示唆《しさ》が提起されていると考察した。

「内発の力」による、偉大なる魂への飛翔《ひしょう》を希求《ききゅう》したパスカルの思索《しさく》。それは、ドグマティズムとニヒリズムの間をさまよう「魂の遍歴《へんれき》」に終止符を打ち、よりグローバルな、新しき精神文明の創出へ歩みだそうとする今日《こんにち》の人類にとって、ひときわ光芒《こうぼう》を放ちゆくものであるにちがいない。

（『完本』三七二〜三七三頁）

前にも述べたが、ジャンセニスムとは、カトリック教会の枠内《わくない》にありながら、原罪と予定を強調する、教義的にはプロテスタントのカルヴァン派（改革・長老派）に近い潮流だ。ただし、イエズス会（ジェズイット）とジャンセニストの対立という表面的現象に池田氏は惑《まど》わされず、信仰における「内発の力」が真実の争点であることを見抜《みぬ》く。

創価学会員の特徴《とくちょう》は、いかなる苦難や試練に直面しても師弟不二の精神に立ってそれを乗り越えることができる「内発の力」を持っていることだ。池田大作第三代会長が二〇二三年十一月十五日に逝去《せいきょ》されたが、池田氏から受けた恩義に報《むく》いるために、筆者も「内発の力」を最大限に発揮して作家活動に従事していきたいと思っている。

仏法はヒューマニズム

人間は誰《だれ》もが死を免《まぬか》れることができない。パスカルの臨終について池田氏はこう記す。

一説にはガンであったといわれるパスカルの病《やまい》は、一六五九年になると急激に悪化した。三年以上の闘病《とうびょう》生活の末、一六六二年八月十九日夜半、彼は姉ジルベルトの家で、三十九年間の生涯《しょうがい》を閉《と》じた。

あまりにも短い生涯であった。自身の短命を予感し生き急いだかのような、凝縮《ぎょうしゅく》した一生であった。緊張と葛藤《かっとう》の連続の人生であった。「……眠ってはならない」という言葉のまま、謙虚《けんきょ》に、そしてまた誠実に人間の正しい生き方を模索《もさく》しぬいたこの巨人に、永眠の時が訪《おとず》れたとき、その胸中《きょうちゅう》を去来したものは、いったい何であったろうか。最後の言葉は「神がけっして私をお捨てにならないように」[*13]であったという。

（『完本』三七三～三七四頁）

もしかすると、パスカルは臨終の時点で神が自分を見捨てるかもしれないという不安感を持っていたのかもしれない。

キリスト教のカルヴァン派やカトリックのジャンセニストの場合は、神の予定を重視するので、臨終の際に自らが選ばれる方に予定されているのか、そうでないかについて不安を覚える傾向《けいこう》がある。対して創価学会員にとっては「生も歓喜《かんき》、死も歓喜」なので、落ち着いて臨終を迎《むか》えることができる。

後年、フランスのエスプリたちは、「パスカルは人間性の感情をもっとも高度に所有している」[*14]（サント・ブーヴ）、「パスカルこそ、ヒューマニストという美しい名にふさわしい唯一《ゆいいつ》の人物。およそ人間にかかわりあるものを何ひとつ見棄《みす》てない唯一の人物である。かくて、彼は人間全体を通り、ついには神にたどりつくのである」[*15]（モーリヤック）等と賛辞を贈っている。

（『完本』三七四頁）

池田氏は生涯を通じて、仏法はヒューマニズム（人間主義）であることを、他宗教を信じるもしくは宗教を信じない人々に説き続けた。信仰体系やイデオロギーは異なっても池田氏のヒューマニズムに共感を覚えた人が多数いる。そしてヒューマニズムの思想と実践を貫徹《かんてつ》するためには創価学会員になる必要があると考え、信仰に入った人も少なからずいる。

パスカルが《人間の中の人間》であったのと同様に、池田氏も《人間の中の人間》である。

「呻《うめ》きつつ求める人」パスカルは、時を経《へ》て、精神の限りない可能性を示す「全体人」「普遍《ふへん》人」――いわば「人間の中の人間」として、歴史に聳立《しょうりつ》しているのである。まさに「万能の才」と「敬虔《けいけん》な信」を兼ねそなえた、ルネサンス最後の巨星であった。

祖国フランスばかりではない。大文豪《ぶんごう》トルストイは、晩年の日記にこう記《しる》している。「パスカルの驚嘆《きょうたん》すべき箇所。パスカルの書いたものを読み、この何百年も以前に死んだ人間と自分とが全き一致の中にあることを意識して、感動のあまり涙を抑《おさ》えることができなかった。このような不思議の中に生きる以上に、如何《いか》なる不思議があろうか？」[*16]

（『完本』三七四〜三七五頁）

『人間革命』と『新・人間革命』

パスカルが『パンセ』というテキストを残したことは重要だ。だから人々は時空を超えてパスカルとコミュニケーションをとることが可能である。

池田氏は創価学会の「精神の正史」で「信心の教科書」である『人間革命』と『新・人間革命』を残してくださった。

これらのテキストを通じて、われわれは、どの時代に生きようと、どの場所に生きようと池田大作創価学会第三代会長とコミュニケーションをとることが可能なのである。

筆者はプロテスタントのキリスト教徒で、外部の人間であるが、今こそ創価学会内部では『人間革命』と『新・人間革命』を再読する運動を展開し、外部の人に対しては勇気を持ってこの二つの作品を読んでもらう努力を強化することが、創価学会の今後の発展にとって重要と考える。この二つの作品には信仰的に特別の意味があるからだ。


「戦争《せんそう》ほど、残酷《ざんこく》なものはない。戦争ほど、悲惨《ひさん》なものはない。だが、その戦争はまだ、つづいていた」との一節から始まる小説『人間革命』、「平和《へいわ》ほど、尊《とうと》きものはない。平和ほど、幸福《こうふく》なものはない。平和こそ、人類《じんるい》の進《すす》むべき、根本《こんぽん》の第一歩《だいいっぽ》であらねばならない」から始まる小説『新・人間革命』。

これらは、池田先生が「法悟空《ほうごくう》」のペンネームでつづる創価学会の「精神の正史」です。戸田先生と池田先生の姿を通し師弟《してい》の生き方が記された、学会員の「信心の教科書」ともいえます。

また、そこにつづられているのは、宿命《しゅくめい》の嵐《あらし》と戦い、広宣流布《こうせんるふ》に生き抜《ぬ》く、無名の庶《しょ》民《みん》による人間革命の劇であり、それは、宿命を使命に転じ、蘇生《そせい》した、地涌《じゆ》の菩薩《ぼさつ》の群像でもあります。

『人間革命』第1巻「はじめに」に記されている「一人の人間《にんげん》における偉大《いだい》な人間革命《かくめい》は、やがて一国《いっこく》の宿命《しゅくめい》の転換《てんかん》をも成《な》し遂《と》げ、さらに全人類《ぜんじんるい》の宿命の転換をも可能《かのう》にする」との主題こそ、私たち創価学会の運動が目指すものです。

『新・人間革命』第1巻「あとがき」には、こうあります。

「生命《いのち》の続《つづ》く限り、私《わたし》は書《か》き続ける。正《ただ》しい仏法《ぶっぽう》とは何か。正しい人生《じんせい》とは何か。そして、何が歴史《れきし》の『真実《しんじつ》』か。人間《にんげん》にとって『正義《せいぎ》』の戦《たたか》いとは何かを。そこに、人類《じんるい》の未来《みらい》を開《ひら》く、一筋《ひとすじ》の道《みち》があるからだ」

この小説に示された指針を、私たちが「精読」し「実践《じっせん》」することが大切といえるでしょう。

（創価学会公式サイト「新会員の友のために」、ルビ・字下げは編集部による）


『人間革命』と『新・人間革命』を精読し、その教えを実践することで、われわれは池田大作創価学会第三代会長が永遠に生きていることを実感できるのだ。

それはキリスト教徒が『旧約聖書』と『新約聖書』を精読し、その教えを実践することで、イエス・キリストが永遠に生きていることを実感できるのと同じだと思う。

優れた精神は時空を超えて察知される

パスカルに話を戻《もど》す。

トルストイを感涙《かんるい》せしめたパスカルの文章とは、いったい、どのような個所であったのだろう。なるほど『パンセ』第二編の「気ばらし」の空《むな》しさについて論じている個所など、トルストイの宗教的回心《かいしん》が凝縮《ぎょうしゅく》されている佳品《かひん》『イワン・イリイチの死』と、テーマといい、描写《びょうしゃ》といい瓜《うり》二《ふた》つである。二百年の時を超え、ロシアとフランスという空間を超えて響《ひび》きわたった魂《たましい》の共鳴音。ともに「内なる神」を信じ、ともに「聖職者の権威《けんい》」と闘《たたか》い、ともに「人間愛」を説き続けた二人の哲人の不思議なる交感に思いを馳《は》せるとき、私の心は深い感動につつまれる。

（『完本』三七五頁）

時空を超えて、優れた精神は優れた精神によって察知されるのである。池田氏の精神も、時空を超えて優れた精神によって察知し続けられることになる。その過程で創価学会が世界宗教化を加速する。

巨星逝《ゆ》いて三百幾十星霜《せいそう》。私は仏法者として、パスカルの胸中に燃えさかっていたであろう遠大な理想――「人間」を本当の意味での「人間」たらしむるための「宗教」――の実現のために、「行動」し、「対話」し、価値創造の花を咲かせゆく人生でありたいと願っている。これが若き日に『パンセ』と出あって以来の、変わらぬ心情である。

（『完本』三七五〜三七六頁）

池田大作創価学会第三代会長という巨星《きょせい》は逝《ゆ》いたが、筆者は、信仰的楽観主義に基《もと》づいて報恩に邁進《まいしん》したいと考えている。

＊1　アルベール・ベガン〈平岡昇・安井源治訳〉『パスカル』（白水社、一九七七年）一九頁及び二八三〜二八四頁。また、一四八頁の注によれば、シャトーブリアン『キリスト教精髄』（※フランス語）第三部第二篇第六章に出てくる言葉。

＊2・4・9・10　パスカル〈津田穣訳〉『パンセ（冥想録）』上・下巻（新潮文庫、一九五二年）。上巻二七〇頁（＊4）、下巻二二二頁（＊9）、二二七頁（＊10）、二七五頁（＊2）。漢字は新字体に、また現代仮名遣いに改められている。なお、＊4の「屑者」は同書では「屑物」。

＊3・11　パスカル〈前田陽一・由木康訳〉『パンセ』（『世界の名著』二四　パスカル、中央公論社、一九六六年所収）二二四頁（＊3）、四三八頁（＊11）。

＊5〜8・12　パスカル〈松浪信三郎訳〉『パンセ』（『パスカル全集』第三巻、人文書院、一九六七年〔重版〕所収※初版は一九五九年）六八頁（＊7）、七五頁（＊8）、二二七頁（＊5）、三一四頁（＊6）、五六八頁（＊12）。

＊13　前田陽一『パスカル　「考える葦」の意味するもの』（中公新書、一九六八年）八五頁。

＊14・15　モーリヤック〈安井源治・林桂子訳〉『パスカルとその妹』（理想社、一九六八年〔再改訂増補版〕※初版は一九六三年）二三七頁（＊15）、二三八頁（＊14）。

＊16　文学アカデミア註釈〈八住利雄訳〉『トルストイ最後の日記　（附）自分一人のための日記』（栗田書店、一九三七年）一三五頁。漢字は新字体に、また現代仮名遣いに改められている。

第10章　恩師が遺した読書の教訓
――デュマ『モンテ・クリスト伯』

「書を読め、書に読まれるな」

アレクサンドル・デュマ〈ペール〉（Alexandre Dumas〈pére〉、一八〇二～七〇年）は、十九世紀のフランスを代表する小説家だ。パリ北東エーヌ県の町ヴィレル＝コトレに生まれる。父親はサントドミンゴ島（現在のハイチ）の富裕《ふゆう》な植民者ダヴィ・ド・ラ・パイユトリ侯爵《こうしゃく》と黒人奴隷《どれい》の女性との間にできた庶子《しょし》だ。父親はフランス本国で母方の姓《せい》デュマを名乗って軍隊に入り、将軍にまで昇進《しょうしん》したが、ナポレオンに冷遇《れいぐう》され、一八〇六年に失意のうちに死ぬ。貧窮《ひんきゅう》した少年時代を送ったアレクサンドルは二十歳《はたち》でパリに出てまずオルレアン公（のちのルイ・フィリップ国王、一七七三～一八五〇年）の館で文書係を務めながら文学修業《しゅぎょう》を積む。不遇《ふぐう》な状況《じょうきょう》でも腐《くさ》らずに努力を続けたことでデュマは大作家になった。『椿姫《つばきひめ》』を書いた息子《むすこ》のアレクサンドル・デュマ〈フィス〉（小デュマ、一八二四～九五年）と区別して大デュマと呼ばれることもある。

池田《いけだ》大作《だいさく》創価学会《そうかがっかい》第三代会長は、デュマを含《ふく》む文豪《ぶんごう》の小説を読むことの重要性を、戸田城聖《とだじょうせい》創価学会第二代会長より教えられた。池田氏の読書論の基礎《きそ》にも師弟《してい》関係がある。

世界的な小説をつねに読んでいきたまえ。――恩師の戸田城聖先生が、いつも青年に教えられていた読書の基本である。
水滸会《すいこかい》の教材は、この恩師の精神にそい、慎重にえらばれた。師もまた厳格であった。会員の企画《きかく》した案が、師の構想に適《かな》わない場合もある。そんなとき、戸田先生は容赦《ようしゃ》なく「レベルが低い。主人公も二流、三流の人物だ。一流のものを学ばなければならない」と言下に叱咤《しった》された。

（『完本　若き日の読書』〈以下『完本』〉一六四頁）

《一流のものを学ばなければならない》というのは、池田氏の読書論だけでなく、教育論においても通底している。それは創価学会が世界宗教に発展するためには、古今東西の一流のものを吸収することが不可欠だからである。

恩師はまた「書を読め、書に読まれるな」とも薫陶《くんとう》されていた。なるほど水滸会は、とおりいっぺんの読書会ではない。明確なる思想と信念を持つ者が、一書の紙背《しはい》にまで徹《てっ》して思想を読みとるのである。そこには、まさしく思想と思想との激越《げきえつ》な戦闘を思わせるような、真剣なる気合の熱気がこもっていた。

いったい、「書を読む」とは、いかなることであるか。——恩師は、それを身をもって青年に教えられたのである。

（『完本』一六四〜一六五頁）

一流の優《すぐ》れたテキストを読むと、自然と著者の見解に共感を示すようになる。しかし、創価学会員にとっては共感だけでは不十分で、それが信心の血となり肉とならなくてはならない。そうしないと、「書に読まれてしまう」ことになる。読書は読むか、読まれるかの真剣《しんけん》勝負なのである。

復讐心は人間の目を曇らせる

戸田氏が真剣勝負で『モンテ・クリスト伯《はく》』の読書に取り組んだことについて池田氏はこう述べる。

たとえば、アレクサンドル・デュマの『モンテ・クリスト伯』が教材に取り上げられたことがある。戦時下の悪法たる治安維持《いじ》法によって、故《ゆえ》なく獄《ごく》につながれた恩師は、そのときの獄中《ごくちゅう》生活を語り、およそ政治犯と呼ばれる者の苦衷《くちゅう》の心事を吐露《とろ》されていた。

エドモン・ダンテスは、その獄中での無念を晴らすために、復讐《ふくしゅう》の鬼と化した。しかし恩師は、二年近くの獄中での苦闘と思索《しさく》を発条《ばね》とし、仏法者として偉大な人間革命を遂《と》げていったのである。

（『完本』一六五頁）

復讐《ふくしゅう》心は人間の目を曇《くも》らせる。戸田氏にとって、恩師である牧口常三郎《まきぐちつねさぶろう》創価学会初代会長が獄《ごく》中死《ちゅうし》したことは、言葉では形容できないほど無念な出来事だった。しかし、戸田氏はそれを宗教的に昇華《しょうか》した。

獄中《ごくちゅう》にあった戸田先生は1944年（昭和19年）の元朝から、毎日1万遍《まんべん》の唱題《しょうだい》（南無妙《なんみょう》法蓮華経《ほうれんげきょう》と唱えること）に励《はげ》み、法華経《ほけきょう》全巻を読み進めていきました。

法華経を3回繰《く》り返し読み、4回目に入ったとき、一つの壁《かべ》に突き当《あ》たりました。それは法華経の序説（開経《かいきょう》）にあたる無量義経徳行品《むりょうぎきょうとくぎょうほん》第一の一節でした。

「其《そ》の身は有に非《あら》ず亦《また》無に非ず　因《いん》に非ず縁《えん》に非ず自他《じた》に非ず……」と34の「非ず」が並んでいる個所《かしょ》です。「其の身」が仏の身を指していることは理解できましたが、34もの否定が何を表現しているのか分かりませんでした。

〝この文は何を意味しているのか〟

――戸田先生は深く悩《なや》み、唱題しては思索《しさく》し抜《ぬ》くなか、3月のある日、「仏とは生命である。自分の命にあり、また宇宙の中にもある、宇宙生命の一実体である」と直観したのです。

その後も法華経を読み続けるなかで、戸田先生は、仏から末法《まっぽう》の広宣流布《こうせんるふ》を託《たく》された

「地涌《じゆ》の菩薩《ぼさつ》」の一人であるとの使命を深く自覚するとともに、生涯《しょうがい》を広宣流布に捧《ささ》げる決意を定めたのです。
（創価学会公式サイト「第2代会長・戸田城聖先生」、ルビ・字下げは編集部による）

この過程を池田氏は、《恩師は、二年近くの獄中での苦闘と思索を発条とし、仏法者として偉大な人間革命を遂げていったのである》と的確にまとめている。

作者の世界を追体験できる小説

池田氏は、『モンテ・クリスト伯』の魅力《みりょく》は、読者が自然と主人公に感情移入できるところにあると説く。

さて『モンテ・クリスト伯』は、一八四六年に完成した大デュマの代表作である。もとは新聞の連載小説で、たまたま一日でも休載すると、パリ市民はむろんのこと、フランス全土が陰鬱《いんうつ》の気につつまれたほどであるという。今でも国境を越え、世紀をこえて、広く人びとに親しまれている世界文学だ。
わが国に紹介されたのは明治の中期、関直彦によって『西洋復讐奇譚《ふくしゅうきたん》』の題で翻案《ほんあん》されたのが最初であるという。それから十数年して、かの黒岩涙香《くろいわるいこう》が『巌窟王《がんくつおう》』という見事な題をつけ、一世を風靡《ふうび》する国民愛読の書としてしまった。

内容は復讐物語であるが、血なまぐさい陰湿《いんしつ》さは、この本にはない。不動の意志と信念を体して、計画どおり目的を果たす。ロマンに溢《あふ》れ、詩情豊かな海の香り、エキゾチックな雰囲気《ふんいき》も、ゆったりと全篇に流れている。軽妙な展開、そして時にはスーパーマンのように痛快な主人公の活躍は、思わず読者の血を沸《わ》きたたせずにはおかない。

いつしか読者は、あたかも自分が小説の主人公であるかのような錯覚《さっかく》にとらわれてしまう。エドモン・ダンテスの人間心理は、まことに複雑微妙に揺れながら、必死に復讐に生きる。まるで悪人懲罰《ちょうばつ》を命令された神の使徒のように……。実際、牢《ろう》から出て、モンテ・クリスト島で無限の財宝を手にしたときの彼は、そう確信していたにちがいない。

（『完本』一六五～一六七頁）


この小説を読むことで、読者はデュマの世界を追体験できるのだ。読者が自分を主人公としてとらえることができるというスタイルの小説がまさに池田氏の『人間革命』と『新・人間革命』だ。「精神の正史」であり「信心の教科書」であるこの二つの小説を読むことを通じて、読者一人一人が山本伸一《やまもとしんいち》になるのだ。そして山本伸一に倣《なら》うことによって信心を強化していく。

最期の瞬間まで闘った池田大作第三代会長

『モンテ・クリスト伯』の主人公エドモン・ダンテスについて、戸田氏は、最初、デュマは復讐物語ではなく、ほんとうの青年らしさを描《えが》きたかったのだと解釈《かいしゃく》する。

エドモン・ダンテス——彼は十九歳の純粋無垢《むく》な青年航海士であった。およそ人を疑うということなど知らない種類の若者である。その青年が「巌窟王」に変身するには、それなりに重大な理由があった。

物語は、彼が一つの航海を終え、マルセーユに帰港したところから始まる。航海中、船長が急死した。そのあとを船長代理として統率《とうそつ》してきたダンテスが帰港後、船主から船長昇格の命を受ける。

恩師は、このような冒頭《ぼうとう》の一節から、はやくも作者の意図《いと》を読み取り、次のように述べている。

「デュマは、最初、ほんとうの青年らしさを書きたかったのであろうと思う。ダンテスは、若々しい若木そのものである。学問はないが、頭が良い。船長が死んだときに、船長代理を堂々とやってのけたということは、その頭の良さを示している。

青年には、純真さがなければならない。デュマは、生気みなぎる青年の、フランスの熱血を書き切ったのである。
　およそ人間には、肉体年齢と精神年齢とがある。デュマは、ここで若々しい生命に向かって、一つの人生の嵐《あらし》を吹きかけ、生きるか死ぬかの思いをさせた。肉体的にも精神的にも、人生の苦しみを味わったものが強くなる。故《ゆえ》に青年は、安逸《あんいつ》を求めてはいけない」
（『完本』一六七〜一六八頁）

　肉体年齢《ねんれい》と精神年齢という二つの年齢があるという認識《にんしき》はとても重要だ。二〇二三年十一月十五日に池田大作氏は九十五歳《さい》で逝去《せいきょ》した。ただし、池田氏の精神年齢はつねに若かった。安逸《あんいつ》を求めず、最期《さいご》の瞬間《しゅんかん》まで世界広宣流布《こうせんるふ》に向けて闘《たたか》ってきた池田氏の姿は、われわれの胸の中に永遠に焼き付いている。優れた文学作品がわれわれの心に永遠に残るのと同じだ。

無実の罪で投獄されたダンテス

　池田氏は、選挙違反《いはん》という無実の罪で逮捕《たいほ》、起訴《きそ》されたが、断固、法廷《ほうてい》で闘い無罪を勝ち取った。ダンテスも無実の罪で逮捕、投獄《とうごく》される。

　帰港したダンテスは、朗報をもって真っ先に老父に会い、そして恋人メルセデスと喜びの再会を果たす。その翌日、めでたい婚約披露宴《ひろうえん》の最中、あまりにも唐突《とうとつ》に、予期しない不幸が彼の身を襲う。

青年ダンテスは、政府転覆《てんぷく》をもくろむ国事犯の廉《かど》で捕縛《ほばく》されたのである。むろん、身に覚えのない罪科であった。

彼を陥《おとしい》れようと謀《はか》ったのは、ほかならぬ彼の友人であった。一人は、ひそかにメルセデスに想《おも》いを寄せるフェルナン。もう一人は、ダンテスの船長就任《しゅうにん》を嫉《ねた》む船の会計係、ダングラールである。

（『完本』一六八〜一六九頁）

しかし、この裏切りと陰謀《いんぼう》のからくりをダンテスが知るのは、ずっと後になってからだ。

不幸は度重《たびかさ》なるものである。ダンテスを尋問《じんもん》した代理検事、ヴィルフォールは、保身と野心とのために、この無実の青年を終身刑とする決定を下した。幸福の絶頂にあったはずのダンテスは、わずか一日のうちに不幸の奈落《ならく》に突き落とされた。彼は国事犯の重罪を着せられて、絶海の孤島の石牢に幽閉《ゆうへい》されてしまう。

牢に入ったダンテスは、いったい誰《だれ》が自分を陥れたのかを知らない。みずからの運命を呪《のろ》い、社会の不条理に怒《いか》り、そして法の番人の欺瞞《ぎまん》に痛憤するのであった。

（『完本』一六九頁）

獄中《ごくちゅう》生活十四年目にダンテスは真実を知ることになる。

「復讐の物語」をどう読むか

池田氏は、アレクサンドル・デュマの長編小説『モンテ・クリスト伯』の読み解きを通じて、創価学会員としての正しい読書の仕方を伝授する。この読書法は、池田氏が戸田城聖創価学会第二代会長から継承《けいしょう》したものだ。読書法においても恩師から伝授された方法を継承することが重要なのである。

ダンテスは、陰謀によって、国家反逆罪という無実の罪を着せられ、投獄された。一時は絶望し、餓死《がし》しようと考えたダンテスであったが、ファリア神父との出会いで、心境が変化する。ファリアは政治犯で、トンネルを掘《ほ》り、脱獄《だつごく》を試みていたが、方向を間違《まちが》った。トンネルは獄外《ごくがい》ではなく、ダンテスの独房《どくぼう》に繋《つな》がってしまった。このトンネルを利用してダンテスとファリアはコミュニケーションをとるようになった。

ところが、おなじく地下牢に閉《と》じこめられていた老神父ファリア師とのあいだに、秘密の通路が穿《うが》たれた。ダンテスは、この神父を親とも思い、師とも仰《あお》いで私淑《ししゅく》していく。彼はファリア師の鋭《するど》い推測から、陰謀《いんぼう》を仕組んだ者の正体を知らされ、思わず慄然《りつぜん》とせざるをえない。

（『完本』一六九頁）

ファリアの推定は、後に正しかったことが明らかになる。

ダンテスが入牢《にゅうろう》してから十四年目である。獄中《ごくちゅう》における唯一《ゆいいつ》の話し相手であるファリア師が息を引きとった。すでにダンテスは、師の広汎《こうはん》な知識と教養のすべてを授かり、莫大《ばくだい》な財宝のありかを教えられている。彼は運を天にまかせて、老師の遺体と入れかわり、たくみに脱獄した。
(『完本』一六九〜一七〇頁)

財宝を手に入れたダンテスは、念入りな復讐計画を立てて実行する。復讐は成功する。この過程に大衆小説としての面白《おもしろ》さがある。

モンテ・クリスト島の財宝を手に入れたダンテスは、いよいよ復讐《ふくしゅう》の旅にのぼる。あるときは「船乗りシンドバッド」と名乗り、またあるときは「ブゾーニ師」「ウィルモア卿《きょう》」と変名して、まさに神出鬼没、ひたすら目的の実現に邁進《まいしん》していった。

そしてダンテスは「モンテ・クリスト伯」となって颯爽《さっそう》と登場する。計り知れない財宝と、衆目を魅《ひ》きつけてやまぬ端整な容姿、さらには知性あふれる言動――彼は、たちまちローマの話題をさらい、花の都パリの社交界に君臨《くんりん》していく。

他方、十四年の歳月は、彼を牢《ろう》に追いやった三人の身にも、またかつての婚約者メルセデスの身の上にも、それぞれ重大な変化を与えていた。会計係のダングラールは、スペイン戦争で巨利を得、成り金の銀行経営者にして男爵《だんしゃく》である。また、恋敵のフェルナンは、モルセール伯爵《はくしゃく》と改名し、念願のメルセデスを妻にして一子アルベールをもうけている。彼は貴族院議員にもなっていた。そして代理検事であったヴィルフォールは、いまや検事総長として権力の座に就《つ》き、法の番人の威厳を実直に保っている。

みな一流の名士である。いくらダンテスが復讐の炎《ほのお》を燃やしたとしても、容易には失脚《しっきゃく》しない地位と名声を築いていた。だが、ダンテスは、驚《おどろ》くべき忍耐《にんたい》力と不屈《ふくつ》の意志をもって、次々と所期の目的を果たしていく。——この長篇の面白さも、後半はダンテスの復讐譚《たん》に移っていくが、たんなる筋書きの流れに身をゆだねる読み方であってはならないと、私は思う。

（『完本』一七〇〜一七一頁）

『モンテ・クリスト伯』の読者は、この復讐の物語に夢中になる。一般《いっぱん》に小説の場合、優れた作品を読むと、主人公に共感するようになる。池田氏は、あえてそこから距離《きょり》を置くことが重要であると説く。恨《うら》みを動機とした復讐にエネルギーのほとんどを費《つい》やすような人生が、仏法から見て正しくないと考えるからだ。このような見方を池田氏は恩師の戸田氏から教わった。

水滸会の読書法

ふたたび戸田先生の読書論に戻ろう。

水許会《すいこかい》で『モンテ・クリスト伯』が教材となったのは、昭和二十九年(一九五四年)のことであった。私の「日記」の三月九日の項には、次のように記《しる》されている。

六時。本部にて、水許会行わる。

『モンテ・クリスト伯』に入る。第二期生、第三期生と、優秀なる青年の輩出《はいしゅつ》を、心から期待する。

先生の観察、思索《しさく》、見解の偉大さ、本当に私は驚《おどろ》いた。

恩師は水許会《すいこかい》員の意見を注意深く聞きながら、みなの議論が出尽《つ》くしたころを見はからい、的確な寸評と、いかにも独創的な見解を披瀝《ひれき》するのである。

(『完本』一七一〜一七二頁)

重要なのは、戸田氏が自分の見解を最初に述べるのではなく、水許会のメンバーに感想を述べさせ、議論させた後で自《みずか》らの批評と見解を述べたことだ。「これが正しい」という真理を一方的に伝達するようなやり方では、仏法の真理が伝わらないからだ。この議論の過程を池田氏は見事に再現する。

―― ダンテスが社交界で成功した理由は何か。――会員のあいだからは、さまざまな理由 ――

が挙《あ》げられた。

――財力である。彼は持てる財宝を存分《ぞんぶん》に使って成功を収めた。

――智慧《ちえ》と雄弁の力によって勝った。社交の慎重さ、風貌《ふうぼう》の優《やさ》しさと相まって、彼には人を見抜く力があった。

――いや、根本は復讐《ふくしゅう》を遂《と》げようとする一念の力である。どのようにしたら効果的な復讐となるか、相手をよく観察し、また社交界の性質なども勉強している。……

このような会員の意見に対して、恩師はやや否定的であった。そして、むしろ青年らしい社交のあり方を説いていった。

「若い諸君は、ダンテスのような行き方をとる必要はない。二十代の青年が、敵か味方かを一々さぐり、考えているのでは、純真さがなくて、私は嫌《きら》いである。

青年には信用が財産である。しかも、信用を得る根本は、約束を守るということである。できないことは、はっきり断《ことわ》る。そのかわり、いったん引き受けた約束は、何を犠牲《ぎせい》にしても絶対に守ることだ。これが青年の社交術であり、金はかからないよ」

（『完本』一七二～一七三頁）

テキストと批判的に向き合う

敵か味方を峻別《しゅんべつ》し、自らに利益のある人間を大切にするというような功利主義的アプローチでは人間の信頼《しんらい》関係は構築されない。戸田氏は、信用の基本は約束を守ることにあるという。一旦《いったん》、約束したことは必ず履行《りこう》しなくてはならない。これは履行できないこと、自らの信念に反するようなことについては、約束してはならないという意味でもある。筆者も外交官時代、「約束は絶対に守る」「できないことは約束しない」ということを信条にしていた。これが外交官あるいはインテリジェンス・オフィサー（情報担当官）として成功するための秘訣《ひけつ》だからだ。

池田氏は、テキストと批判的に向き合う戸田氏の方法を、《書に読まれるな》ということだと考える。

たしかに、ドラマの筋を追うだけでは、こういった独特な視角の教訓は得られまい。恩師が「書に読まれるな」と言われた意味が、実感として胸におさまった。

（『完本』一七三頁）

戸田氏は、ダンテスが執拗《しつよう》な復讐に走ったのは、近代になってキリスト教が力を失ったからと考える。実に鋭《するど》い指摘《してき》だ。

戸田先生はまた、必ずしもダンテスの復讐譚《たん》に賛成していたわけではない。むしろ「陰険で、執念深《しゅうねん》いのは、いやだな」と言われていたのを、私は記憶している。

「なぜ、あのような方法で復讐をするのかというと、キリストの神に力がないので、人間が神に代わって裁《さば》くのだという思想が、この本の全体を貫《つらぬ》いていると思う。

このようなデュマの考え方に、私は反対である。人間が神に代わって罰するという考えは間違っている。法罰でいかなければならない。法に力があるときには、人間が人間を罰する必要はないからである」

作者のデュマにしても、これを悪人必罰の復讐譚《ふくしゅうたん》で終わらせるには限界があることを、あるいは感づいていたかもしれない。

フェルナンが自殺し、ヴィルフォールは発狂し、そしてダングラールが破産したにもかかわらず、ダンテスの心には、復讐の達成による充足感はなかった。彼は罪悪感にさいなまれ、空《むな》しさに揺れる心情を告白している。

「わたしを敵にたいして反抗させ、わたしを勝たせてくれた神、その神は（わたしにはよくわかっている）わたしの勝利のあとにこうした悔恨《かいこん》の気持をもたせたくないと思われたのだ。わたしは、自分を罰したいと考えた*」

つまり作者は、ダンテスにこのような悲痛な言葉を吐《は》かせなければ、その作品の幕を閉《と》じられなかったのであろう。ここに私は、デュマの本心を見る思いがしてならない。

（『完本』一七三～一七四頁）

二十一世紀でも有効な戸田氏の読書法

キリスト教では、復讐する権限は人間にではなく、神に属すると考える。使徒パウロは、《愛する人たち、自分で復讐《ふくしゅう》せず、神の怒《いか》りに任せなさい。「『復讐は私のすること、私が報復する』と主は言われる」と書いてあります》（「ローマの信徒への手紙」一二章一九節、聖書協会共同訳、ルビは編集部による）と述べた。ダンテスのように復讐に全生涯《ぜんしょうがい》を費やすのは、心の中に神が存在しないからなのである。仏法者である戸田氏は、キリスト教が想定するような神という存在が誤りと考える。多くの人々が神を信じることができなくなった時代における神にどういう意味があるかというのは、筆者らプロテスタント神学者にとっても、取り組まなくてはならない難問だ。正直に言うと、筆者もまだ明確な答えを見出《みいだ》すことができない。

池田氏は、小説の読み方について戸田氏から学んだ内容を、こうまとめる。

> ともあれ恩師は、一篇の小説を読むに際しても、物語の底流にある思想は何か、作者の意図《いと》がどこにあるかを深く読みとらなければならない、と言われる。さらに、その作品が世界文学であれば、舞台となる国の社会事情や時代背景を事前に調べておく必要があろう。

私たちは『モンテ・クリスト伯』を読むにあたり、この小説の背後につねに見え隠れするナポレオンの存在にも注意を払った。また、フランスにとっては未曾有《みぞう》の動乱期にあたる十九世紀初頭の歴史を、絶えず念頭におきつつ読んでいったのである。既成《きせい》の権威《けんい》が崩壊《ほうかい》し、キリスト教の力も弱まりつつあった時代――人心の動揺《どうよう》する社会にデュマの『モンテ・クリスト伯』が喝采《かっさい》を博した背景も掘り下げられた。

そうした青年の熱っぽい議論を聞きながら、恩師は時に厳格な表情を見せつつも、いかにも愉《たの》しそうに語っていた姿が忘れられない。今にして思えば、戸田先生は私たちに貴重な教訓を、全力を挙《あ》げて遺《のこ》されたのである。

（『完本』一七四～一七五頁）

この読書法は、二十一世紀の今日になっても有効性を喪失《そうしつ》していない。

＊　A・デュマ〈生島遼一・奥村香苗訳〉『モンテ・クリスト伯』四（潮文庫、一九七六年）五〇五～五〇六頁。

終章　池田会長の思想を具現化するために
――勝海舟『氷川清話』『海舟座談』

青年期の読書が重要な理由

池田《いけだ》大作《だいさく》創価学会《そうかがっかい》第三代会長は、人生における節《ふし》について、こう述べる。

> 人生には、いくつかの節がある。厳《きび》しい冬の寒さに耐《た》えなければならないときもあれば、春の陽光を燦々《さんさん》と浴びて、すくすくと伸びゆく若木のように、まっすぐに成長するときもある。とりわけ二十歳《はたち》前後の青年は、知識の養分を満身に吸収して、見るみるうちに頭角《とうかく》をあらわしていくものだ。
>
> （『完本　若き日の読書』〈以下『完本』〉五六頁）

二十歳《はたち》前後の時期につけた知識がその後の人生でとても役立つというのは、筆者自身の経験に照らしても、その通りだ。特に読書によってつけた知識はとても役に立つ。最近の若者は本を読まないと言われている。確かに一般論《いっぱんろん》としてその傾向《けいこう》はある。しかし、それは読書の喜びを知る機会がなかったからだ。

筆者は母校の同志社《どうししゃ》大学で教壇《きょうだん》に立っているが、学生たちは本の読み方を知らない。だから最初は、声を出してテキストを輪読《りんどく》させる。そして、テキストに即《そく》して術語の意味や背景事情を筆者が解説していく。本を読んで確かに知識が身について、未知の世界について知ることの面白《おもしろ》さを知ると、学生たちは自発的に読書をするようになる。

特に古典のようなすぐに役立つことが期待されないテキストほど、その後の人生で重要な問題に直面したときのよき相談相手になる。この点についても池田氏の指摘《してき》が重要だ。

> 読書においても、この時期に読んだ本は、その人の血となり肉となって、終生忘れることはない。すぐには役に立たなくても、いつか人生の節目に直面したときなど、突然記憶の底から呼びおこされ、ダイヤモンドのように光り輝《かがや》く貴重な財産となろう。
>
> （『完本』五六頁）

創価学会の「精神の正史」「信心の教科書」である池田氏が執筆《しっぴつ》した『人間革命』と『新・人間革命』には、池田氏が読書を通じて得た貴重な先人の遺産が有機的に組み込《こ》まれている。

それでは池田氏は青年期にどのような本を読んでいたのであろうか。

海舟から学んだ若き池田会長

私が二十歳前後のころ読んだ本の多くは、廉価版《れんかばん》の文庫本であった。当時の私の経済力では、それが精いっぱいだったし、仕事の往《ゆ》き帰りの電車の中など、十分、二十分の時間を惜《お》しんで、気軽にポケットから取り出して読めたからである。

文庫本ブームといわれる現在では、書物の選択《せんたく》に迷うほど種類も多い。だが、私が親しんだ時代は、文庫本といえば、岩波文庫と改造文庫が中心であった。そこには、粒選《つぶよ》りの古典、名著が収められ、わずか二、三十円で、東西古今の知識の泉を汲《く》むことができたのである。

私の「読書ノート」を開いてみると、岩波文庫では、ダーウィン『種の起原』、プラトン『ソクラテスの弁明・クリトン』、巖本善治《いわもとよしはる》編『海舟座談《かいしゅうざだん》』、山田済斎編『西郷南洲遺訓』、内村鑑三《うちむらかんぞう》『代表的日本人』、長与善郎『竹沢先生と云ふ人』など、改造文庫では、プレハノフ『我等の対立』、バクーニン『神と国家』、幸田露伴《こうだろはん》『頼朝』などを読んだことが想《おも》いおこされる。

(『完本』五七頁)

池田氏は、一九二八年に生まれた。池田氏の読書傾向は、同氏が生まれた頃《ころ》の青年たちがむさぼるようにして読んだ本が多い。池田氏の読書傾向には、大正教養主義の影響《えいきょう》があるというのが筆者の見立てだ。日本が軍国主義化する以前の優《すぐ》れた知性を池田氏は吸収したのだ。
池田氏は、勝海舟《かつかいしゅう》（一八二三〜九九年）のテキストから多くを学んでいる。

世に処するには、どんな難事に出会つても臆病ではいけない。さあ何程でも来い。おれの身体が、ねぢれるならば、ねぢつて見ろ、といふ了簡《りょうけん》で、事を捌《さば》いて行く時は、難事が到来すればするほど面白味が付いて来て、物事は雑作《ぞうさ》もなく落着《らくちゃく》してしまふものだ。なんでも大胆に、無用意に、打ちかゝらなければいけない。[*1]（勝海舟《かつかいしゅう》）

これも「読書ノート」に記《しる》されている一節だ。

何から引用したものかを調べたところ、岩波文庫の『海舟座談』には出ていない。すると、おそらく吉本襄の編纂《へんさん》した『氷川《ひかわ》清話』であろうと見当をつけ、あらためて読みなおしてみると、案の定《じょう》、彼が「世人百態」として分類したなかにあった。

たしか三十年まえの私は、まず『海舟座談』を読んで『氷川清話』の存在を知り、海舟という人物に興味《きょうみ》を抱《いだ》いていったのである。早速《さっそく》、神田の古本屋街へ行って、改造社版の『海舟全集』を何冊か買った覚えがある。

（『完本』五八頁）

七年ごとに人生の節目を迎えた海舟

池田氏は、創価学会がさまざまな苦難に直面したときも、それを試練ととらえる。そして苦難を克服《こくふく》することを通じて、創価学会は世界宗教に発展していった。

池田氏は、勝海舟が唱える七年ごとの人生の節目という言説に着目する。

周知《しゅうち》のように、海舟勝安房守義邦《かつあわのかみ》は、大江戸の旗本勝小吉の息子《むすこ》である。父子の厳《きび》しくも気高《けだか》い交流は、往年の映画ファンなら、おそらく阪妻《ばんつま》(阪東妻三郎)の熱演を覚えているにちがいない。

幕末維新《ばくまついしん》の動乱期に人となった海舟は、数多くの偉業を成し遂《と》げ、明治三十二年(一八九九年)まで生き続けた。その七十七年にもおよぶ生涯《しょうがい》の基盤《きばん》は、十代から二十代にかけての克己勉励《こっきべんれい》によって築かれたことはいうまでもない。剣をとっては達人の域に達し、漢学の素養も深く、オランダ語をはじめとする外国語にも堪能《たんのう》であったという。

彼は七年ごとに人生の節目を迎えている。ペリーが黒船を率《ひき》いて来航したとき、海舟は三十一歳であった。——来るべきときが来たことを知って、少しも動揺《どうよう》しなかった、といわれる。

(『完本』五九頁)

それでは、勝海舟の人生において七年周期で何が起きたのであろうか。

その七年後の三十八歳のときには、みずから咸臨丸《かいりんまる》の艦長となって太平洋の荒波を越え、日本人としての第一歩をアメリカの地に印《しる》した。やがて次の七年後、海舟《かいしゅう》四十五歳のとき、三百年の治世を誇《ほこ》った徳川幕府が、ついに崩壊《ほうかい》したのである。

一体、政治家は、機勢の変転というものを見なければならぬ。新井白石が、読史余論に、幾変転《いくへんてん》と言うて論じたのは、アレはあとから言うたことだが。マー機の移り変りの工合を知らなければならない。それは証拠をあげて言えば、直《すぐ》に分るものだ。徳富《とくとみ》〔蘇峰《そほう》〕にでも書かせてやろうかと思ったのだが、誰《だれ》かが書けば、直に分るのだ。ソノ工合をチャンと知っていると、政治の塩梅《あんばい》が雑作ないのだ。ワシはもと西洋人の言うた七年一変の説ネ。アレを信じているのだ。どうも七、八年ないし十年にして人心が一変するよ。*2

これは『海舟座談』にある。明治三十年（一八九七年）七月十五日、巖本《いわもと》が、赤坂氷川《ひかわ》町の勝邸において聞きとったものだ。いかにも江戸っ子らしい、歯切れのいい語り口である。

（『完本』六〇～六一頁）

創価学会にとっての重要な歴史区分

この七年の周期という歴史観は、現在の創価学会にも生きている。

創価学会には「七つの鐘」という重要な歴史区分がある。そこには第一の「七つの鐘」と第二の「七つの鐘」がある。具体的には、以下のようになっている。

第一の「七つの鐘」

第一の鐘　一九三〇年〜三七年　学会創立（一九三〇年）

第二の鐘　一九三七年〜四四年　創価教育学会の本格的な発足《ほっそく》（一九三七年）

第三の鐘　一九四四年〜五一年　戸田城聖《とだじょうせい》氏の第二代会長就任（一九五一年）

第四の鐘　一九五一年〜五八年　会員七五万世帯を成就《じょうじゅ》（一九五七年）

第五の鐘　一九五八年〜六五年　会員三〇〇万世帯を成就（一九六二年）

第六の鐘　一九六五年〜七二年　会員七五〇万世帯を成就（一九七〇年）

第七の鐘　一九七二年〜七九年　日本の広布の確かな基盤《きばん》を構築

第二の「七つの鐘」

第一の鐘　二〇〇一年〜〇八年　「創価学会永遠の五指針」発表（二〇〇三年）

第二の鐘　二〇〇八年〜一五年　広宣流布大誓堂《こうせんるふだいせいどう》が完成（二〇一三年）
第三の鐘　二〇一五年〜二二年　小説『新・人間革命』完結（二〇一八年）
第四の鐘　二〇二二年〜二九年　広宣流布大誓堂完成一〇周年（二〇二三年）
第五の鐘　二〇二九年〜三六年　学会創立一〇〇周年（二〇三〇年）
第六の鐘　二〇三六年〜四三年　学会創立一一〇周年（二〇四〇年）
第七の鐘　二〇四三年〜五〇年　学会創立一二〇周年（二〇五〇年）

「七つの鐘」とともに歩んできた創価学会

二〇二三年五月二十五日の「聖教新聞」に「『七つの鐘《かね》』構想発表65周年　大志《たいし》を抱《いだ》き、希望の峰《みね》へ前進！」と題する重要な論考が掲載《けいさい》されたので、これに基《もと》づいて記述を進めたい。

池田氏が第一の「七つの鐘」を提唱したのは、一九五八年のことだった。

池田先生が「七つの鐘《かね》」の未来構想を発表してから、今月で65周年の佳節《かせつ》を刻《きざ》んだ。1958年（昭和33年）4月2日、第2代会長・戸田先生が逝去《せいきょ》。当時、青年部の室長だった池田先生は、同志に新たな希望を送ろうと、5月3日に行われた春季総会の席上、同構想を発表する。ここでは、「七つの鐘」の広布の指標《しひょう》について確認《かくにん》する。

1958年（昭和33年）5月3日の春季総会を目前に、池田先生は、「七つの鐘《かね》」構想の発表を決断する。その時の思いが、小説『人間革命』第12巻「新・黎明《れいめい》」の章に描《えが》かれている。

伸一は、戸田が生前《せいぜん》、「学会は七年ごとに大きな歩《あゆ》みを刻《きざ》んでいくのだ」と、しばしば語っていたことを知っていた。また、「七年を一つの区切りとして広宣流布の鐘を打ち、『七つの鐘』を打ち鳴らそう！」と語っていたことが思い出された。

伸一は、七年ごとの学会の歩みを振《ふ》り返《かえ》ってみた。

牧口常三郎と戸田城聖の手によって、創価教育学会が創立《そうりつ》されたのは、一九三〇年（昭和五年）十一月十八日である。

そして、七年後にあたる三七年（同十二年）には、会員に約百人が名を連《つら》ね、創価教育学会が本格的に発足するにいたっている。

さらに、七年後の四四年（同十九年）十一月十八日には、牧口が獄死《ごくし》。それから七年後の五一年（同二十六年）五月三日には、戸田が第二代会長に就任《しゅうにん》している。以来、七年を経《へ》て、戸田は願業《がんぎょう》をことごとく成就《じょうじゅ》し、逝去《せいきょ》した。不思議な時の一致《いっち》といってよい。

（「聖教新聞」二〇二三年五月二十五日付三面）

七年周期で大きな節目が

池田氏は、創価学会の歴史を回顧《かいこ》する際に、七年周期で大きな節目があることに気付いた。この気付きを得る際に、池田氏が若い頃に読んだ勝海舟の言説が影響を与《あた》えた可能性がある。

伸一は、深い感慨《かんがい》を覚えながら、思索《しさく》を重ねていった。

〝昭和五年に、第一の広宣流布の鐘が打ち鳴らされたとすれば、既《すで》に、第四の鐘が鳴り終わったことになる。すると、今年の五月三日の春季総会は、第五の鐘を、高らかに打ち鳴らす日としなければならない。

この第五の鐘にあたる七年のうちに、先生が示してくださった三百万世帯を、断固、達成するのだ。第六の鐘となる次の七年の目標は、六百万世帯の達成になろう（中略）〟

伸一の広宣流布の展望《てんぼう》は、限りなく広がっていった。彼は、燦然《さんぜん》たる未来に思いを馳《は》せながら、総会では、戸田が折々に語ってきた、この「七つの鐘」の構想を発表しようと思った。

そして、その構想の実現こそ、ほかならぬ伸一自身の生涯《しょうがい》の使命であることを、悟《さと》らざるを得なかった。

（前掲「聖教新聞」）

池田氏（『人間革命』と『新・人間革命』においては山本伸一《やまもとしんいち》の名で登場する）にとって「七つの鐘」の構想を実現することが生涯《しょうがい》の使命なのである。池田氏の弟子《でし》である創価学会員も「七つの鐘」の構想を日々実現することに努《つと》めている。「七つの鐘」について認識《にんしき》し、その構想を実現することが永遠の師匠《ししょう》である池田大作先生に対する報恩なのである。

二十三世紀を見据えた「七つの鐘」構想

一九五八年に提唱した第一の「七つの鐘」で池田氏は、この鐘が鳴り終わるまでに広宣流布の永遠の基盤を構築する必要があることを強調した。

5月3日の春季総会の席上、池田先生は、同志にこう呼《よ》びかける。

「『七つの鐘』が鳴り終わる時までに、広宣流布の永遠の基盤《きばん》をつくりあげることを目標に、前進してまいりたいと思うのでございます。

『命限り有り惜《お》しむ可《べ》からず遂《つい》に願う可きは仏国也《なり》』(全955・新1283)との御聖訓《ごせいくん》がございますが、本日を力強《ちからづよ》い前進の第一歩として、希望と勇気と確信をたぎらせて、広宣流布に邁進《まいしん》していこうではありませんか！」

「七つの鐘」の壮大《そうだい》な構想は、学会員にとっての希望となり、指標となった。

その後、師弟共戦の大前進によって、先生が展望した通りの、広布の軌跡《きせき》が描《えが》かれていったのである。

「七つの鐘」が鳴り終わるまでには、学会の会員世帯は７５０万世帯を突破《とっぱ》し、日本の広宣流布の基盤が完成した。

（前掲「聖教新聞」）


創価学会員一人一人が池田氏の構想を自分の使命であると自覚し、その実現に邁進《まいしん》した。そして、第六の鐘として掲《かか》げた六〇〇万世帯の目標を超過《ちょうか》する七五〇万世帯を突破《とっぱ》したのだ。創価学会が折伏《しゃくぶく》の教団であることの強さを可視化したのである。

この成果を踏《ふ》まえた上で、二〇〇〇年十二月に池田氏は第二の「七つの鐘」を提唱する。


先生は折に触《ふ》れ、第１の「七つの鐘」を鳴らし終えた後の、新しい「七つの鐘」の展望に言及《げんきゅう》。21世紀が開幕《かいまく》する２００１年の５月３日から、第２の「七つの鐘」を打ち鳴らしゆくことを念願した。

そして、２０００年12月、大阪で開催《かいさい》された20世紀最後の本部幹部会で、23世紀半ばまでの遠大な展望を発表する。

これまで創価学会は、「七つの鐘」を7年ごとに打ち鳴らしながら前進してきた。「七」は「南無妙法蓮華経」の七字にも通ずる。第1の「七つの鐘」は、学会創立の昭和5年（1930年）から、昭和54年（79年）までの50年間であった。

第2の「七つの鐘」を打ち鳴らす、21世紀の前半の50年では、アジアをはじめ世界の平和の基盤をつくってまいりたいと、私は申し上げた。その通りに私は祈り、一つまた一つと、手を打ち続けてきた。今回、私がアジアの各地を訪問《ほうもん》したのも、この21世紀の構想の上からの新たな第一歩である。

続く第3の「七つの鐘」を鳴らす21世紀の後半では、「生命の尊厳《そんげん》」の哲学《てつがく》を時代精神にし、世界精神へと定着させたい。

さらに、第4の「七つの鐘」に当たる22世紀の前半には、世界の「恒久《こうきゅう》の平和」の崩《くず》れざる基盤をつくりたい。

その基盤の上に、第5の「七つの鐘」が高鳴る22世紀の後半には、絢爛《けんらん》たる人間文化の花が開いていくであろう。

それが実現すれば、第6の「七つの鐘」、第7の「七つの鐘」と進みゆく。日蓮大聖人の立宗《りっしゅう》1000年（2253年）を迎《むか》える23世紀の半ばごろから、新たな展開《てんかい》が始まるであろう。

（前掲「聖教新聞」）

第二の「七つの鐘」の「第四の鐘」とともに

池田氏と創価学会に関する筆者の表現活動も、第二の「七つの鐘」の「第四の鐘」の枠組《わくぐ》みのなかで行われている作業だ。世界宗教として発展しつつある創価学会は、学会員にとどまらず、筆者のような別の宗教を信じる人々にも強い影響を与えているのだ。また、日本の政治においては、創価学会と基本的価値を共有する公明党が与党《よとう》として、国民福祉《ふくし》を増進するとともに、平和を強化する政治活動を日常的に展開している。それぞれの人が、池田氏の指針に従い、自《みずか》らの鐘を打ち鳴らす作業に従事しているのである。ここで紹介《しょうかい》した「聖教新聞」の記事が、この現実をわかりやすく解説している。


今、私たちは、2022年からスタートした、第2の「七つの鐘」の「第四の鐘」を、世界の同志と共に高らかに打ち鳴らしている。

先生は本年、青年部の代表に贈《おく》ったメッセージの中で、「第2の『七つの鐘』、そして第3の『七つの鐘』まで頼《たの》みます」と万感の期待を寄せた。

〝広布拡大の鐘〟〝師弟勝利の鐘〟を轟《とどろ》かせていくのは、誰《だれ》かではなく、われわれ一人一人である。

先生は、創価の同志に呼《よ》びかけている。

広布と人生の勝利の鐘を打ち鳴らす主役は誰《だれ》か――ほかでもない、それは自分自身と決めるのだ！
まずは、自《みずか》らが、いかに人間革命し、わが家、わが地区、わが地域をどう発展《はってん》、興隆《こうりゅう》させていくのか。大志《たいし》を抱《いだ》き、具体的な目標を掲《かか》げ、一つ一つ楽しく粘《ねば》り強く挑戦《ちょうせん》してもらいたい。
（前掲「聖教新聞」）

池田氏が若き日の読書で勝海舟から学んだ「七年一変の説」は、このような形で世界宗教に発展する創価学会の広宣流布に活《い》かされている。

民衆本意で考えた勝海舟と西郷隆盛

話を池田氏のテキストに戻《もど》す。池田氏は、勝海舟が「七年一変の説」という歴史観を持っていたため、江戸《えど》の街を内乱から避《さ》けることができたと考える。

勝は、わが日本史に赫々《かっかく》たる無血革命の〝江戸城明け渡し〟――徳川幕藩体制から近代国家への黎明《れいめい》を告《つ》げる一大変革を、「七年一変の説」を内に秘め、「機勢の変転」をみながら成就《じょうじゅ》したのであろう。
慶応《けいおう》四年（一八六八年）三月十三日、翌十四日の両日――勝と西郷隆盛は、芝田町の薩摩《さつま》屋敷で一対一の談判におよんだ。

当日おれは、羽織袴で馬に騎《の》つて、従者を一人つれたばかりで、薩摩屋敷へ出掛けた。まづ一室へ案内せられて、しばらく待つて居ると、西郷は庭の方から、古洋服に薩摩風の引つ切り下駄をはいて、例の熊次郎といふ忠僕を従へ、平気な顔で出て来て、これは実に遅刻しまして失礼、と挨拶しながら座敷に通つた。その様子は、少しも一大事を前に控へたものとは思はれなかつた。

さて、いよ〳〵談判になると、西郷は、おれのいふ事を一々信用してくれ、その間一点の疑念も挾まなかつた。「いろ〳〵むつかしい議論もありませうが、私が一身にかけて御引受けします」西郷のこの一言で、江戸百万の生霊も、その生命と財産とを保つことが出来、また徳川氏もその滅亡を免《まぬか》れたのだ。[*3]

（『完本』六一～六二頁）

歴史的な会見である。

政治家や軍人の見栄《みえ》や意地ではなく、大局的視点から国家と民衆のことを考えることができるのが真の指導者だ。幕府高官で撤退《てったい》を決断できた勝海舟も、維新《いしん》政府の高官でありながら「勝ちすぎ」の誘惑《ゆうわく》にとらわれることのなかった西郷隆盛《さいごうたかもり》も優れた指導者だった。
勝も西郷も民衆本位で考えていたことに池田氏は着目する。

的確な勝海舟の人物批評

勝の双肩《そうけん》には、江戸百万の民衆の運命がかかっていた。西郷の背後には、勤王討幕の志士の鋭《するど》い眼光が注がれている。選択《せんたく》は二つに一つであった。

勝は後年「外交の極意《ごくい》は、誠心正意にあるのだ」[*4]と言っている。また西郷が、談判の最中にも「始終座を正して手を膝の上に載《の》せ、少しも戦勝の威光でもつて、敗軍の将を軽蔑《けいべつ》するといふやうな風が見えなかつた」[*5]のを、海舟《かいしゅう》は感心して称賛《しょうさん》する。いわば西郷の「至誠」と、勝の「誠心正意」の一念が相呼応し、一触即発の内戦の危機を救ったのであろう。

談判が始まるまえには、すでに官軍は三方から江戸城へと進撃を開始していた。ところが、会見が終わり、海舟が歩いて城へ帰りつくまでの短い時間に、ぴたりと進撃中止の命令が全軍に行きわたっていたのである。

こうして日本は明治維新《いしん》を遂《と》げ、極東の海に旭日が昇るかのような、近代国家への歩みを始めた。

（『完本』六二〜六三頁）

明治維新の頃、世界は既《すで》に帝国《ていこく》主義の時代に入っていた。過去の国内における諍《いさか》いを克服し、国家と国民のために政治エリートが団結する必要があった。しかし、明治政府は勝の能力を十分に活かすことができなかった。この点を池田氏はとても残念に思っている。

しかし、その最大の功労者ともいうべき海舟にとって、新政府の行き方は必ずしも満足できるものではない。一度は参議兼海軍卿《きょう》に列せられはしたが、彼の建策や構想は容《い》れられず、いかにも不遇《ふぐう》な晩年であった。

勝が手塩にかけて育てた坂本龍馬《りょうま》は、そのために命まで賭《か》けた「維新回天《かいてん》」を目前にして、凶刃《きょうじん》に斃《たお》れた。同じく門弟榎本武揚《たけあき》も、勝が長年育成した幕軍艦隊を率《ひき》いて東北へ逃《のが》れ、やがて北海道箱館《はこだて》(当時)の五稜郭《ごりょうかく》に立てこもり、官軍と一戦を交えている。そして、勝が誰《だれ》よりも敬愛した西郷南洲も、明治十年(一八七七年)には西南戦争で「逆臣」の汚名をきせられ、儚《はかな》くも散っていった……。

全体大きな人物といふものは、そんなに早く顕《あらわ》れるものではないヨ。通例は百年の後だ。今一層大きい人物になると、二百年か三百年の後だ。それも顕れるといつたところで、今のやうに自叙伝の力や、何かによつて顕れるのではない。二、三百年も経つと、ちやうどそのくらゐ大きい人物が、再び出るぢや。其奴《そやつ》が後先《あとさき》の事を考へて見て居るうちに、二、三百年も前に、ちやうど自分の意見と同じ意見を持つて居た人を見出すぢや。そこで其奴が驚いて、成程《なるほど》えらい人間が居たな。二、三百年も前に、今、自分が抱いて居る意見と、同じ意見を抱いて居たな、これは感心な人物だと、騒ぎ出すやうになつて、それで世に知れて来るのだヨ。知己《ちき》を千載《せんざい》の下《もと》に待つといふのは、この事サ。*6

これは『氷川清話《ひかわ》』の「人物評論」と題した項の最初に出ている。海舟《かいしゅう》の義弟にあたる佐久間象山《しょうざん》をはじめ、横井小楠《しょうなん》、西郷南洲、藤田東湖《とうこ》、木戸孝允《たかよし》、大久保利通、島津斉彬《なりあきら》、山岡鉄舟《てっしゅう》、渡辺崋山《かざん》、高野長英《ちょうえい》、岩倉具視《ともみ》など、幕末維新《ばくまついしん》期をいろどる群像が、歯に衣《きぬ》を着せず、忌憚《きたん》なく論評されている。百年後の今日読んでも、的確なる人物批評の眼を養うのに十分参考となろう。

（『完本』六三〜六四頁）

池田会長の読書の成果を活かすために

勝は、歴史に偉業《いぎょう》をもたらした人についてこう述べている。

海舟はまた、明治三十一年（一八九八年）十一月三十日、すなわち死の一カ月あまりまえ、巖本善治《いわもとよしはる》に対して次のように語っている。

玄徳《げんとく》〔三国志、蜀の劉備のこと〕だってそうだ。たッた、孔明《こうめい》一人を見抜いて、「あれに」というので、ヤイヤイ引張り出した。孔明でも、一人で出て行って、どうか、こうか、やったじゃアないか。昔から、みンな、同じ事で、チャンときまってるよ。百年の後に、知己を待つのだ。なにが、分るものか。昔から、大功の有《あ》った人は、人が知らないよ。久しうして後に分るのだ。それが、大変好きで、昔から、それを守ったよ。[*7]

（『完本』六四～六五頁）

数百年に一度、傑出《けっしゅつ》した人物が出るという勝の指摘は、まさに池田氏にあてはまる。仏教の歴史において池田氏は、日蓮大聖人による宗教改革以来の大改革を行った人物なのである。このことをアーノルド・J・トインビー氏（イギリスの歴史家・歴史哲学者《てつがくしゃ》）やハーヴェイ・コックス氏（アメリカのプロテスタント神学者）など世界で一級の知識人は、率直《そっちょく》に認めている。それと比較《ひかく》すると、日本の論壇《ろんだん》の状況《じょうきょう》は遅《おく》れているが、創価学会の世界広宣流布が進捗《しんちょく》する過程で、池田氏に対する日本国内での評価が質的に変化してくると筆者は確信している。

池田氏は、戸田氏が経営していた出版社から勝に関する小説が上梓《じょうし》されたことに言及《げんきゅう》している。

敗戦直後――私が『海舟座談』を読んだころは、まだ海舟が死んでから五十年と経《た》っていなかった。ところが、マッカーサー占領軍による間接統治を目して、江戸の無血開城になぞらえる意見もあった。

のちに知ったことだが、そのころ、作家の子母澤寛《しもざわかん》は、ある新聞に小説『勝海舟』を書きついでいたという。――その連載開始は、戦時中の昭和十六年（一九四一年）にさかのぼる。しかも、第五巻までは『勝安房守《かつあわのかみ》』と題して、われらの恩師戸田城聖先生が、入獄《にゅうごく》前に経営していた大道書房から出版されたものだ。

子母澤寛《しもざわかん》の本名は梅谷《うめたに》松太郎といい、その祖父十次郎は、彰義隊《しょうぎたい》くずれの旧幕臣であった。箱館《はこだて》（当時）の五稜郭《ごりょうかく》に拠《よ》って、官軍との決戦に敗《やぶ》れた梅谷ら七人の侍《さむらい》は、明治三年（一八七〇年）春、アイヌ語で「荒海の浜」という意味の厚田村に落ちのびたのである。

幼《おさな》いころの子母澤は、その祖父から雪深い冬の夜ごとに、江戸の昔語りや、勝小吉・麟太郎《りんたろう》親子にまつわる話を聞いて育ったにちがいない。それが後年、彼の名作『父子鷹』『勝海舟《かつかいしゅう》』など、一連の幕末維新《ばくまついしん》物として結晶《けっしょう》していったものと、私は思っている。

戸田先生の実兄は、その子母澤と厚田村で遊び友達であった。そんな関係から、やがて先生は、この同郷の作家とも親交を結ぶにいたったと聞く。ちなみに大道書房というのは、昭和十五年（一九四〇年）五月、戸田先生が子母澤の小説『大道』を出版するとき、社名を作品からとったことに由来《ゆらい》するという。

その後、私は信仰の道に入り、戸田先生の近くに師事することになるが、先生はよく青年に対して、あたかも海舟の言行録を掌中《しょうちゅう》のものとし、的確なる人物評を下していたように見受けられた。

（『完本』六五〜六七頁）

勝による人物評価の基準は、戸田氏を通じて池田氏にも影響を与えているのだ。さらに池田氏は、勝の外交哲学《てつがく》が東アジアの平和を構築するために重要であることに注目する。


じつは『氷川清話《ひかわ》』については、もう一つの後日譚《ごじつたん》がある。

それは一九六八年のこと――いわゆる「七〇年安保」を目前にひかえて、わが国は左右激突の騒然《そうぜん》たる様相を呈し始めていた。大規模な学生運動の嵐《あらし》が、各大学のキャンパスに巻きおこり、ベトナムの戦火も収まらず、日本は安保防衛問題をめぐって、袋小路におちいっていた時期である。

私は、そのような時代状況を横目に見ながら、ふと勝海舟が構想していた外交方針を想《おも》いおこした。ちょうど、その年は「明治百年」にもあたり、その記念出版として『氷川清話』が『勝海舟自伝』と題して復刻《ふっこく》されてもいた。

あらためて読みなおしてみると、海舟は日清戦争に反対し、時の伊藤博文内閣に対して、強く和平の議を建言している。彼は、東洋の民族が相食《あいは》む戦争を否定し、中国、朝鮮の民衆と善隣友好の関係を保つべきであると主張したのである。

私は、その卓抜《たくばつ》なる先見の明に学び、わが学生部の第十一回総会の二万名参加の席上、未来を託すべき青年諸君の英智に向けて、中国問題に関する発想の転換《てんかん》を呼びかけた。おそらく中国にも、日本の明治時代に隠れたる具眼《ぐがん》の士がいたことを、知る人もあったにちがいない。はたして、私の提唱に対して、海の向こうから確かな手応《てごた》えがあったのも、今にして思えば不思議なめぐりあわせである。

（『完本』六七〜六八頁）

二十一世紀の今日、国際社会においては国家エゴが急速に強まっている。自国の利益を武力行使もしくは武力を用いた威嚇《いかく》によって処理しようとする国が出てきている。しかし、われわれは二度と残酷《ざんこく》で悲惨《ひさん》な戦争を東アジアで起こしてはいけない。東アジアにおける主要プレイヤーは、日本、アメリカ、中国、ロシア、韓国《かんこく》、台湾《たいわん》の五カ国・一地域だ。これらのプレイヤーの間で戦争を引き起こさないようにするためにも、池田大作氏の思想を活かすことが不可欠になる。

池田氏が若き日に行った読書の成果を、われわれは二十一世紀の東アジアの平和を強化するために用いる義務がある。筆者も一人の作家として池田氏の平和の思想を現実の世界に具現化するために今後も表現活動を続けていきたい。

＊1、3〜6　勝海舟［述］〈江藤淳・川崎宏・司馬遼太郎・松浦玲編〉『氷川清話』（講談社文庫、一九七四年）五六頁（＊6）、六二〜六三頁（＊3）、六三頁（＊5）、一七八頁（＊4）、二九〇頁（＊1）。＊1の字下げは引用元による。

＊2、7　勝海舟［述］〈巖本善治編・勝部真長校注〉『新訂　海舟座談』（岩波文庫、一九八三年）六三頁（＊7）、一五七〜一五八頁（＊2）。なお、ここでの〔　〕内は原文の注である。

あとがき

池田大作創価学会《いけだだいさくそうかがっかい》第三代会長（一九二八年一月二日〜二〇二三年十一月十五日）は、釈尊《しゃくそん》と日蓮大聖人《にちれんだいしょうにん》の仏法を正統に継承《けいしょう》した創価学会を世界宗教に発展させた宗教指導者として、歴史に永遠に名を残す。ただし、池田氏は歴史上の人物にとどまるだけではない。創価学会員の心の中では、永遠の師匠《ししょう》として現在も生きているし、将来も生き続けるのである。私は創価学会員ではない。仏教徒でもない。日本基督《キリスト》教団（日本におけるプロテスタントの最大教派）に属するプロテスタントのキリスト教徒だ。仏教徒から見ると、六師外道《ろくしげどう》のさらに外側に位置することになるのであろう。しかし、私は創価学会に強い共感を持っているし、池田大作氏を心の底から尊敬している。それは池田氏が、仏教の生命を甦《よみがえ》らせた偉大《いだい》な宗教改革者だからである。

啓蒙《けいもう》主義が主流になってからの近現代の特徴《とくちょう》は世俗化《せぞくか》だ。世俗化とはもともとキリスト教神学の用語で、人間が宗教なく生きている時代を指す。

世俗化　せぞくか　secularization
社会過程概念《がいねん》の一つ。このことばは、オリジナルには教会財産が国家の管轄《かんかつ》下に置か

れることを意味していた。それが、宗教との関連で、広く社会的・文化的変化を問ういまのような用語法になったのは近代以降のことである。この場合、簡単には宗教の衰退《すいたい》を意味するが、より正確には、社会と文化の諸領域が宗教の制度ならびに象徴《しょうちょう》の支配から離脱《りだつ》するプロセス、と定義するのがいい。近代化、合理化、都市化などの用語とも併用《へいよう》して、われわれの生活が迷信《めいしん》や呪術《じゅじゅつ》から解放され、しだいに科学的世界観のもとに統御《とうぎょ》されていく事態を記述するのに用いる。ただし、近年「宗教回帰」ともよばれる現象が世界の各地に生じて、先進国における宗教の死滅《しめつ》を予想していた単純な進化説は退けられる傾向《けいこう》にある。当然、世俗化を議論する仕方にも微妙《びみょう》な変化がおこっている。それは、宗教の衰微《すいび》あるいは世界の非宗教化を意味するのではなく、むしろ宗教の個人化ないし私生活化を意味すると説く宗教学者が増えている。ベラー〔一九二七～二〇一三〕の唱える「市民宗教」、ルックマン〔一九二七～二〇一六〕のいう「見えない宗教」など、伝統的な宗教形態とは違《ちが》った仕方で、それでもなお宗教は不滅《ふめつ》であると説く有力な議論である。

〔大村英昭〕

（『日本大百科全書（ニッポニカ）』小学館、ジャパンナレッジ版、ルビ・字下げは編集部による）

いずれにせよ世俗化が現代世界の主流になる。世俗化が引き起こす問題を正面から受け止めない限り、宗教が生命力を回復することはない。

私が尊敬するフランスの歴史人口学者で家族人類学者のエマニュエル・トッド氏（一九五一年五月十六日生まれ）は、二〇二四年十一月に日本語訳が上梓《じょうし》された『西洋の敗北　日本と世界に何が起きるのか』（文藝春秋）において、ロシア・ウクライナ戦争を始めとする二十一世紀の危機は、世俗化が加速し、宗教ゼロの状態になってしまったからと説く。この危機を克服《こくふく》するために、私たちは池田思想から学ばなくてはならないのだ。現在の危機を正しく理解するために、トッド氏の宗教理解を詳《くわ》しく説明したい。

トッド氏の分析《ぶんせき》手法の特徴は、人類学と地政学を結合した点にある。トッド氏は、社会を動かす意識（下意識、無意識を含《ふく》む）に対して、政治や経済は五〇年、教育は五〇〇年、家族制度は五〇〇〇年のスパンで機能する。宗教は家族制度の半分くらいの期間、ユダヤ教は二八〇〇年、キリスト教は二〇〇〇年、イスラム教は一四〇〇年ほど人間の意識に影響《えいきょう》を与《あた》えてきたとする。『西洋の敗北』でトッド氏は、二十一世紀に入ってからの宗教の機能変化に着目している。十八世紀の啓蒙主義以降、宗教抜《ぬ》きで人間が生きられるという世俗化現象が急速に進んでいる。二十世紀に入って信仰《しんこう》は希薄《きはく》になったが、道徳・文化として宗教の残滓《ざんし》があるゾンビ・カトリシズム、ゾンビ・プロテスタンティズムが主流となった。トッド氏によるとこの過程は次のようになる。

カトリシズムの約半分に関わるキリスト教の第一の崩壊《ほうかい》は、一八世紀半ばに、パリ盆地《ぼんち》、フランスの地中海沿岸、イタリア南部、スペインの中央部と南部、ポルトガルで起きた。プロテスタンティズム全体に関わるキリスト教の第二の崩壊は、一八七〇年から一九三〇

年にかけて起きた。残り半分のカトリシズムに関わるキリスト教の第三の崩壊は、一九六〇年代に始まり、ドイツ南部とラインラント、ベルギー、オランダの南部、フランスの周縁《しゅうえん》部、イベリア半島北部、イタリア北部、スイス、アイルランドで起きた。宗教的実践《じっせん》と宗教的統率《とうそつ》の弱体化は、世俗化《せぞくか》の第一段階、つまりゾンビ状態を生み出す。この段階で宗教は消滅《しょうめつ》するのだが、その宗教の慣習と価値の本質的な部分は存続する（特に集団として行動する能力）。「カトリシズム・ゾンビ」という概念《がいねん》は、グローバル化の混乱の中におけるフランスの地方のダイナミズムを理解するために作った概念だった。（中略）「宗教のゾンビ状態」というのは、世俗化の第一段階にすぎず、真の「ポスト宗教状態」ではない。宗教のゾンビ状態においては、宗教を代替《だいたい》する信仰《しんこう》が出現し、一般的《いっぱんてき》にそれは強力な政治的イデオロギーとなり、宗教がそうだったように個人を組織化し、構造化する。この時点では、社会は神の消滅に衝撃《しょうげき》を受けつつも、まだ整合性を保ち、行動を起こすこともできていた。しばしば激しいナショナリズムに傾倒《けいとう》する国民国家というのは、「宗教のゾンビ状態」の典型的な表れだ。ただし、注意すべきは、プロテスタンティズムに関しては、自らが消滅する以前にすでに国民国家を生み出していたことだ。プロテスタンティズムは、常に国民国家的宗教であり、牧師は基本的に公務員だったのである。

（エマニュエル・トッド〈大野《おおの》舞《まい》訳〉『西洋の敗北　日本と世界に何が起きるのか』文藝春秋、二〇二四年、一六八〜一六九頁、ルビは編集部による）

「宗教のゾンビ状態」を私なりの言葉で言い換《か》えると、人々は、教会に通わなくなり、神を信じることができなくなっているが、キリスト教的な文化、価値観、道徳などは残っている状態だ。「世俗化」については、先に「日本大百科全書」から引用したように、宗教学者、神学者の間では、世俗化には歩留《ぶど》まりがあり「宗教のゾンビ」状態が長く続くとの見方が主流だ。しかし、トッド氏は世俗化はさらに進行し、「宗教ゼロ」の状態を欧米《おうべい》でもたらしつつあると主張する。

しかし、ゾンビ状態が世俗化の最終到達点《とうたつてん》ではない。宗教から受け継《つ》いだ慣習と価値観も、やがては衰《おとろ》えてしまうか破裂《はれつ》を起こし、最後には消滅するのだ。すると、ようやく今私たちが生きている状態が出現する。代替となるいかなる集団的信仰《しんこう》も失った個人からなる宗教の絶対的虚無《きょむ》状態である。これが「宗教のゼロ状態」だ。国民国家が解体され、グローバル化が勝利するのは、この時である。アトム化した社会では、「国家はきちんと機能する」ということ自体が信じられなくなるのだ。「解放された個人」ではなく「いかなる集団的信仰も失った個人」という言い方を私はした。これは後に見るように、個人は「虚無」によって巨大化《きょだいか》するより矮小化《わいしょうか》するからである。

（前掲書一六九頁、ルビは編集部による）

日本を含む西側先進諸国で進行している政治不信もグローバル化による新自由主義の普及《ふきゅう》、それに伴《ともな》う国民国家の弱体化と密接に関連していると思う。それでは「宗教ゼロ」状態で人間と人間の社会はどのように変容するのであろうか。

宗教ゼロ状態は、「空虚《くうきょ》」を、また傾向《けいこう》として「超自我《ちょうじが》の欠如《けつじょ》」を示す。それでも存在し続け、自らの有限性に苦悩《くのう》を感じ続ける人間存在に対して、宗教ゼロ状態は、「無」あるいは「虚無」をはっきりと提示する。こうしてこの「無」、この「虚無」も、あらゆる方面において何かを生み出す。すなわち反動を生み出す。生み出されるものには尊敬に値《あたい》するものもあるが、愚《おろ》かなもの、下劣《げれつ》なものもある。そのうち「無」を崇《あが》めるニヒリズムは最も月並みなものだろう。

ニヒリズムは、ヨーロッパにもアメリカにも存在し、西洋の全域に遍在《へんざい》している。

（前掲書一七三頁、ルビは編集部による）

「宗教ゼロ」状態の人間は、生命を尊重する、人間主義のような価値観から乖離《かいり》してしまうのである。このような「宗教ゼロ」状態から人間を救い出すための指針を池田大作創価学会第三代会長は人類に指し示しているのだ。

二〇二四年六月二十九日、巣鴨《すがも》の東京戸田記念講堂で行われた第三回本部幹部会で、原田《はらだ》稔《みのる》創価学会会長は「信心即《そく》生活」の重要性について、こう説いている。

作家で神学者でもある佐藤優《まさる》氏は、「世界宗教とは、政治の現実の泥《どろ》にまみれるなかで、自分たちの価値観《かちかん》を実現しようとする困難《こんなん》な道を選ぶ宗教のことだ」とし、迫害《はくがい》を乗《の》り越《こ》えて「与党化《よとうか》」し、やがて宗教改革《かいかく》に至《いた》るキリスト教の歴史と重ね合わせながら、「創価学会が世界三大宗教の一つとなる時代」の到来《とうらい》を展望《てんぼう》しています。

創価学会として文化部による政治進出に挑《いど》んでいた当時、戸田先生は支援《しえん》活動の意義を、3点にわたり論《ろん》じられました。

1点目に、それは仏縁《ぶつえん》を結ぶ下種《げしゅ》活動であり、功徳《くどく》を積《つ》みゆく、自分自身のための宿《しゅく》命転換《めいてんかん》の戦いである。

2点目に、組織の最先端《さいせんたん》まで見えるようになる、個人指導・訪問激励《ほうもんげきれい》の戦いである。

3点目に、決して〝数〟で功徳が差別されるのではなく、一人一人が自身の持てる力《ちから》を悔《く》いなく発揮《はっき》し、すがすがしい気持ちでやりきれるかどうかの戦いである。

こう振《ふ》り返《かえ》ってみたとき、支援活動は決して〝普段《ふだん》と一線を画《かく》す活動〟ではなく、同一線上にあるものであり、「信心即《そく》生活」という私たちの信条が、政治という一分野において実践《じっせん》されるものにすぎないことが分かります。すなわち、どこまでも学会は「折伏《しゃくぶく》の団体」であり、ゆえに、あらゆる活動もまた、一切《いっさい》が下種の拡大に通《つう》じていくのであります。

池田先生は随筆《ずいひつ》につづられました。「『人と会うこと』が『人間革命』である。『人と語ること』が『広宣流布』である」

まさしく「仏種《ぶっしゅ》は縁《えん》より起こる」（新1953・全1467）であります。この夏は全国を舞《ぶ》台《たい》に心軽《かる》く動き、一人でも多くの人と会い、人と語り、「わが人間革命」と「わが広宣流布」に一歩前進の夏としていきたい（拍手）。

（「聖教新聞」二〇二四年七月六日付二面）

「人と会うこと」が「人間革命」で、「人と語ること」が「広宣流布」なのだ。そして家庭生活、仕事、学業、政治を含むありとあらゆる分野で「信心即生活」を実践《じっせん》していくことで、宗教ゼロという危機的状況《じょうきょう》から人間を救済することができるのだ。池田氏は過去の偉人《いじん》の著作を読み解くことにおいて、「信心即生活」という真理を摑《つか》んだのである。池田氏の若き日の読書を追体験するための手引きとして、私はこの本を書いた。本書が創価学会の世界広宣流布の一助になると共に、創価学会に対する外部の人々の理解を深めるための手助けになることを私は心の底から望んでいる。

本書を上梓するにあたっては、潮出版社の幅武志氏、堀田知己氏、梶川貴子氏にたいへんにお世話になりました。どうもありがとうございます。

二〇二四年十一月三日、曙橋（東京都新宿区）の自宅にて

佐藤　優

本書は、総合月刊誌『潮』二〇二一年十一月号から二〇二四年八月号（休載号あり）まで連載された「池田思想の源流　『若き日の読書』を読む」を加筆修正し、単行本化したものです。

佐藤 優（さとう・まさる）
1960年東京都生まれ。同志社大学大学院神学研究科修了後、専門職員として外務省に入省。在ロシア日本大使館に勤務、帰国後は外務省国際情報局で主任分析官として活躍。
2002年、背任と偽計業務妨害容疑で逮捕・起訴され、09年6月に執行猶予付き有罪確定（13年6月に満了し、刑の言い渡しが効力を失った）。
『国家の罠』（毎日出版文化賞特別賞）、『自壊する帝国』（新潮ドキュメント賞、大宅壮一ノンフィクション賞）、『創価学会と平和主義』『地球時代の哲学　池田・トインビー対談を読み解く』『佐藤優の「公明党」論』、『創価学会を語る』（松岡幹夫氏との共著）、『いま、公明党が考えていること』（山口那津男元代表との対談）、『21世紀の宗教改革――小説「人間革命」を読む』、『対決！日本史』シリーズ（安部龍太郎氏との対談）など著書多数。

池田思想の源流　『若き日の読書』を読む

2025 年 1 月 2 日　初版発行

著　者　　佐藤 優
発行者　　前田直彦
発行所　　株式会社 潮出版社
〒 102-8110　東京都千代田区一番町 6 一番町 SQUARE
電　話／ 03-3230-0781（編集）
03-3230-0741（営業）
振替口座／00150-5-61090
印刷・製本　中央精版印刷株式会社

ISBN978-4-267-02448-1 C0095

www.usio.co.jp